互联网销售服务与管理

主　编　荣　瑾　杨　帅（企业）
主　审　于　静　孙　蒙（企业）
参　编　孟笑颖　吕晓梅　卢旭东（企业）
　　　　姜　川

北京理工大学出版社
BEIJING INSTITUTE OF TECHNOLOGY PRESS

内 容 简 介

本书是校企合作开发的现代学徒制教材、立体化新媒体教材、省级精品在线课程"互联网销售"配套教材。本书依据教育部 2022 年发布《职业教育专业简介》中相关的"主要专业能力要求",融入阿里巴巴淘宝教育的岗位能力标准、网店运营推广"1+X"职业技能等级及人社部电子商务师职业技能等级认证要求,从职业岗位任职要求出发选取内容,设计了"互联网销售认知""售前客户服务""售后客户服务""客服数据指标分析""客户关系管理"5 个项目,包括"探知互联网销售模式变革"等 20 个任务。

本书可作为高等职业院校电子商务、市场营销等相关专业的教材,也可供企业电子商务相关岗位人员的培训及自学参考使用,特别适用于电子商务岗位初学者阅读。

图书在版编目（CIP）数据

互联网销售服务与管理 / 荣瑾,杨帅主编. - - 北京：
北京理工大学出版社,2025.1.
ISBN 978-7-5763-4813-2

Ⅰ. F713.365.2

中国国家版本馆 CIP 数据核字第 20254JT294 号

责任编辑：李　薇　　　　文案编辑：李　薇
责任校对：周瑞红　　　　责任印制：施胜娟

出版发行 / 北京理工大学出版社有限责任公司
社　　址 / 北京市丰台区四合庄路 6 号
邮　　编 / 100070
电　　话 / (010) 68914026 (教材售后服务热线)
　　　　　　(010) 63726648 (课件资源服务热线)
网　　址 / http://www.bitpress.com.cn

版印次 / 2025 年 1 月第 1 版第 1 次印刷
印　　刷 / 河北鑫彩博图印刷有限公司
开　　本 / 787 mm×1092 mm　1/16
印　　张 / 17
字　　数 / 380 千字
定　　价 / 89.00 元

前　言

本书以习近平新时代中国特色社会主义思想为指导，贯彻落实党的二十大精神，以党的二十大报告提出的"引导广大人才爱党报国、敬业奉献、服务人民""在全社会弘扬劳动精神、奋斗精神、奉献精神、创造精神、勤俭节约精神，培育时代新风新貌""弘扬诚信文化"等文件精神为指引，以高职电子商务专业现代学徒制在岗培养为根基，以"立德树人、岗位实践、岗位研学、知识积累、素养提升"为主线，提供了专业技能与理论知识积累、职业素养提升的学习方案，实现核心价值引领、商业文化传承、工匠精神培育、专业技能精进的内在统一。

一、教材内容定位

本书是校企合作开发的现代学徒制教材、立体化新媒体教材、省级精品在线课程"互联网销售"配套教材。2023 年，我国网络零售额为 15.42 万亿元，同比增长 11%，连续 11 年成为全球第一大网络零售市场，其中，实物商品网络零售额占社会消费品零售总额比重增至 27.6%。根据"星图数据"2023 年的电商业态商品交易额统计，综合电商（天猫、京东、拼多多、苏宁易购、唯品会、国美等电商平台）占市场份额的 73.3%，在综合电商中天猫商业交易总额占比为 46%，京东商业交易总额占比为 27.2%，拼多多商业交易总额占比为 26.8%。近几年，综合电商平台的市场份额有所下降，但仍然占据着市场主体地位，依托综合电商平台开展互联网销售活动是电商从业者不可或缺的专业能力。本书针对互联网销售中的网络零售范畴，从职业岗位任职要求出发选取内容，秉持项目引领、工作过程导向的设计理念，设计了"互联网销售认知""售前客户服务""售后客户服务""客服数据指标分析""客户关系管理"5 个项目共计 20 个任务。

二、教材特色创新

1. 教材体例创新

本书在编写体例和形式上进行了大胆的创新，每个项目均包括"学徒场景"和若干个

"学习任务"。这些"学习任务"同时也是"工作任务"，每个项目均以动画"学徒阿诚上岗记"进行情境导入，每个"学习任务"均包括岗位实践、岗位研学、理论知识、职业素养和行业之窗。岗位实践纳入店小蜜等智能客服应用技术、职业技能等级训练等；岗位研学进行客服岗位调研和岗位专题研学；理论知识重在基本理论和业务方法；职业素养融入了电商人的职业精神与情感、商业价值观等教育元素；行业之窗为电商行业发展动态新闻，如电商领域 AI 技术应用、新职业智能客服训练师等。同时辅以"练一练""考一考"和"课后任务"学习环节。

全书配套动画、微课四十余个，客观题二百余道，行业之窗阅读材料五十余个，为立体化新媒体教材，读者可以通过扫描书中二维码和登录在线开放课程网站进行在线学习。本书可作为高等职业院校电子商务、市场营销等相关专业的教材，也可供企业电子商务相关岗位人员自学使用。

2. 职业素养特色

本书以立德树人为导向，凸显课程素养特色，岗位人才的职业素养蕴含在每一个学习任务中，旨在打造育人精品教材。如融入以人为本的经营理念，在职业活动中展现出对客户的深切关怀与理解；承担助农服务乡村的社会责任，是对人民至上理念的贯彻；数据化思维和客户服务意识的培养，体现了服务人民的宗旨；诚实经商，服务守信，将从业者的"经济人"和"道德人"角色合二为一，树立正确的客户观与职业大局观，是对社会主义核心价值观的践行，也是对中华传统商业文化的传承；"从网店走来的全国劳动模范""销售无终点，服务是王道"等系列案例，弘扬了岗位工作择一事终一生的敬业奉献、劳动精神与奋斗精神；规避违法违规风险，遵守电商平台规则，不断优化工作质量，培养严谨的工作作风和绿色发展责任意识，体现了对工作规范和可持续发展的追求；将自身岗位工作的技能精进，融入企业的数字化转型创新发展中，渗透了创新发展观教育。

3. 校企共同创作

本书是在天津交通职业学院、天津市服装商会企业和阿里巴巴淘宝教育在长期校企合作学徒制培养的基础上联合编写而成，合作企业在人才培养规格分析、学科知识结构、技能分解与课程资源建设方面提供了参考素材与建设性意见。

本书由天津交通职业学院荣瑾和天津市服装商会会长杨帅担任主编，荣瑾负责设计全书的编写框架及目标体系，统筹全书定稿，杨帅负责岗位实践体系设计及实践资源统筹。天津交通职业学院孟笑颖、吕晓梅，天津海运职业学院姜川参与编写，飞尼克斯实业发展有限公司客服经理卢旭东协同编写全书的岗位实践内容。具体编写分工如下：荣瑾编写项目一、项目二的任务一和任务六、项目三的任务四～任务六、项目五，孟笑颖编写项目二的任务二～任务五，吕晓梅编写项目三的任务一～任务三，姜川编写项目四。

天津交通职业学院于静研究员长期指导校企合作学徒制项目建设，对本书的合作机制、设计思路和内容细节提出了大量建设性意见。阿里巴巴淘宝教育知名讲师孙蒙就编写内容的实用性、先进性方面提出了大量宝贵意见。

阿里巴巴社会公益部乡村振兴人才可持续发展中心张雷主任等企业专家对本书的素材积累提供了大量帮助，天津市服装商会的会员企业也提供了大量的案例支持，在编写过程中我们也参考了大量的文献材料，借鉴和吸收了国内外各位专家和学者的大量研究成果，在此一并致谢！

由于编者水平有限，书中若有不妥之处，恳请各位读者和专家批评指正。

编　者

目　录

项目一　互联网销售认知

学徒阿诚上岗记——客服业务立志学

阿诚是高职院校电子商务专业一年级的学生，从入学开始他就成为 ××服装有限责任公司电子商务部的一名新学徒。从明天开始，阿诚就要进行客服岗位的学习了，今晚他躺在床上心里好期待呀。阿诚平日里喜欢逛淘宝店买一些喜欢的运动用具、护具之类的商品，也经常会和网店客服人员聊天咨询产品，阿诚心想"明天我就是客服人员了，也要接待来店客户了，平日里我总上网买东西，感觉客服业务十分简单，肯定能轻松搞定！运营岗位我要认真学学，我可是想做一个大运营呢……"想着想着，阿诚美美地睡着了。

学徒阿诚上岗记——
客服业务立志学

阿诚得意地坐在了客服工作区的工位上，叮咚！来客户啦！一位客户想给母亲选一身套裙作为生日礼物，阿诚赶快推荐了几款新款套裙，客户看上了其中一款，阿诚随即介绍现在店铺有赠品活动，披肩和项链可以任选一款，客户高兴地下了单，并嘱咐阿诚赠品要红色披肩并且都要装到红色礼盒中，阿诚欣然答应，客户也完成了付款。叮咚！又来客户啦！阿诚忙得不亦乐乎，第一天首战告捷！阿诚心里美滋滋的。两天后这位客户联系上阿诚并要求退款，客服主管走了过来，仔细查看订单详情和旺旺聊天记录后，立即给客户道歉并同意退款。原来阿诚由于没有仔细核对订单，竟然把另一个订单"定制5X加肥款"的备注信息，填到了那笔订单上，结果就是两个订单都发错了，给网店造成了经济损失。阿诚好沮丧，好难过啊……突然，阿诚醒了，原来是一场梦啊！阿诚手心里冒出了汗，他暗暗下定决心，一定要好好学习客服业务！

新的一天开始了，学徒阿诚坐在了××服装有限责任公司电子商务部的客服工位上，开始了客服业务的学习……

想一想

1. 阿诚从事互联网销售工作，为什么要从客服岗位做起呢？
2. 阿诚如何查找客户的订单详情呢？
3. 阿诚的失误是什么原因造成的呢？是业务流程不熟悉？还是岗位基本功不过硬？

任务一 探知互联网销售模式变革

 学习目标

知识目标

1. 了解互联网营销的概念、互联网媒体较传统媒体的优势和互联网营销的职能。
2. 掌握互联网销售的概念和互联网销售对传统零售业的影响。
3. 熟悉互联网销售的大数据化、快速化、个性化和社交化发展趋势。

技能目标

1. 能够开展互联网销售岗位调研工作，并对调研内容进行分析与归纳，形成岗位需求调研报告。
2. 学会分析传统零售业及制造业企业的互联网销售模式变革。

素质目标

1. 培养学生的终身学习意识，不断适应并掌握互联网销售新模式与新技术。
2. 培养学生互联网经济与实体经济融合发展的经营理念。
3. 培养学生的创新发展观，将互联网销售岗位工作融入企业的数字化转型、创新发展中。
4. 培养学生的团队合作精神，能够与团队成员共同完成专题调研任务。

 岗位实践

互联网销售相关岗位调研

阿诚通过线上和线下招聘渠道进行互联网销售相关岗位需求调研，调研工作步骤如下：

步骤1 组建调研小组。以3～5人为一组，小组内明确调研工作分工。

步骤2 确定调研计划。调研计划主要包括调研渠道、调研对象、调研时间、调研内容等。调研渠道可包括线上招聘网站、线下招聘市场、专业校企合作渠道、校友推荐企业等；调研对象可以是互联网商业企业、开展互联网营销的制造型企业等；根据设定的调研时间制订合理的调研步骤；调研内容包括互联网销售相关岗位名称、岗位工作内容、岗位发展路径等。

步骤 3　调研实施与总结。按照调研计划开展调研工作，做好调研记录，开展调研主题讨论，撰写《互联网销售相关岗位的岗位需求调研报告》，在报告撰写阶段，注意对岗位进行归类分析。互联网销售相关岗位繁多，涉及互联网市场调查、互联网营销策划、媒体营销运营、客户服务与管理、视觉营销设计、网站开发与维护等岗位类别，可按照岗位类别梳理工作内容与要求，归纳岗位发展路径，总结调研收获。

步骤 4　分享调研成果。将小组调研成果以 PPT、视频等形式在班级内进行交流分享，总结调研交流体会。

请参考以上步骤，以小组为单位完成《互联网销售相关岗位的岗位需求调研报告》。

 **岗位研学**

从营销角度讲，互联网媒体与传统媒体相比优势何在？

从营销角度讲，互联网媒体与电视、报纸杂志、广播电台、户外媒体等传统媒体相比，在覆盖受众、时效性、定向性、媒体丰富度、互动性、效果监测等方面具有哪些显著优势？

 **想一想**

请完成表 1-1-1 互联网与传统媒体的比较表。

表 1-1-1　互联网与传统媒体比较表

媒体类型	覆盖受众	时效性	定向性	媒体丰富度	互动性	效果监测
报纸杂志						
电视						
广播电台						
户外媒体						
互联网						

 **理论知识**

互联网起源于美国阿帕网项目（Advanced Research Projects Agency Network，ARPA NET），阿帕网于 1969 年正式启用，当时仅连接了四台计算机，这就是互联网的前身。互联网发展迅速，今天互联网的服务和应用覆盖了社会生产与生活的方方面面。统计数据显示，2021 年全球互联网用户达到 46.8 亿人，我国网民规模达到 10.32 亿人。

 一、互联网营销与互联网销售的概念

（一）互联网营销的概念

互联网的本质是媒体，1998 年 5 月，联合国新闻委员会发布了"第四媒体"的概念，互联网继报纸、广播、电视之后，加入大众传媒行业。互联网以其独有的结构特点，即个人的计算机、智能手机等终端设备通过有线或无线方式可灵活方便地接入互联网，以及其开放性、实时性、交互性、非中心化、信息存储和处理成本低的信息交流特点，使互联网媒体与电视、报纸杂志、广播电台、户外媒体等传统媒体相比，在覆盖受众、时效性、定向性、媒体丰富度、互动性、效果监测等方面具有显著优势。

从营销角度讲，互联网覆盖受众面广、时效性高，互联网在空间上的无限性、在时间上的自由性，使之在传播条件上突破了许多客观因素的限制，有助于市场营销者开拓新市场。互联网基于大数据、人工智能等定向技术，可以实施一对一营销、个性化营销沟通，让营销沟通更精准、更有针对性、更有效率。互联网媒体形式丰富，具体包括视频、动画、声音、图片、文字等，有助于与客户沟通。互联网的交互性很强，传统媒体主要是推式媒体，互联网媒体的交互性使得信息双向传递方便，既可以推式出站营销，也可以拉式入站营销。利用互联网进行市场调查和数据获取，数据的积累有助于更好地发现、识别、预测和满足客户需求。

互联网营销等同于互联网销售吗？答案显然是否定的，营销不等同于销售。互联网营销是企业以互联网为媒介，围绕其利润和价值实现而实施的互联网营销职能活动的总称，是企业经营活动的核心，包括互联网客户分析、市场细分、营销定位、产品研发、品牌及品牌传播、宣传策划、促销、销售等。由此可见，互联网销售是互联网营销的终端实现环节。

（二）互联网销售的界定

互联网销售是以消费者体验为中心，深入运用先进的信息技术和销售手段，围绕挖掘和打造客户价值所开展的销售活动。评价互联网销售企业经营能力的主要标准是企业拥有多少有价值的客户以及这些客户的价值总和，所以互联网销售是以客户服务与客户关系管理为核心，客户服务实现的是在销售中服务，在服务中销售，而客户关系管理正是品牌推广、口碑营销最有力的手段，所以互联网销售是企业互联网营销策略的最终实现环节，是互联网营销不可或缺的重要组成部分。

二、 互联网销售的趋势

（一）互联网销售对传统零售业的改造

互联网销售利用计算机网络技术实现整个交易过程的电子化、数字化和网络化，人们可以利用网上支付手段通过互联网随意选购自己喜欢的商品，时间和空间的界限几乎完全被打破。作为一种全新的交易方式，互联网销售极大地改变了人们的交易方式和消费习惯，并引起了整个社会经济结构的变化，其发展对超市、便利店、专卖店、购物中心、工厂直销店等传统零售业产生了深远的影响，主要在交易程序、交易效率和商业模式三方面实现了对传统零售业的改造。

（1）互联网改变了交易程序。企业和客户利用互联网来实现交易信息的查询、交易资金的转移、交易物品运输信息的查询等行为，交易程序的改变对企业和客户双方都有利。对企业来说，客户的每一笔消费都会被系统记录下来，企业通过数据分析能了解客户的喜好，及时、准确地掌握用户需求，更好地实现客户的流量价值；同时还有利于客户关系的维护与管理，不断拉近与客户之间的距离，客户黏性更强。对客户来说，互联网销售十分注重客户的评价，客户评价是影响互联网销售转化的重要因素，电商平台与商家越来越重视售后服务，消费者享有的售后服务得到了更好的保障。

（2）互联网提升了交易效率。只要有一台可以上网的计算机或手机，消费者就能足不出户，在工作之余的零碎时间里收集商品信息，与朋友同事交流消费体验，甚至做出购买决定，节省了消费者的时间成本，提升了商品的交易效率。

（3）"互联网＋实体店"实现了"人、货、场"的数据化商业模式。互联网和实体店正在互相融合、相互渗透，很多过去通过传统渠道销售的地方特产、品牌服装等，甚至是家政等服务产品都在电商平台开设了网店或建设直销网站等，解决了传统零售业缺乏市场销售数据积累与分析手段，很难通过数据发现用户偏好和需求的问题，实现了线上和线下融合发展下的"店商＋电商＋零售服务商"的商业模式。零售服务如商品展示与推介、配送服务、售后服务、个性化服务等，这种商业模式的核心是以互联网技术为基础，嫁接、叠加、改造、优化线下的业务流程和零售资源，整合产品的生产和销售，从而实现"人、货、场"的数据化商业模式。

（二）互联网销售的主要趋势

1. 大数据化

麦肯锡全球研究院将"大数据"定义为"无法在一定时间内使用传统数据库软件对其内容进行获取、管理和处理的数据集合"。大数据由各类传统和网络渠道内的结构和非结构型数据组成，借助大数据与公司内部数据的有机结合可以为企业提供各种营销咨询、营销策略、营销投放等服务，帮助营销部门及整个公司实现利润高增长。

大数据带来了营销革命。首先，企业可根据收集和获取的互联网用户的大量数据，挖掘潜在客户；其次，对于既有客户，企业也可针对收集的客户购买信息进行分析，推断其购物偏好和独特的购买倾向，从而进行一对一地个性化商品推送；再次，企业可以对既有客户实施标签管理，用不同的定制化活动向这些客户群进行定向的精准营销；最后，大数据也可有效帮助维护客户关系，电商企业能根据购物车放弃情况进行推送提醒，挽留流失客户。由此可见，这种基于大数据的精准营销能够促进企业提高营销效率，不仅能够帮助企业实现渠道优化决策，还能促进企业营销信息推送的精准化，有利于企业做出正确的营销决策。

2. 快速化

实现"价值流"（Value Stream）的快速化流动是商业的核心追求，价值流是指某个具体产品或服务从原材料获取到最终递交客户的所有环节和过程，对于有形商品和无形商品（服务类商品等）都是适用的。以服装为例，价值流包括从棉花种植、棉花流通、纺纱织布、面辅料流通、打版设计、裁剪、缝制、分销零售，直到客户购买的全流程。再如网约车等服务类产品，其价值流是从司机接单开始，驾车到目的地接到乘客，按照行驶路线到达最终目的地，结束计费的全过程。然而，实际情况并不乐观，在价值创造的全过程有90％以上的环节和时间都是不创造价值的，例如，原材料堆积在库房，生产线上等待加工的半成品，成品从一个仓库搬移到另外一个仓库，仓库里面为促销而准备的大批商品，电商平台复杂的购物路径等。如果企业能够通过有效的价值流管理，使价值传递得更快，那么经营业绩就会更好。

以服装企业为例，若仅在互联网上卖货，生产模式还是单一款式大批量生产，生产周期还是几十天到数月，分销模式还是"订货会"，仓储与结算系统不能满足零售订单下结算、退货、盘库存等业务需要，"价值流"就不能快速流动，企业的业务发展将严重受限。

当前，服装业的"快时尚"模式值得推广。何谓"快时尚"模式？从商品设计到上市不到两周。但这种模式会受制于工厂的柔性化程度及快反应能力；而工厂是否能快速交货，又受制于面辅料厂商的快速供货能力；面辅料厂商又受制于印染厂的生产周期和批量情况，因此，价值流不停滞的前提是产业链各环节的通力合作。也就是说，产供销一体化的前提是销售数据、库存数据与生产数据全程打通、高度协同，而互联网销售在快速响应、信息共享、资源集成、伙伴协作、利益共赢、过程柔性方面具有天然优势。零售端用多品种、小批量、快速交货来捕捉市场需求，供应链端根据不同 SKU（单品）畅销、平销、滞销实际需求情况进行柔性化生产，连续补货。即使发现爆款也是多批次、小批量的连续生产补货，保证产品全生命周期内不断货，同时也没有过多库存，仓储的地理布局也要尽量使价值流一次完成，如从工厂的产地仓直接发货给最终客户。所以，在流量控制生产的背景下，让需求催生制造，建立起弹性的、"价值流"快速流动的产供销体系对企业来说至关重要，这也是互联网销售的必然趋势。

3. 个性化

互联网销售相对于传统零售更能满足客户的个性化需求，强调由客户来定义价值。互联网更容易实现买卖双方之间的对话，比如，建立"消费者社区"，让客户反馈意见，鼓励客户参与到产品的研发设计、生产制造、品牌传播中来。在这个过程中，企业节省了客户不需要的产品功能的研发生产成本，也节省了为推广滞销产品所花费的营销成本，将有效的客户需求转换成最终产品特征，并把客户需求配置到制造过程的各工序和生产计划中。

此外，企业可以多途径了解客户需求，如通过日常网店客服人员的接待、呼叫中心客户回访、专项市场调查等方式获得的客户需求信息，与企业的销售历史数据一起经处理后存储到企业数据库中，后期通过数据挖掘，能够更好地开展客户需求分析，满足客户的个性化需求。

4. 社交化

传统零售模式中，交易过程本质上是单向的链式发展，零售商决定卖什么产品、提供什么服务，而客户只能选择已经摆上货架的产品或服务，供应商也只能听从零售商的要求做好配合，如图 1-1-1 所示。互联网销售打破了长久以来的链状零售关系，形成了各方协作参与、闭环而非链状的社交化业务模式，如图 1-1-2 所示，致使零售商、零售商员工、客户及供应商的角色和作用都发生了根本转变，其社交属性体现在以下四个方面：

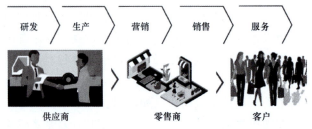

图 1-1-1 传统零售模式的单向链式发展示意图

图 1-1-2　互联网销售模式的社交化发展

（1）零售商是社交化场景的组织者。零售商的首要任务不再是售卖厂商生产完、运到仓库里的产品，而是构建社交化环境，以产品为中心聚集有共同鲜明"身份"特征的客户，完成价值传递的过程，这需要零售商具备强大的资源整合和组织能力，成为社交化场景的组织者。

（2）零售商员工成为价值创新的实践者。零售商对员工的管理采用互联网管理模式，以去中心化的管理模式激发员工创新热情，通过分析员工在社交化场景中的表现，鼓励员工根据自己的兴趣和工作目标，主导以产品为中心的场景建设，把每一名员工打造成价值创新的实践者，而不是单纯卖产品的售货员，最大程度地增强员工与客户的双向交流。

（3）客户成为真正的参与者。社交化并不等于熟人交易，强调由客户来定义价值，这种客户参与模式始终围绕客户需求打造闭环，实现客户需求、设计、生产、销售、使用反馈、新需求、设计提升等的良性循环。

（4）供应商从产品供给走向合作共赢。零售商通过社交场景为供应商提供与消费者直接交流的渠道，需求信息直达供应商，供应商的研发生产及供货更有依据和针对性。没有传统模式下零售商这道屏障，不再或很少会有客户需求信息的丢失或迟滞，最终实现供应商、零售商和客户的共赢。

练一练

案例分析

B 公司主营产品为男装、女装、童装、鞋等品类，其商业模式为 B2C 电子商务，成立第一年的销售额即达到 5 亿元。请说说 B 公司采用这些互联网营销手段的目的是什么？

（1）官方网站。B 公司建设了一个官方网站，网站能够在线展示品牌和销售商品。

（2）搜索引擎优化。对公司网站的 title、keywords、content 等 html 标签设置关键词，包括"快时尚""男装""女装"等十几个关键词，多个关键词优化到了自然搜索结果的第一屏。当消费者使用搜索引擎搜索时，能通过搜索引擎快捷键找到并进入 B 公司官方网站。

（3）搜索引擎广告。B 公司在百度等搜索引擎投放了竞价排名，多个关键词搜索排名第一位，多个关键词排在第一屏。搜索引擎广告为 B 公司网站带来了很多流量。

（4）网络广告营销。B 公司在迅雷、新浪网、雅虎、腾讯网、凤凰网等主要网络门户网站投放广告，广告媒体形式有文字、图片、Flash 和视频等，统一制作和管理，这些网络广告吸引网民点击跳转到 B 公司的官方网站，为打造品牌起到举足轻重的作用。

（5）网络广告联盟。B 公司在多家网络广告联盟上投放了按销售付费（Cost Per Sales，CPS）广告，将代码嵌入个人网站即可按销售成交量获得广告费提成。这一手段吸引了许多个人站长在网站上投放 B 公司广告。

（6）博客话题营销。B 公司以产品为话题，提供免费礼品，征集博客用户撰写体验文章，进行体验营销。

（7）许可电子邮件营销。给老客户发送经许可的电子邮件，主要是一些促销信息，让老客户回访网站。发送邮件的时机通常选择在用户签收订单后 11～12 天。

 **考一考**

项目一任务一
自我检测

 **课后任务**

一、问答题

1. 简述互联网营销的具体职能。

2. 什么是互联网销售？在互联网销售模式下，传统零售业或制造业企业发生了深刻变革，试以企业实例具体分析这种变革。

二、岗位调研

参考岗位实践部分给出的调研步骤，以小组为单位完成《互联网销售相关岗位的岗位需求调研报告》。调研工作具体要求如下：

在规定时间内完成岗位需求调研工作，每个小组需要调研 5 家以上具有一定典型性、代表性的企业，调研的岗位要全面，调研记录和小组内讨论记录要完整。《互联网销售相关岗位的岗位需求调研报告》层次清晰，按岗位类别分类梳理的工作内容详细具体。在调研工作中能够加深对互联网销售相关岗位的理解，为职业规划和岗位定向发展奠定认知基础。在调研过程中，需要发挥团队分工与协作精神，高质量完成互联网销售相关岗位的岗位需求调研工作。

雅戈尔的数字化转型之道

（整理自雅戈尔官网）

雅戈尔集团创建于 1979 年，总部位于东海之滨的浙江省宁波市，是全国纺织服装行业龙头企业。2023 年实现销售收入 1 916 亿元，利润总额 42 亿元，实缴税收 44 亿元，位居中国民营企业 500 强第 46 位。雅戈尔集团通过"全品类、全场景、全龄段、全方位、全渠道"五全布局来升级品牌运营，以强有力的品牌、有竞争力的成本、快速反应的体系、良好的体验平台、高科技手段的应用，打造了线上、线下融合的雅戈尔智慧营销体系。

2020～2021 年疫情防控期间，服装行业受到不小的冲击，很多服装企业因为产能不足、市场需求被压抑等困难，经营举步维艰。但面对疫情雅戈尔做到了突破自我，在顶住压力渡过危机的同时还实现了业绩增长。那么雅戈尔到底使用了哪些招数呢？智慧营销与智能制造是雅戈尔实现逆势增长的法宝。

一、智慧营销

第一，全员营销共渡难关。2020 年 2 月，雅戈尔召开了全员营销动员大会，所有员工都携手参与"营销大战"，直播形式不断推陈出新，雅戈尔遍布全国的 2 万多名员工，每人每次只需拉动 10 人，观看人数就能保证在 20 万人以上。2020 年 3 月 7 日这一天，"男人节"的直播现场观看人数高达 33 万人，营业额 500 余万元。可以看到，充分利用巨大的员工数量优势在较短的时间内构建公司的私域流量池，更容易获得用户的信任和强关系链接，转化率和用户黏性也自然会提高。

第二，差异化直播，线上开花。雅戈尔在内容创新和差异化直播构建上的这种智慧营销模式也值得其他企业借鉴。雅戈尔直播带货与众不同，每期都会策划新颖的主题以增强直播的吸引力。从明星带领参观西服工厂，到动物园内请动物明星代言产品，再到 2020 年"五一节"开启"云游中国"巡回直播福州站，雅戈尔的每次线上直播都充分融合了其线下资源，使直播不仅是一个带货现场，更是一个大型秀场。

第三，逆势开店，重整蓄势。雅戈尔在开店上践行"线上、线下融合"的发展战略，在开店的同时关闭经营业绩不好甚至亏损的小店，有计划地打造智慧门店，为 VIP 客户带去现实与虚拟交互的购物体验。2020 年 10 月，雅戈尔第 001 号时尚体验馆开业，该馆融入大量新科技，5G AR 试衣镜、5G 智能导购机器人、3D 量体，这些技术将共同营造"5G+VR/AR"的沉浸式购物体验。

二、智能制造

第一，智慧工厂。雅戈尔斥资 1 亿元创新改造了联通缝制和整烫的西服生产吊挂系统，全吊挂系统解决了人工负责各工序流转效率低下和西服、西裤无法自动匹配的问题。

每个吊挂架上的编号包含着诸如面料、尺寸、工艺标准等信息，这些信息通过每个工位前的一个专属平板电脑显示给工人，在布料到达工位时，工人已经了解了这套西服的工艺要求，在缝制的时候就不会出现偏差。智能工厂上线后，一套雅戈尔定制西服的生产周期从15日缩短到2日，年产量可达15万套以上，产能同比提高25％，雅戈尔的智能工厂还被中国纺织服装联合会评为"2019年纺织企业智能制造试点示范"项目。

第二，5G助力智能制造。让智能化融入企业订单、供应链、生产、销售、服务的每一个环节，打造柔性供应链至关重要。5G低时延、大带宽的特点给工厂内实现物联网布局提供了便利，采用5G网络后，各类能耗设备、AGV自动运料小车、缝纫机、裁床、整烫机、吊挂线等生产要素互联后，系统获得完整、动态、实时的数据，实现将能耗、运行状态、产能等生产数据上传到云端，再通过相关的分析辅助工具进行在线分析和诊断，大大降低了现场生产的设备故障率，提高了生产效率，从而实现设备精细化及生产透明化管理。

第三，智慧中台。雅戈尔智慧中台助力打通线上、线下库存，库存问题的解决带来了货品周转的加快和营销效率的提升，使企业具有更大的成本竞争力，从而保证其盈利能力。在组织上，雅戈尔建设业务中台及数据中台从而提高协同效率，力求开发、试销和上新实时紧密结合，形成网格化架构，打破部门之间的壁垒。在营销服务上，将数字化消费者与现实中的消费者结合在一起，让数据成为核心的生产要素，调配生产资料，调整生产关系。同时，雅戈尔在新零售下的"场"融合了全渠道，运用营销技术让销售效率更高，客户体验更好，实现了以消费者运营为核心，数据驱动业务发展。基于数据中台，雅戈尔聚焦会员服务，打通了门店管理、会员管理、会员服务、精准营销等各环节链路，通过精准的会员需求洞察和营销方案，实现了会员拉新转化、资产沉淀及消费裂变，打造出会员增长的闭环。

企业开网店、做直播等业务线上化措施，只是企业转型最表层的内容。数字化运营的目的，并非以线上销售作为线下销售的补充，而是在获得新增量的同时加强数据沉淀，然后深度挖掘数据对业务的驱动能力，实现价值增量。数据中台紧密衔接业务前台与技术后台，聚合的数据可快速响应业务端口的需求，并针对市场和行业变化来优化业务内容和流程，从而实现以数据资产驱动业务增长，全方位、多角度重塑企业价值链。

行业之窗

阅读以下资料或自行查阅相关资料，谈一谈如何借助互联网销售渠道成功推广中国品牌。

米哈游：中国游戏的文化输出

从中国制造到中国品牌

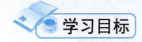

任务二　认知客户服务岗位价值

学习目标

知识目标

1. 掌握电子商务的客户服务概念与客户服务分类。

2. 掌握与店铺访问相关的专业术语，如浏览量、访客数等；与订单相关的专业术语，如先款订单与先货订单、下单单量、店铺销售额、店铺销售量、下单客户数、客单价等；与转化率相关的专业术语，如询单量、客户转化率、询单转化率等。

3. 熟悉客户服务（售前、售后）工作内容，及售前与售后客户服务的异同。

4. 了解客户服务岗位工作的价值。

5. 了解网店客服岗位与运营、美工、仓储岗位和物流企业之间的工作联系。

技能目标

1. 登录店铺后台，会使用"商家中心"的功能菜单。

2. 会在店铺后台查看店铺经营状态与客户服务相关数据。

3. 基于店铺后台综合考核指标，能分析出店铺产品、物流、服务方面需提升的指标。

素质目标

1. 培养学生的客户思维、数据化思维和客户服务意识。

2. 培养学生对客户服务岗位的责任感与自豪感。

3. 培养学生岗位间、部门间的协同工作意识，以及工作的全局观。

岗位实践

店铺后台访问与购物全流程体验

如何进入企业的天猫店铺后台呢？让我们一起进入天猫的"商家中心"，在这里卖家可以完成订单操作等店铺管理业务。客户购物过程也是客户服务过程，客户购物体验的优劣在一定程度上也体现了客户服务质量的高与低，梳理客户购物过程是学好客户服务业务的基础。下面学习电商平台店铺后台的界面与功能，并从客户角度出发体验客户购物的全过程。

一、访问电商平台店铺后台

步骤 1 搜索栏键入地址 https：//login.tmall.com/，进入天猫登录界面，如图 1-2-1 所示，输入企业的天猫账号和密码后，单击"登录"按钮。

图 1-2-1 登录天猫账号页面

步骤 2 成功登录天猫账户后，点击页面右上角的"商家中心"超链接，或将鼠标指针移至网页右上角的"商家支持"超链接上，在下拉菜单中单击"商家中心"超链接，如图 1-2-2 所示。

图 1-2-2 进入"商家中心"

步骤 3 进入天猫"商家中心"首页，该界面可以划分为导航条、菜单栏和工作台三个板块，如图 1-2-3 所示。

步骤 4 左侧菜单栏汇聚了商家中心的主要功能，设置有营销、交易、私域、商品、店铺、推广、物流、客服、内容等菜单，每一个菜单又有若干子菜单，商家可根据使用习惯增删快捷菜单。

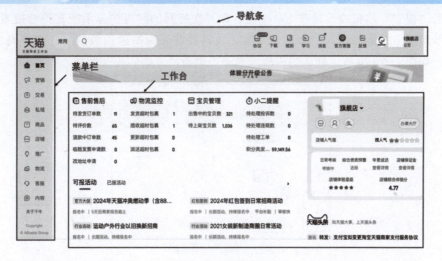

图 1-2-3 商家中心

步骤 5 单击网页左上角的"首页"超链接，返回"商家中心"首页界面，最上部有通向协议、下载、规则、学习、消息、官方客服、反馈等的超链接。通过"下载"超链接下载千牛工作台，浏览千牛工作平台界面功能。比较千牛工作台与天猫商家中心界面的异同。

步骤 6 在天猫"商家中心"首页，研学商家工作台的界面功能，获取店铺经营的基本情况。

 ## 二、体验客户购物过程

步骤 1 下单与付款。首先进入天猫网站首页，可以用自己的淘宝账户登录网站，查看店铺，选择心仪的商品。在搜索栏中输入要购买商品的名称，如"女装套裙"，如图 1-2-4 所示。

图 1-2-4 天猫网站首页商品搜索

单击"搜索"按钮或直接按 Enter 键，即可在打开的网页中显示所有符合搜索条件的商品。单击选定的商品进入产品详情页后，可选择购买商品的相关信息，如尺码、颜色、数量等，如图1-2-5所示。确认购买所选商品，单击"立即购买"按钮。

图 1-2-5　选择购买商品的相关信息

若第一次在淘宝或天猫平台购买商品，会自动弹出"创建收货地址"页面，录入收货详细地址、收货人等信息，单击"保存"按钮即可。随后进入"确认收货地址"和"确认订单信息"页面，如图1-2-6、图1-2-7所示。确认无误后单击"提交订单"按钮，即可完成下单操作。

图 1-2-6　确认收货地址

图 1-2-7　确认订单信息

网页自动跳转至"支付宝"页面，页面显示订单详情和绑定的银行卡，确认无误后输入支付宝账户支付密码，如图 1-2-8 所示。单击"确认付款"按钮，即可完成付款操作。

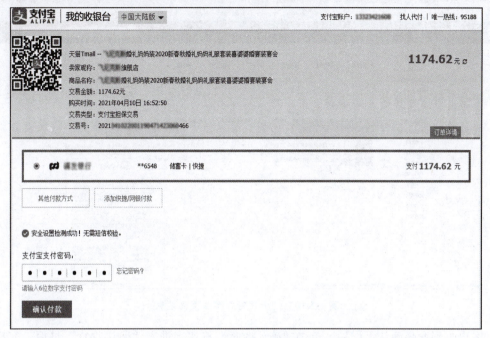

图 1-2-8　确认付款页面

步骤 2　确认收货。客户成功付款后，商家就会打包商品并通知快递公司取件，客户单击网页顶端的"我的淘宝"按钮，再选择下拉菜单中"已买到的宝贝"选项，即可打开订单页面，该页面可以查看所有订单、待付款订单、待发货订单、待收货订单及待评价订单情况。此时，若商家尚未发货，单击"待发货"菜单，可以详细查看订单号、商品价格、商品数量、收货地址等订单详情，如图 1-2-9 所示；若商家已发货，单击"待收货"菜单，除显示订单相关信息外，还可以查看物流信息和确认收货时间，如图 1-2-10 所示。

图 1-2-9　"待发货"菜单页面信息

图 1-2-10 "待收货"菜单页面信息

客户收到商品确认无误后，单击"确认收货"按钮，进入"确认收货"页面，客户可以再次确认订单信息、订单编号、支付宝交易号、卖家昵称、收货信息、成交时间等信息，确认无误后输入支付宝账户支付密码，单击"确定"按钮，如图 1-2-11 所示，这笔交易才算完成。

图 1-2-11 使用支付宝付款给商家

步骤 3 申请退款。在淘宝或天猫平台上，一笔交易完成后，客户可以对交易进行评价、申请售后等操作，也可以在交易过程中申请退款或退货退换。

退款是指商家发出商品后，客户对商品不满意，要求店铺退还所消费的金额，同时客户也将商品退回店铺。客户退款或退货的程序有四步，分别为申请退款或退货，等待商家处理即同意或拒绝客户申请，买家退货并将物流单号上传平台，商家确认收货退款给客户。

步骤 3-1　未付款前直接取消订单。客户拍下商品后，在没有付款前需要取消订单的，可以登录淘宝账户，单击网页顶端"我的淘宝"按钮，在打开的列表中选择"已买到的宝贝"选项，继续单击"待付款"选项，如图 1-2-12 所示，单击"取消订单"按钮，在打开的提示框中选择取消订单的理由，如图 1-2-13 所示，即完成订单关闭。

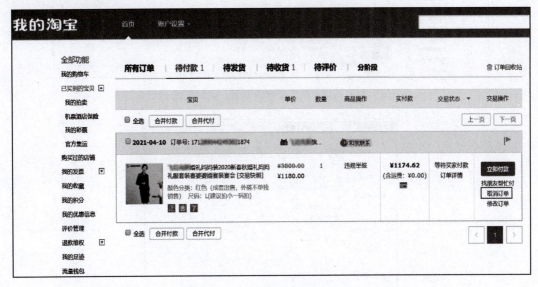

图 1-2-12　未付款前取消订单页面

图 1-2-13　关闭订单页面

步骤 3-2　已付款未收到货申请退款。在交易过程中，若客户付款后出现以下情况，如不想要了，物流一直未送到，或卖家未按约定时间发货等原因，引起客户申请退款时，客户需要在"已买到的宝贝"页面中找到需要退款的订单，单击该笔订单的"退款/退货"按钮，如图 1-2-14 所示。在打开的页面中根据实际情况填写退款的相关信息，选择退款原因，填写退款金额和退款说明，如图 1-2-15 所示，最后单击"提交"按钮，完成退款申请。

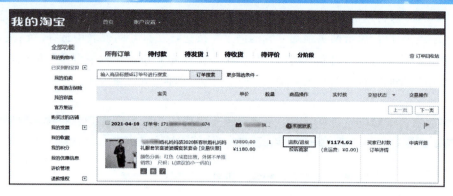

图 1-2-14　已付款申请退货、退款页面

图 1-2-15　客户填写退款信息页面

步骤 3-3　收到货申请退货退款。在交易过程中，若客户收到商品后，出现商品破损、商品与描述不符等情况，会申请退货和退款。客户进入"已买到的宝贝"页面，找到需要退货的订单，单击该订单的"退货/退款"按钮，有"我要退款""我要退货退款"和"我要换货"三种服务类型可供选择，这里可单击"我要退货退款"，如图 1-2-16 所示。在打开的页面中选择退款原因，填写退款金额、退款说明，上传凭证后就可以单击"提交"按钮申请退款了，如图 1-2-17 所示。

图 1-2-16　选择退款服务类型页面

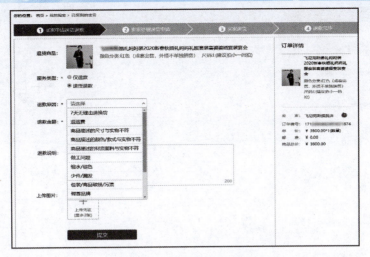

图1-2-17　退货退款信息页面

退货退款申请提交后需要等待卖家审核，卖家审核同意后，客户可选择退货方式，如图1-2-18所示。填写相关物流信息，如图1-2-19所示。退货信息成功提交后，一般在10天内卖家确认收到退回商品即退款给客户，卖家处理逾期，系统将自动退款给客户。

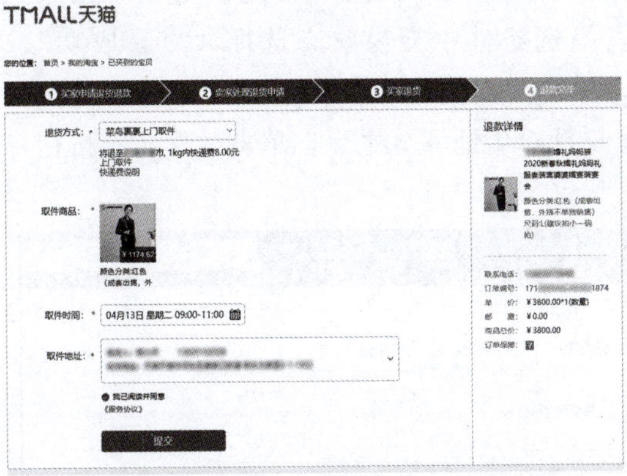

图1-2-18　客户选择退货方式页面

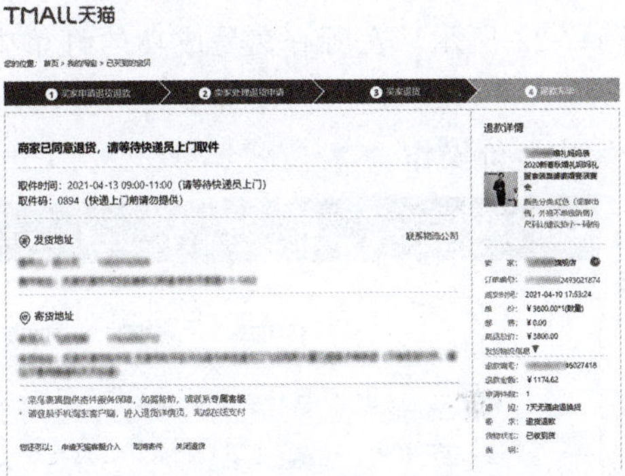

图1-2-19　客户确认退货物流信息页面

步骤4　申请售后。淘宝平台交易成功后15天内可申请售后，操作方法与退货退款一样。需要先进入"已买到的宝贝"页面，找到需要售后的订单，单击"申请售后"按钮，然后选择服务类型，即"我要退款"或"我要退货退款"，如图1-2-20所示。在打开的页面填入退货退款原因、退款说明，也可上传相关凭证，最后单击"提交"按钮，如图1-2-21所示。

图1-2-20　选择售后服务类型页面

图 1-2-21　售后服务之退货退款信息页面

　　步骤 5　买家评价。客户收到商品后，若未出现退货退款或售后服务情形，就可以对所购商品进行评价了，客户所留评价可以给其他客户提供购物参考。客户进入"已买到的宝贝"页面，单击"精简筛选条件"按钮，筛选条件中交易状态选择"交易成功"，如图 1-2-22 所示。在所有交易成功的订单中，单击需要进行评价订单的"评价"按钮，如图 1-2-23 所示。进入"评价宝贝"页面，客户针对店铺评分之后，单击"发布"按钮，即可完成评价操作。

图 1-2-22　选择交易成功的订单

　　返回"已买到的宝贝"页面，找到"交易成功"的订单后，单击"追加评价"按钮，在打开的页面中可以直接填上使用感受等评语，如图 1-2-24 所示，最后单击"提交评价"按钮，即可发表追加评价。

图 1-2-23　填写评价内容页面　　　　　图 1-2-24　填写追加评价内容页面

 **岗位研学**

电商平台如何综合评定天猫店铺经营水平？

天猫平台入驻的企业条件要求相对严格，主要涵盖了企业资质、品牌要求、商品品质、服务能力、财务实力等多个方面，如开店公司注册资本需不低于 100 万元人民币；依法成立并持续经营一年及以上（部分要求为两年及以上）；品牌需为合法注册的商标，且商标注册时间不少于一年（部分要求为两年以上）；企业必须具有一定的品牌知名度和市场影响力等。平台为了维护整体品质和用户体验，除进行入驻前审核外，还会对新入驻企业进行试运营考核、日常考核和违规处理。

• 试运营考核。天猫平台对企业的试运营考核一般为期 3 个月，主要评估店铺销售额、类目主营率、周均新发商品数等指标。

• 日常考核。试运营期结束后，企业将进入日常考核阶段，日常考核内容包括销售额、服务质量、客户评价等多个方面。

目前，平台基于商家服务能力，越来越重视对店铺的综合指标考核，将店铺综合体验分和商品体验分应用在搜索、推荐、广告场景的流量激励方面，店铺综合体验分是从不同维度对近 30 天店铺数据指标的综合评定，商品体验分是从商品负反馈、发货物流问题、用户求助平台等维度对产品的评定。你可以通过计算机端或移动端登录某旗舰店，查一查店铺的综合体验评价情况。

 想一想

就天猫平台而言，体验分对企业来说越来越重要，店铺综合体验分和商品体验分越高，曝光机会越大，也就是说企业可以通过提升服务体验获得更多的生意增长机会，同时店铺综合体验分也是营销活动报名、广告投放、首页商品推荐的准入门槛，还可以使企业拥有更多的售后自主处置权，如对服务体验好的企业（店铺综合体验分≥4.8分），平台会减少或取消主动的售后介入。那么，你知道平台是如何计算店铺综合体验分的吗？登录"天猫商家中心"的店铺后台，通过"店铺—店铺管理—综合体验分"路径进入"店铺考核"页面，就能看到店铺综合体验分和商品体验分，研究一下指标考核的构成和计算方法，分析一下哪些店铺考核指标还有待提升，店铺综合体验分核算表见表1-2-1。

表 1-2-1　店铺综合体验分核算表

考核项目	指标名称	30 天表现	指标得分	适用的考核标准

_____店铺考核指标提升分析：

_____

_____

_____

• 违规处理。为了避免因违规而导致店铺被扣分或赔偿等重大损失，互联网销售相关的客服、运营等人员学习电商平台规则十分必要，如《天猫市场管理规范》《淘宝网市场管理与违规处理规范》等平台规则，可登录 http：//guize.tmall.com、http：//rule.taobao.com 等网址查阅，重点学习不当获取使用信息、恶意骚扰、违背承诺等条款。

平台规则学习记录：

_____

_____

_____

 **理论知识**

在互联网销售过程中，尽管客户服务形式多种多样，但打造良好的客户服务体验是根本。客户服务岗位作为店铺唯一一个直接面对客户的岗位，代表了整个店铺对外的形象。牢记专业术语与业务流程知识、理解客户服务岗位工作价值与岗位定位，是客服人员上岗前必做的准备工作。

一、 客户服务基本概念

（一）什么是客户服务

根据国际标准化组织电子商务交易保障技术委员会发布的 2023《电子商务交易保障——词汇》（ISO 32110）标准文件，电子商务交易中的客户服务是产品整个生命周期内组织与客户之间发生的一切交互活动，组织包括电子商务经营者（企业或个人）和电子商务平台经营者。

客户服务以发货作为节点，分为发货前的售前客户服务与发货后的售后客户服务。售前客户服务是指企业为客户提供的一系列服务活动，如咨询接待、客户需求调研、订单促成与处理、商品包装等；售后客户服务是指所有与所销售产品有连带关系的服务，如订单跟踪、产品退换货、安装调试、质量保修、产品使用反馈等。就电子商务经营者而言，从采购、生产、销售到物流等全流程业务环节都会影响到客户购物的最终体验，在服务客户的过程中，经营者与客户之间的交互活动是常态化的，相互之间的影响也是交叉错综的。

（二）客户服务分类

客户服务按购物场景不同，分为线上客服与线下客服。按提供服务的主体不同，分为人工客服和系统客服。随着"互联网＋"背景下服务技术的发展，人工客服可以以文字形式进行客户服务，如网店客服；也可以以语音形式进行客户服务，如电信、移动通信公司的人工语音客服；还可以以视频的形式进行客户服务，如直播卖货已成为电商客服的一种全新发展形式。系统客服又称为电子客服，不管是文字客服，还是语音客服，抑或是视频客服，都可以依托系统软件来提供服务，如自动取款机、自动售票机、阿里"店小蜜"、京东智能客服 JIMI、10086 等都属于系统客服。当前系统客服还在向综合技术应用方向发展，基于先进的 AI 技术、计算机图形学、虚拟现实（Virtual Reality，VR）、增强现实（Augmented Reality，AR）、实时渲染技术等，开发了很多直播卖货的数字人主播，在一定程度上实现了与客户的智能交互，即视频形式的系统客服。

本书围绕企业对消费者电子商务模式（Business-to-Customer，B2C）下的网店客服，主要涉及售前客户服务、售后客户服务、客户关系管理等内容，以线上人工文字客服为主要学习内容，也会涉及线上客服系统的学习，如阿里"店小蜜"等人工智能客服系统。

 二、 客户服务专业术语

在各个电商平台的店铺后台，会看到大量的专业术语，只有掌握这些专业术语的概念及计算方法，才能看懂店铺经营的动态数据，及时发现店铺问题，提升客服工作的整体效果。

**访问电商平台
店铺后台（视频）**

（一）与店铺访问相关的术语

1. 浏览量（Page View/PV）

浏览量指的是网页页面的浏览量或单击量，也就是店铺各页面被查看的次数，用户多次打开或刷新同一个页面，该指标值累加。该指标反映了店铺的整体表现水平，店铺品牌、商品吸引度、营销推广活动、页面视觉体验、页面间关联度水平等都是浏览量的影响因素，该指标是提高转化率、客单价的重要基础量化指标。

2. 访客数（Unique Visitor/UV）

访客数指的是店铺独立访客的数量，也就是有独立 IP 地址的客户访问店铺的人数，而不是访问的次数。一天内（00：00—24：00），同一访客多次访问会进行去重计算（包含 PC 端和手机端的所有访问）。如 A 客户 3 月 1 日当天进入某店铺 5 次，该客户带来的访客数是 1 而不是 5。该指标可以直接反映运营人员通过网络推广帮助店铺获得的客户数量。

3. 访问次数（Unique Pageview/UPV）

访问次数指的是同一个 IP 地址对某个页面的访问，经过去重处理而得到的访问次数。例如，如果在 30 分钟内同一 IP 地址反复访问某个页面，其 UPV 计为 1。访问次数主要是避免同一个 IP 地址对页面的重复加载和刷新而导致统计虚高的情况。

（二）与订单相关的术语

与订单相关的数据指标有下单单量、店铺销售额、店铺销售量、下单客户数、客单价、客单量和客件数，这些指标值能够直接体现店铺的经营绩效，同时也是考核客服团队及个人的重要依据。

1. 先款订单与先货订单

先款订单指的是先付款再发货的订单；先货订单指的是先发货，货收到后再付款的订单。目前多使用微信支付、支付宝等快捷支付工具，先款订单与先货订单并存，如京东商城的"货到付款"订单、拼多多平台的"先用后付"订单都属于先货订单。

2. 下单单量

下单单量指的是统计期内客户提交的总订单量。先款订单在客户付款后列入统计，先货订单则是在客户提交订单后列入统计。

3. 店铺销售额

店铺销售额也称为成交额或交易额，指的是统计期内订单成交总金额。店铺销售额等于静默销售额与客服销售额之和。静默销售额是通过页面展示给客户，客户对详细页面进行阅读后，下单购买商品，以这种自助选购的方式实现的销售额称为静默销售额。通过提供客户服务而实现的销售额为客服销售额。先款订单按付款时间统计，先货订单按订单提交时间统计。

4. 店铺销售量

店铺销售量指的是统计期内销售出的商品数量，以客户自助选购方式销售出的商品数量为静默销售量，通过提供客户服务销售出的商品数量为客服销售量，店铺销售量等于静默销售量与客服销售量之和。一般客服销售量达到店铺总销售量的 50％ 是比较正常的水平，优秀的客服团队可以达到 55％～60％。

5. 下单客户数

下单客户数指的是统计期内提交订单的客户数。先款订单在客户付款后列入统计，先货订单在客户提交订单后列入统计。

6. 客单价

客单价也称为店铺平均客单价，是指店铺在统计期内每位下单客户的平均交易额。从计算范围上，客单价分为店铺客单价和客服客单价两种情况。店铺客单价等于店铺销售额除以下单客户数。客服客单价等于客服个人销售额除以客服个人销售人数。客服客单价是衡量客服销售能力的重要指标，客单价高的客服人员给店铺带来的销售价值就高，对店铺的贡献度就大。

7. 客单量

客单量指的是统计期内平均每个客户提交订单的数量。客单量等于下单单量除以下单客户数。

8. 客件数

客件数指的是统计期内平均每个客户购买商品的数量。

（三）与转化率相关的术语

在电商交易中，客户进店后可能会因为各种原因而选择直接离开，实现购物的客户数量占进店客户数量的比例称为转化率，转化率可分为静默转化率和询单转化率，转化率直接影响订单量、销售额等店铺绩效指标。

1. 咨询量

咨询量指的是咨询人数。

2. 询单量

询单量指的是客服接待的询单人数，不含发小广告的、发垃圾信息的人数，即真正有意向购买商品的人数。

3. 客户转化率

客户转化率指的是统计期内，下单付款客户数占所有访客数的比例。

4. 询单转化率

询单转化率又称为询单付款转化率，是询单下单率与下单付款率的乘积，询单下单率和下单付款率两个值直接影响询单转化率的高低，有些客户下单后未及时付款，所以下单付款率可以通过催付业务环节来提升。询单转化率还可以等于付款下单人数除以接待询单人数。询单转化率是对客服人员工作考核的又一重要数据指标。通常询单转化率达到60％左右才算合格，优秀客服人员的询单转化率可以达到90％左右。

5. 静默转化率

静默转化率指的是统计期内，直接下单付款的客户数量除以访客数，直接下单付款的客户数量是不通过客服直接付款的客户数量。

 ## 三、客户服务工作内容

在业务实践中，售前客户服务与售后客户服务存在工作内容的交叉，如订单产品的包装及物流的跟踪服务等，售前与售后服务岗位人员只有密切配合，才能顺利地完成订单操作。

（1）售前客户服务工作内容。客户进入店铺咨询时，售前客服首先要迎接问好并接待咨询，注意站在客户的角度想问题，弄清楚客户的需求后进行产品精准推荐。推荐产品环节不仅是回答客户问题，关键是把产品卖点与客户利益点相匹配，成功推荐A产品后，还要巧妙地关联推荐B产品。如果客户在产品、物流等方面存在疑虑，售前客服一定要帮客户解开这种疑虑，然后有技巧地促成订单。对未付款订单进行规范的订单催付操作，对于已付款订单，售前客服除核对订单外，还要以一种感恩的心态与客户礼貌告别，不仅为下一次交易做好铺垫，同时也要提醒客户遇到售后问题时的处理方式。售前客服最后审核订单后，转仓库跟踪打包发货，发货以后若监控到物流异常情况，还要及时处理并反馈客户处理进程。

服务与销售是售前客服的两大工作任务，在服务好客户的同时，也要努力实现销售目标，询单转化率、客单价和复购率就是衡量售前客服销售能力的关键指标，而客户满意度、售前中差评数等指标则是衡量售前客服服务态度的关键指标，这些指标都会纳入售前客服岗位绩效考核中，学习项目四时再深入解读。

（2）售后客户服务工作内容。售后客服负责产品发货后产生的一系列售后问题的处理和沟通。首先，售后客服需要跟踪物流作业环节，确认产品是否正常发货，若包裹本应三天到达但五天还未到，这种情况下客服若不主动服务，不仅有可能会得到客户差评，还会影响到店铺的综合体验分。售后客服应该主动查询订单的物流状态，与快递公司联系，确认物流状态，及时反馈给客户，并跟客户道歉，争取客户较好的服务评价。其次，需要及时核实问题进行售后问题答疑，售后客服需要分析售后问题产生的原因，查明是物流问题、客户使用的问题还是商品质量问题，针对问题与客户协商解决方案，必要情况下实施退换货处理，同时跟进解决方案的实施，实施过程及时反馈客户，直到售后问题最终解决。当出现差评、投诉纠纷时，售后客服应及时与客户沟通解决，以挽回客户的不良印象与评价，订单完成后，评价维护也很重要，有助于再次产生交易。再次，客户作为企业的重要资源，维护与发展客户关系也是售后客服的一项重要工作，对客户进行分类，做到精准关怀，后续营销才能做到有的放矢。最后，要做好问题沉淀与归类，把问题对应反馈给客服主管或相关部门，助推店铺销售工作的整体改进。

服务是售后客服的首要任务，通过服务来实现降低店铺的退款率和维权纠纷率，提高客户满意度的工作目标，这些相关指标也会纳入售后客服岗位的绩效考核中。此外，售后问题的沉淀与归类、促进店铺销售工作的整体优化也是售后客服的工作重点。

（3）售前客户服务与售后客户服务工作内容的异同。

售前客服和售后客服工作内容的相同点：服务好每一位客户，让每一位客户满意。

售前客服和售后客服工作内容的区别点：工作内容方面，分别负责发货之前和发货之后的相关工作；能力要求方面，售前客服对销售技巧、话术优化、随机应变有较高要求，售后客服对工作的严谨性、处理疑难问题的心态、与客户的沟通技巧要求较高；岗位职能方面，售前客服负责销售、接待等，售后客服负责物流、投诉纠纷、评价维护等；工作目标方面，售前客服以提高询单转化率、客单价、复购率及销售额为己任，售后客服则主要负责售后问题的梳理，提出工作改进建议，降低退款率与纠纷投诉率，从而提高店铺服务满意度。

四、客户服务岗位价值

客户服务岗位是平衡客户与店铺之间利益的关键岗位，其岗位重要性具体体现在以下四个方面。

（一）优化客户的购物体验

客服是唯一能够跟客户直接沟通的岗位，这种沟通融入了情感与"用户至上"的服务理念。一声问候、一个恰如其分的表情、一个专业

领悟电商客服岗位
工作价值（视频）

性的产品介绍都会博得客户的好感和信任，所以专业客服人员就是店铺品牌形象的代言人，需要具备"全心全意服务客户"的职业观念、丰富的产品知识、主动热情的服务态度和店铺经营的全局意识，为客户提供极致的服务，不断提升客户的购物体验。

（二）改善店铺的服务数据

客服岗位的服务质量直接影响店铺服务数据的分值，电商平台对店铺实施近30天的综合体验星级考核，如人工平均响应时长、满意度等客服工作指标直接纳入店铺服务类考核指标，若店铺评分不符合标准，会影响其产品在搜索中的排名及参加营销活动的资质等，若综合体验星级长期低于同行平均水平，客户跳出页面的概率就大，会严重影响店铺的客户转化率，所以客服岗位的工作质量对改善店铺的服务数据至关重要。

（三）降低店铺经营风险

客服人员对产品熟悉，对客户需求准确地把握，就可以做到精准推荐，有效地控制退换货和退款，降低店铺损失并避免交易纠纷；客服人员严格遵守《中华人民共和国电子商务法》《中华人民共和国消费者权益保护法》等相关法律法规条文、熟悉平台规则、具有不泄露消费者个人信息的守法意识，就可以避免因违法违规行为而使店铺遭受处罚；客服人员真诚、积极地与客户沟通，有效地安抚客户情绪、平息客户不满，就能尽量避免客户的不良评价与投诉；客服人员具有网络安全意识，就可以避免店铺被少数不良分子敲诈而导致损失的情况。

（四）有效提升流量价值与店铺经营业绩

店铺销售额等于静默销售额与客服销售额之和，显然客服团队销售额越高对店铺经营业绩增长的贡献度就越大。

$$客服销售额＝询单量×询单转化率×平均客单价$$

根据以上公式中的变量关系可以发现，服务与销售能力强的客服人员询单转化率高；关联销售能力强的客服人员平均客单价一定也会高（例如，客户在购买上衣时，客服人员除精准推荐上衣外，还可以关联推荐搭配的裤子或裙子）；在询单量不减少的情况下两个因变量的增多会促进客服销售额的增多。同时，客服人员的优质服务也有助于客户多次复购或介绍他人在店铺中购物，从而把客户单个流量的价值发挥到最大，在当前店铺引流成本趋高的情况下，提高店铺流量价值，势必会极大地促进店铺整体经营业绩的提升。

五、 客户服务岗位定位

就网店而言，客服岗位与运营、美工、仓储岗位和物流企业联系最为密切，店铺各个岗位的人员只有协同合作，才能为客户提供良好的购物体验，进而提高店铺的销售额。

（一）客服与运营

（1）客服工作是运营与决策的基础。客服在接待客户的过程中，不仅是应答提问，还要对客户信息进行收集，对客户的需求点和反馈的问题进行整理、归类和分析，形成客户需求调研报告，为运营人员优化店铺运营方案、开发人员的产品设计改进与管理者的经营决策提供依据。

（2）运营活动及时对接。当店铺有活动的时候，运营需要向客服交代清楚活动方案，设置好自动回复和快捷用语，避免在客户询问活动内容的时候客服无法为其提供帮助。

（3）相互支持共同解决销售问题。如售前服务中客户的额外优惠诉求、售后服务中客户的补偿诉求，客服人员都应该与运营人员密切沟通，协调出解决方案。

（二）客服与美工

（1）及时反馈图片色差问题。当多位客户反馈实物与图片描述不符或色差严重时，客服就应该向美工反馈，检查在拍照或修图时是否造成了比较严重的色差问题，是否可以调整。如果不能调整，客服就要提示客户介意此类问题的要慎拍，尽量避免由此而引发的差评或退货问题。

（2）及时反馈产品描述不实的问题。当多位客户对页面上的描述内容提出疑问时（如详情页文字描述错误，或产品实际效果与描述内容不详，部分内容涉嫌夸大、虚假描述），客服应该及时向美工反馈产品信息描述的问题，及时纠偏改正。

（三）客服与仓储

（1）业务衔接不出纰漏。店铺出售的产品将由仓储人员打包、发货，当遇到客户修改订单产品属性、地址等，或对订单包裹有特殊要求时（如延缓发货、需特殊包装等），客服务必采用店铺约定的订单备注方式，而且把需要仓储人员注意的信息放在备注靠前的位置，或告知仓储人员发货注意事项，避免错发或未履行发货承诺的情形发生，保证订单操作不出纰漏。退货流程中，通常客服需要先与仓储人员核对退回产品是否收到且状态正常，再进行退款事宜。

（2）发货情况核实。当出现订单未按规定时间发货时，客服需要及时与仓储人员沟通，核实订单的发货情况，确认是什么原因导致未发货（如缺货、漏发、订单号有误等），在积极解决问题的同时使用准确的话术安抚客户。当订单是多件产品时，客户声称少发，客服应该及时查看后台并且与仓储人员核实订单打包情况，告知客户分包裹情况，消除客户的误解。当客户的订单出现少发、错发、丢件等情况时，客服应该联系仓储人员核实发货记录，确实为订单操作有误，要与仓储人员沟通补发货物的细节，并且把新的物流单号及时反馈给客户。

（四）客服与物流

（1）查询运输情况。当订单物流信息一直未更新时，客服要及时通过相关物流平台查询物流信息，与物流公司的相关联系人核查该物流单号产品的运输情况，了解实情，并做好客户的安抚工作。

（2）查询配送情况。当客户反应一直没有收到货时，客服应该及时与物流公司的联系人及快递员联系，核实情况，查明是配送包裹时出了问题，还是配送失败导致货物被拒收滞留，抑或是运输途中出现货物停留和丢件的情况。客服需要与物流公司协商解决方案，并把解决方案反馈给客户，努力取得客户的谅解。

 练一练

请将打乱顺序的十四项客服工作内容逐个填入流程示意图空白处。

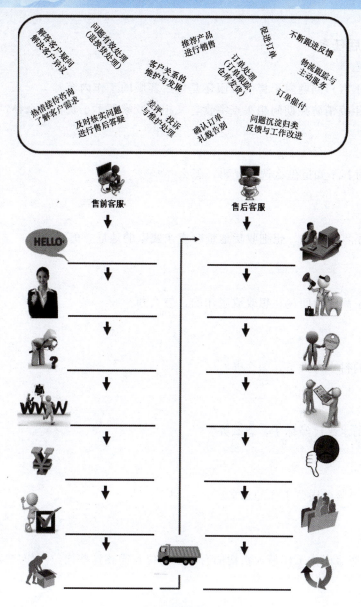

客户服务工作流程示意图

 考一考

项目一任务二
自我检测

课后任务

一、问答题

1. 分析以下客户问题属于售前客服还是售后客服的工作内容？

（1）2020年疫情防控期间想买点零食，又担心商家发不了货，怎么办？

（2）购买衬衫不知道怎么选择尺码，怎么办？

（3）购买了零食礼包，想把收货地址改成亲戚家的地址，怎么办？

（4）购买了甜味的面包，想改成咸味的，怎么办？

（5）收到的衬衣太大了，怎么办？

（6）收到的水果已经坏了，怎么办？

2. 简述客户服务岗位工作的意义。

3. 与网店客服岗位工作最为密切的有哪些岗位？简述这些岗位工作之间的联系。

二、岗位训练

请参考岗位实践部分的操作步骤，结合下面的具体任务，熟悉电商平台店铺后台的界面功能及操作。

1. 熟悉菜单栏中的各项功能子菜单，查看店铺仓库中存放的商品数量、出售中的商品数量，浏览商品的库存和累计销量，查看当前有多少笔正在等待发货的订单。

2. 请查看店铺当月的总体销售数据、客服销售数据和客服服务数据。

3. 客户购物后经常会对商品、物流和服务情况进行评价，客服人员也经常会给予回评，在哪里能实现回评操作？

职业素养

悟一悟，上海外滩的外白渡桥"百岁高龄"时，英国设计公司的体检和维修提示，给了我们什么启示？什么是客户服务？客户服务的意义又是什么？

上海外滩的外白渡桥

上海外白渡桥是我国第一座全钢结构的桥梁，长期以来一直是上海的一座标志性景观。它沧桑古朴、构造妙趣横生，令人流连忘返、感慨万千。在普通人的眼里，外白渡桥始终没有什么变化，它的钢筋铁骨坚实硬朗，一直这样静静地横卧在那里。每天，桥面上车来人往川流不息。

2007年年底，上海市市政工程管理局收到一封来自英国名叫华恩·厄斯金设计公司的来信。信中说，外白渡桥当初的设计使用期限是100年，于1907年交付使用，现在已到期，请注意对该桥进行维修。信中还特别提醒，在维修时，一定要注意检修水下的木桩基础混凝土桥台和混凝土空心薄板桥墩。这家设计公司还为上海市市政工程管理局提供了当初大桥设计的全套图纸，铺开这些设计图纸，人们惊讶地发现，虽然经历了百年的岁月，但这些图纸依然被保存得完好如初，没有一点划痕、皱褶。图纸虽然是手工绘制而成的，但线条十分工整，每一数据、每一符号都不差分毫，设计者、审核、校对、绘图人的姓名都一目了然，清晰可见。

这是外白渡桥的"出身证明"和"护身符"。这些完整、准确、无误的设计资料，为外白渡桥的体检和维修提供了完善、充分的科学依据。

英国这家大桥设计公司的郑重提醒，才使我们如梦初醒：原来这座大桥已"百岁高龄"了，需要给它来一次全面的体检和维修了，否则，就有可能桥毁人亡，后果不堪设想！

经过百年历史的沧桑巨变，这家英国设计公司的办公场所换了一处又一处，人员换了一茬又一茬，当初大桥的设计者也早已作古，他们不再需要承担任何责任了。但是，这家公司为客户服务、讲究信誉、视质量为生命的理念，却一直没有变。大桥的设计使用期限是100年，100年到了，他们没有忘记提醒大桥的使用者。这一及时的提醒，不仅使我们对这家大桥设计公司充满了敬佩之情，更引起了我们的思考，什么是客户服务？客户服务的意义究竟是什么？

行业之窗

阅读以下资料或自行查阅相关资料，谈一谈中华传统商业文化中渗透的客户观，再制定一份自己的客服岗位能力发展规划。

什么是中华老字号

鸿泰商训—中华传统商业文化的精髓

客服岗位能力模型

项目一　学习过程性评价标准

考核项目	考核内容	考核形式	评价标准	单项得分	评价占比	合计得分
互联网销售认知	知识点： 互联网营销、互联网销售、电子商务客户服务的概念，互联网媒体较传统媒体的优势，互联网营销的职能，互联网销售对传统零售业的影响，互联网销售的发展趋势，电商术语，客户服务工作的内容与意义，网店客服岗位与运营等岗位的关系。 技能点： 互联网销售岗位调研能力，初步的企业互联网营销模式分析能力，能够看懂订单管理系统后台的经营数据与客户服务数据，能够分析店铺产品、物流、服务方面需要提升的指标。 素质点： 学生的终身学习意识与团队合作精神，学生的客户思维、数据化思维和客户服务意识	1. 岗位实践小组汇报《互联网销售相关岗位的岗位需求调研报告》	企业/学校教师评价：【两个任务平均成绩】 1. 调研的岗位全面，调研记录完整，按岗位类别梳理的工作内容详细具体（80％）。 2. 汇报思路清晰，共享小组调研成果（20％）		30％	
		2. 岗位研学小组或个人汇报研学任务	组间评价：【两个任务平均成绩】 1. 小组针对特定问题采用研究性拓展学习，并进行总结归纳，体现团队分工与协作精神（50％）。 2. 组间共享学习成果，能回答其他组质疑（50％）		20％	
		3. 理论知识客观题检测1次/任务	自我评价：【两个任务平均成绩】 智慧职教 MOOC 学院项目一中两个任务均设置"考一考"，或纸质教材的"考一考"作答，以客观题形式完成自我检测		50％	
		4. 课程资源自主学习，职业素养和行业之窗案例讨论	智慧职教 MOOC 学院"互联网销售"课程平台统计： 项目一课程资源同步在智慧职教 MOOC 学院开放，基于课程平台明确学生自主学习的评价要素及比例，如课程资源学习进度、作业、主题讨论等，平台统计每位学生的自主学习情况，终期汇总百分制成绩			

课程考核详见附件。

项目二　售前客户服务

学徒阿诚上岗记——促成交易很难吗

　　阿诚经过一个月的岗位技能培训，今天是他正式上岗的第一天。刚上班不到半个小时，客户就来啦！这位客户需要一款弹力裤，而且非常关注裤子的材质，问阿诚："这款裤子是什么材质呢？"阿诚回答："这个是莱卡棉的"，客户又问："莱卡棉是什么材质呢？"阿诚还没来得及问师傅莱卡棉是什么材质的，客户就走掉了。这一天下来，阿诚接待了不少客户，但是下单的客户寥寥无几。阿诚郁闷地想："怎么客户不下单呢，推荐产品促成交易好难啊！"

　　阿诚感到要学习的东西还很多啊……

学徒阿诚上岗记——
促成交易很难吗（动画）

想一想

1. 你帮阿诚分析一下，他要跟师傅学习什么？

2. 产品知识对互联网销售的售前客服人员重要吗？如何储备产品知识呢？

3. 售前客服人员与客户沟通的关键是什么？如何成功地推荐产品呢？

任务一 及时迎接客户

 **学习目标**

知识目标

1. 掌握迎接客户首次回复的服务原则。
2. 掌握迎接客户及时性的衡量标准。
3. 掌握服务礼貌用语规范。
4. 熟悉服务用语的违禁词。

技能目标

1. 会下载、安装客服沟通工具"千牛工作台"。
2. 会使用"千牛工作台"的系统设置、欢迎语及关联问题的自动接待设置功能。
3. 能够使用千牛"接待中心"进行个人、团队快捷短语的维护。
4. 能够在"接待中心"的联系人列表区进行客户群组管理及店铺团队人员设置。
5. 能够在"接待中心"的客户交流区和信息显示区进行客户接待的初步操作。
6. 能够设计规范性、个性化的迎接话术。

素质目标

1. 培养学生敬业精神和劳模精神。
2. 培养学生从事互联网销售的守法意识，规避迎接客户用语中的违法违规风险。
3. 培养学生的客户服务意识和礼貌待人的职业素养。

 **岗位实践**

初步使用客服沟通工具

在商品上传之后，销售商品和处理订单之前，首先需要安装一款店铺运营管理软件，如淘宝、天猫店铺安装的"千牛工作台"，京东店铺安装的"京麦工作台"，抖音小店计算机端安装的"飞鸽客服工作台"和手机端安装的抖店 APP 等，这些店铺运营管理软件是网店客服人员与客户沟通的重要工具。客服人员必须熟练使用

初步使用在线
客服沟通工具（视频）

"千牛工作台"（简称"千牛"）与客户交流，"千牛"有计算机版和手机版两个不同版本，其功能基本一致，只是界面有所差别。下面以计算机版"千牛"为例进行学习与训练，该工具不仅具有聊天、接单功能，还能够实现交易管理、商品管理、评价管理等操作，当买卖双方出现交易纠纷投诉时，"千牛"聊天记录还是官方认可的申诉证据之一。

步骤 1 下载和安装"千牛"。千牛工作台的下载有多种方法可供选择，如在百度搜索引擎的搜索栏中输入"千牛"，然后按 Enter 键；还可以登录 http：//work.taobao.com 或登录店铺后台"商家中心"单击右上角"下载千牛"，通过上述方法均可以打开以下页面进行"千牛"的下载和安装，如图 2-1-1 所示。

图 2-1-1 "千牛"的下载和安装

步骤 2 打开千牛工作台，出现登录页面后，输入正确的账号和密码，单击"登录"按钮，如图 2-1-2 所示。

图 2-1-2 登录千牛工作台

当客服人员接待的客户较多而无法第一时间回应时，可使用自动回复或快捷回复方式进行应答，以节省时间提高服务效率。操作如下：

在千牛工作台的右上角，单击"设置"菜单中的"系统设置"按钮，在弹出的系统设置页面会看到左侧列表中有开机时自动启动千牛、账号身份等通用设置，网页浏览路径设置，快捷键设置，账号密码等隐私设置，会话窗口的模式、显示字体、窗口自动关闭与切换等接待设置，会话消息提醒形式、提示音等接待通知设置，如图 2-1-3 所示。

图 2-1-3 "系统设置页面"

在千牛工作台的左侧菜单中，单击客服菜单中的"接待工具"按钮，弹出自动接待工具和人工接待工具的页面，如图 2-1-4 所示。自动接待工具中第一个功能按钮就是"欢迎语"，单击该按钮可以对售前、售后或无人接待时的欢迎语通用模板进行设置，如图 2-1-5 所示。单击"售前通用"按钮进入模板页面，可对欢迎话术、关联问题及接待话术进行设置，也可对自定义时段如大促或特殊时段进行针对性的话术设置，自定义话术优先级别高于通用模板，如图 2-1-6 所示。

图 2-1-4 "接待工具"设置页面

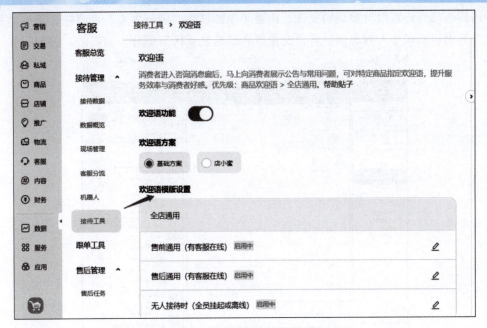

图 2-1-5　"欢迎语"通用模板页面

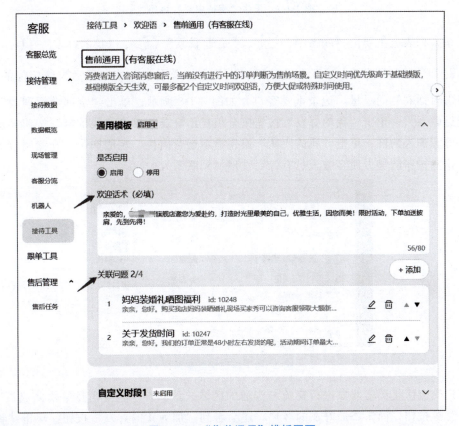

图 2-1-6　"售前通用"模板页面

步骤 3　熟悉千牛"接待中心"。

步骤 3-1　熟悉计算机版千牛"接待中心"界面。千牛"接待中心"是千牛聊天工具软件的核心部分，客服与客户的交流、沟通工作都是在"接待中心"完成的。千牛"接待中心"界面包括联系人列表区、客户交流区和信息显示区三部分，如图 2-1-7 所示。

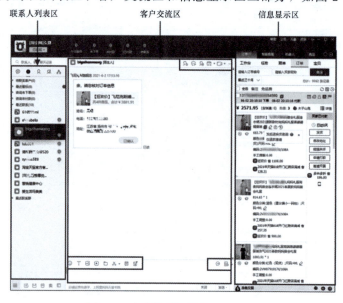

图 2-1-7　千牛"接待中心"页面

联系人列表区主要由"联系中" 💬 、"最近联系" 🕐 、"我的好友" 👤 、"我的群" 👥 和"我的团队" 🔗 五个按钮组成。单击"联系中"按钮显示当前接待的客户，可以点击对话右侧的星星，记录重要客户，如图 2-1-8 所示；单击"全部会话列表"按钮显示最近联系人；单击"我的好友"按钮按分组显示好友；单击"我的群"按钮显示自己管理的群和加入的群；单击"我的团队"按钮显示运营岗位、客服岗位、仓储岗位等团队成员。这些按钮能够方便客服人员有针对性地找到联系人。

图 2-1-8　标记重要客户

客户交流区是买卖双方进行交流与沟通的区域。顶部有"转发消息给团队成员""新建任务"等按钮，尚未添加好友的客户，还会看到"加为我的好友"按钮。单击"转发消息给团队成员"按钮可将接待转给其他账号，可转发消息到人，即子账号管理—员工管理—部门结构中的相关成员，也可以转发消息到组，即子账号管理—客服分流—分组设置中的组别，如图 2-1-9 所示。单击"加为我的好友"按钮可以给客户发送加为好友的消息，客户接到消息同意邀请，该客户信息就会出现在联系人列表区的"未分组好友"名单中。单击"新建任务"按钮，针对某位接待客户待解决的问题（如退款、查件等）进行任务工单添加，如在任务描述处说明订单编号和工作事项，可选项有个人备忘、订单跟进或重要客户回访，如图 2-1-10 所示。单击千牛工作台左侧"工单"按钮，可查询待处理的任务，方便进行订单的相关操作。

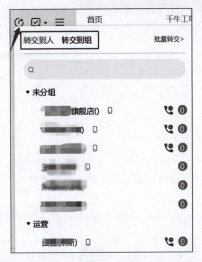

图 2-1-9　转发消息给团队成员—转交到人页面

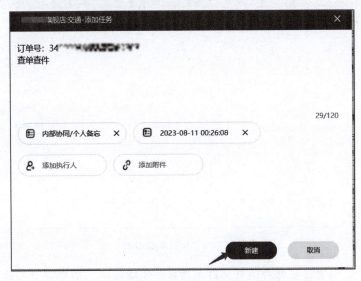

图 2-1-10　新建任务页面

　　添加的任务会显示在接待中心右侧的信息显示区的智能客服—千牛工单—待处理页面，方便进行订单的相关操作，如图 2-1-11 所示，该区域底部还有一排按钮，从左到右分别是选择表情 ☺ 、屏幕截图 ✂▾ 、发送图片和视频 ♣ 、计算器 ✕ 、发红包 😊 、发专属优惠 ♡ 、优惠明细计算 ▣ 、邀请下单 ☺ 等，这些按钮可以让客服人员与客户进行及时有效的沟通。可以点击对话框表情栏，单击"管理"按钮，进行常用的表情添加，如图 2-1-12 所示。

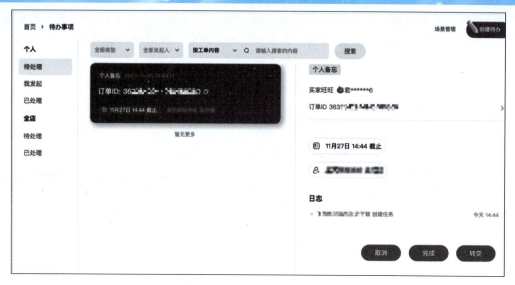

图 2-1-11　千牛工单显示页面

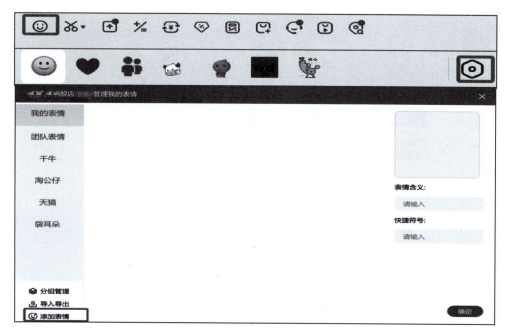

图 2-1-12　常用表情管理

　　信息显示区，能够显示客户信息、订单信息、快捷短语、消息记录等内容。单击该区域的右上角"⊕"按钮，就会弹出千牛插件中心，如图 2-1-13 所示，有些应用软件需要在服务市场购买后才能出现在"我的应用"中。以"机器人"插件为例，通过"我的应用—客户运营—机器人"的路径，找到"机器人"插件，单击插件右上角标识，完成插件安装后就会显示在信息显示区顶部的菜单中。还可以通过"我的应用—客服—智能客服"的路径，安装"智能客服"插件，应用该插件可以看到客户信息、客户的足迹和咨询的商品、客户订单信息等内容。

图 2-1-13　接待中心信息显示区

单击客户交流区的"快捷短语"按钮，信息显示区中就会显示设置的个人和团队快捷短语内容，如图 2-1-14 所示。

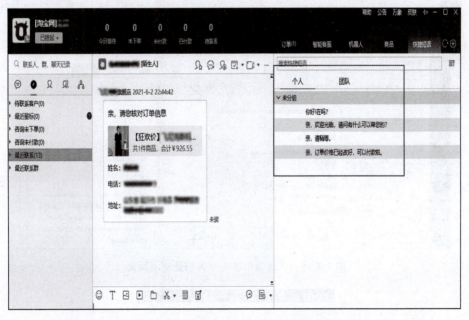

图 2-1-14　信息显示区中快捷短语显示

步骤 3-2　熟悉手机版千牛"接待中心"界面。手机版"千牛"下载可先进入应用市场或应用商城，搜索到"千牛工作台"，再下载安装即可，千牛的手机版与计算机版功能基本一致，界面略有不同，手机版屏幕下方的按钮，从左至右分别是消息、营销、头条，如图 2-1-15 所示。

消息，可以接收各种系统消息，并与客户聊天，类似于千牛计算机版的"消息中心"，在这里可以实现与客户的交流沟通，如收发消息、语音聊天、核对订单、推荐产品等。

营销，显示营销活动报名和涉及流量转化、关键词推广、提升客单价等的常用工具。

头条，显示最新、最热门的资讯，以及官方推出的各种活动消息。

步骤 4 设置快捷回复。千牛接待中心的客户交流区右下角有"快捷短语"按钮，先单击进入个人快捷短语页面，如图 2-1-16 所示，单击信息显示区"新建"按钮，进入"新增快捷短语"页面，输入快捷短语内容，编制快捷编码，添加或选择快捷短语分组，最后单击"保存"按钮，如图 2-1-17 所示。如果重新修订全部快捷短语，可以批量导出，编辑完成后再批量导入；如果部分修订快捷短语，可将鼠标放于该快捷短语处，会弹出编辑、删除和移动该快捷短语的快捷菜单，实施相关操作即可。

图 2-1-15 手机版千牛"接待中心"页面

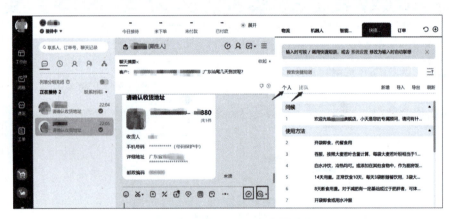

图 2-1-16 信息显示区中个人快捷短语页面

图 2-1-17 "新增快捷"短语页面

如果单击进入团队管理快捷短语页面，然后单击信息显示区的"团队管理快捷短语"按钮，就可以对团队签名、团队共享的自动回复、快捷短语、禁用语、商品推荐等内容进行维护，如图 2-1-18 所示。

图 2-1-18　团队管理快捷短语页面

全部快捷短语设置完毕后，返回"接待中心"界面，将鼠标指针定位到客户交流区的聊天窗口中，输入快捷编码如"/2"，按 Enter 键后该快捷编码对应的快捷短语会添加到聊天窗口，再次按 Enter 键或单击"发送"按钮即可用已准备的话术快速回复客户。

步骤 5　客户分组操作。客服人员接待大量的客户之后需要对客户进行分组，应用千牛工作台对添加的好友进行分类，便于管理客户并与客户进行交流。具体操作如下：

"步骤 3"中已学过当客户同意客服发送的"加为我的好友"邀请后，客户信息就会出现在联系人列表区的"未分组好友"按钮名单中，右键单击"未分组好友"按钮，在弹出的快捷菜单中选择"添加组"选项就可以对添加的好友进行分组管理了，如图 2-1-19 所示。如添加至"老客户组""首次咨询的客户组"等组别，展开"未分组好友"，在要移动的好友名单上单击鼠标右键，在弹出的快捷菜单中执行"移动好友"命令，弹出"选择组"页面，如图 2-1-20 所示，若选择"老客户"组并单击"确认"按钮，返回"我的好友"列表后，在"老客户组"列表中便会自动显示新添加的客户。

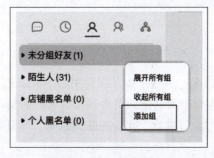

图 2-1-19　添加组操作

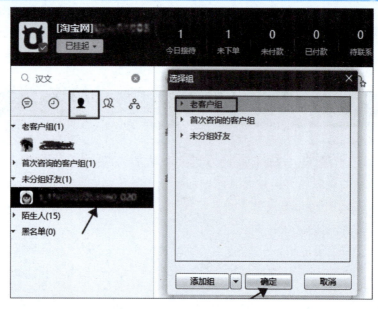

图 2-1-20 移动好友至新建组

步骤6 客户排序操作。在"接待中心"的"联系人列表区",单击"消息"按钮,在展开的列表中显示了最近接待的客户,单击"排序"按钮,如图 2-1-21 所示。在打开的列表中选择所需的排序方式,排序方式分为"按接入联系时间""按客户等待时长"和"按最后一句消息排序"三种,若优先回复等待时间较长的客户,可选择"按客户等待时长"排序;若优先联系曾经的老客户,则可以选择"按接入联系时间"排序进行快速查找。

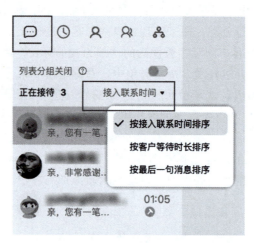

图 2-1-21 对联系人的消息进行排序

步骤7 查看今日接单情况。通过千牛"接待中心"可以查看当日订单信息。在接待对话框窗口顶部有数据显示,可以查看客服人员今日接待客户的情况,如今日接待人数、未下单人数、未付款订单数、已付款订单数、昨日旺旺满意率、昨日 3 分钟响应率和昨日平均响应时长,如图 2-1-22 所示。

10	7	0	1	-	99%	16秒
今日接待	未下单	未付款	已付款	昨日旺旺满意率	昨日3分钟响应率	昨日平均响应时长

图 2-1-22　当日接单信息统计

 岗位研学

迎接客户的"及时性"如何衡量？

学徒阿诚想以客户身份进入多家不同综合体验星级的店铺，体验一下这些商家的客服是如何迎接客户的？你与阿诚一起将了解到的情况填在表 2-1-1"客服迎接客户情况调研表"中，再跟同学们讨论一下不同商家不同客服人员的进店迎接服务存在哪些差异？（注：首次人工响应时长是指客服首次回复客户咨询所用的时间，通常以秒计算；平均响应时长是指在客服与客户的沟通过程中，每次回复客户用时的平均值。）

表 2-1-1　客服迎接客户情况调研表

序号	店铺名称	综合体验星级/信用等级	首次人工响应时长	平均响应时长	客服迎接语记录
1					客户：老板在吗 客服：
2					

在互联网快速发展的背景下，客户的消费场景由计算机端逐渐转向移动端，购物时间极度地碎片化，由注重价格过渡到注重服务，所以迎接客户的及时性体现在首次响应时间，响应时间越短客户的服务体验就越好。除了客户注重服务体验外，因为产品同质化严重，很多客户在咨询时也会进行多家比较，所以往往越快回复的客服，越可以给自己赢得更多的沟通机会，进而留住客户，有更大的概率来提升转化率。你知道大部分五星级店铺将响应时间控制在多少秒吗？响应时间行业数据见表 2-1-2。

表 2-1-2　响应时间行业数据表

最大同时接待人数/人	<15	15~35	35~80	>80
首次人工响应时长/秒	3	6	15	30
平均响应时长/秒	20	30	40	60

 想一想

首次人工响应时长和平均响应时长是怎样影响客户消费体验的？有没有方法能够提高客服人员的响应速度？

 理论知识

 一、 迎接客户的服务规范

注重迎接客户
规范（视频）

进店问好是电商客服人员接待客户工作流程的第一个环节，这一环节看似简单，却有着很深的学问。售前客服首次响应工作做得不好，会给店铺带来不良影响，拉低店铺的相关数据指标，造成店铺搜索权重下降，活动报名不符要求，增加客户流失比率，降低客户购物体验，影响推广费用，提升运营成本。迎接客户的首次回复要遵循"快""热""简"的工作原则。

（一）首次回复工作原则——"快"

通过使用自动回复等手段可以实现快速回复，设置自动回复在一定程度上可以让客户一进店就快速得到客服回应，降低客户的流失率，但不宜一直使用自动回复，接待量比较大的时候可间歇使用。注意迎接问好的自动回复视为商家承诺，需要谨慎编辑自动回复话术，并定期检查修订。为提升客户体验，人工首次响应时间通常掌握在 3～6 秒为宜。

（二）首次回复工作原则——"热"

首次回复会给客户留下深刻的第一印象，特别是通过网络沟通，更要让客户真切感受到我们服务的热情。作为互联网销售的一名客服人员，拥有一个良好的心态十分重要，因为要让客户能够跨越距离去感受那份温暖和关怀，所以客服要有一颗温暖他人的心。初次接触客户，如何让客户感受到你服务的热情呢？

1. 用好语气助词

在聊天中恰当使用语气助词，句尾加"哦""呢""哈"等语气词可使语调柔和，拉近彼此的距离，使用前后对比如下：

我们会尽快发货的，请耐心等待。（无语气助词）

我们会尽快发货的哦，请您耐心等待哈。（恰当使用语气助词）

2. 多用礼貌用语

多使用礼貌用语同样会起到良好的沟通效果，如"请""麻烦您了""让您久等了""感谢您的支持""真的很抱歉""谢谢您的谅解"等，使用前后对比如下：

现在没有货，等货到了给您发。（无礼貌用语）

不好意思让您久等了，现在货还没到，等货到了我们会第一时间给您安排发货的哈，谢谢您的耐心等待哦。（恰当使用礼貌用语）

3. 善用表情符号

客服人员还应善于使用热情的充满正能量的表情符号，使客户有更好的沟通体验，例如：

您好，欢迎光临，很高兴为您服务。

请问有什么可以帮到您的呢？

（三）首次回复工作原则——"简"

首次回复不建议太长，太长会影响阅读体验，简单明了即可。迎接语的内容方面，要做到语言简洁有逻辑，最好分层表达，适合手机阅读。迎接语的内容需要包括客户称呼、店铺名称、自我介绍和体现服务态度的用语，通常还会加上店铺活动的简要信息。个性化的首次回复话术格式方面，注意字体过大、太夸张的排版都是不适宜的，建议使用十二号或十四号深色字体。首次回复参考话术如下：

您好，欢迎光临××旗舰店，我是客服××，现全场包邮，满200减50，满359减100，请问有什么可以帮到您的呢？

 二、 服务用语规范

（一）常见服务礼貌用语规范

1. 欢迎语

欢迎光临。

欢迎您来到××店铺。

很荣幸/高兴为您服务。

2. 问候语

早上好、中午好、下午好、晚上好、晚安。

先生好、女士好、您好。

3. 祝贺语

祝您生日快乐、节日快乐。

国庆快乐、中秋快乐、新年快乐、周末愉快。

4. 征询语

请问有什么可以帮到您？

请问您还有其他需要帮忙的吗？

5. 答应语

是的、好的、我明白了。

请您稍等一下、请稍候，马上帮您处理。

这是我应该做的。

6. 道歉语

给您带来不便，真的很抱歉；给您添麻烦了，真的对不起。

感谢您的提醒，这是我的错误（过失），对不起；对不起让您久等了；对此向您表示深深歉意，希望您能谅解。

本次交易没能让您满意，真的很抱歉。

7. 答谢语

感谢您的光临、能为您服务真的很荣幸、感谢您的信任和支持。

8. 告别语

再见，欢迎再次光临；非常感谢，祝您生活愉快！期待再次光临。

9. 换位思考沟通

在话术中善用"我"代替"你"或"您"进行意思表达，规范用语使用前后对比如下：

（1）你错了，不是那样的！（不规范表达）

对不起我没说清楚，但我想……（规范用语）

（2）如果你需要我的帮助，你必须……（不规范表达）

我愿意帮助您，但首先我需要……（规范用语）

（2）你没有弄明白，这次听好了。（不规范表达）

也许我说得不够清楚，请允许我跟您再解释一遍……（规范用语）

（二）规避服务用语中的法律风险

1. 切忌使用违禁词

开展互联网销售活动必须以遵守国家法律法规为前提，互联网销售人员要多了解《中华人民共和国电子商务法》《中华人民共和国广告法》《中华人民共和国消费者权益保护法》《中华人民共和国反不正当竞争法》《互联网信息服务管理办法》等法律法规。

如在《中华人民共和国广告法》第九条第三款中规定，广告中不得使用"国家级""最高级""最佳"等用语。店铺的迎接语要杜绝使用与"最"或"一"有关的绝对化营销词，如最佳、最具、最爱、最赚、最优、最优秀、最好、最大、最大程度、最高、最高级、最高档、最奢侈、最低、最低级、最低价、最便宜、最流行、最受欢迎、最时尚、最聚拢、最符合、最舒适、最先、最先进、最先进科学、最先进加工工艺、最先享受、最后、最后一波、最新、最新科技、最新科学等；以及第一、中国第一、全网第一、销量第一、排名第一、唯一、第一品牌、NO.1、TOP.1、独一无二、全国第一、一流、仅此一次（一款）、全国×大品牌之一等。

店铺的迎接语还要杜绝使用与"级""极"或"首""国家"有关的夸大描述产品属性的营销词，如国家级（相关单位颁发的除外）、国家级产品、全球级、宇宙级、世界级、顶级（顶尖/尖端）、顶级工艺、顶级享受、极品、极佳（绝佳/绝对）、终极、极致等；首个、首选、独家、独家配方、全国首发、首款、全国销量冠军、国家级产品、国家（国家免检）、国家领导人、填补国内空白等。杜绝使用与"品牌"相关的违禁词，如王牌、领袖品牌、世界领先、领导者、缔造者、创领品牌、领先上市、至尊、巅峰、领袖、之王、王者、冠军等；与"虚假"宣传相关的违禁词，如史无前例、前无古人、永久、万能、祖传、特效、无敌、纯天然、100％等；与"迷信"相关的违禁词，如带来好运气、增强第六感、化解小人、增加事业运、招财进宝、提升运气等。

此外，还要避免对功效的虚假宣传。功效虚假宣传，即客服人员进行商品分享时，对商品功效进行没有依据且引人误解的营销推广行为。常见的功效虚假宣传如下：宣称商品实际不具有的功效，如混淆保健产品与药品；明示或暗示普通商品具有医疗、保健等功效，如消炎、降血压、解毒等；表示产品功效、效果、安全性等的保证，如100%有效、七天见效等；宣称商品非正常用途，涉嫌侵害消费者人身安全的，如宣称某洗脸皂可食用等。

2. 规避"特价"等价格标示用语引发的法律风险

互联网销售中，"特价"等词作为价格标示用语会有被投诉举报的风险。根据2022年7月1日开始实行的由国家市场监督管理总局颁布的《明码标价和禁止价格欺诈规定》，第六条规定"经营者应当以显著方式进行明码标价，明确标示价格所对应的商品或者服务。经营者根据不同交易条件实行不同价格的，应当标明交易条件以及与其对应的价格。"第十七条规定"经营者没有合理理由，不得在折价、减价前临时显著提高标示价格并作为折价、减价计算基准。经营者不得采用无依据或者无从比较的价格，作为折价、减价的计算基准或者被比较价格。"第十九条规定经营者不得实施下列价格欺诈行为："通过虚假折价、减价或者价格比较等方式销售商品或者提供服务""销售商品或者提供服务时，使用欺骗性、误导性的语言、文字、数字、图片或者视频等标示价格以及其他价格信息"等。所以，商家销售商品必须明码标价，应当明确说明打折促销、降价销售的原因，并确保真实且有依据，"特价"若未明确相关场景，也无从比较，这种经营行为会被消费者投诉举报。

根据《国务院关于修改〈价格违法行为行政处罚规定〉的决定》（中华人民共和国国务院令第585号）第十三条规定，经营者存在不标明价格、不按照规定的内容和方式明码标价等行为之一的，责令改正，没收违法所得，可以并处5000元以下的罚款。

练一练

试分析以下哪位客服人员迎接客户做得好，为什么？

案例1

客户：老板在吗？

客户：这件衣服有优惠吗？

客服小甲：在。

客服小甲：最低价了。

案例2

客户：在吗？

客服小乙：在。

案例3

客户：在吗？

客服小丙：在滴，亲，欢迎光临××××，我是客服小丙，有什么可以帮您的吗？

案例4

客户：老板在吗？

客户：这件衣服有优惠吗？

客服小丁：亲亲，我是您的专属客服小丁，有什么需要咨询吗？

客服小丁：亲来的真巧，今天店铺新品有8.5折的优惠哦。

项目二任务一
自我检测

一、问答题

1. 简述客服首次回复的工作原则。

2. 阿诚设计了一条店铺的迎接语，你来分析一下是否存在违法违规情形。

客服阿诚：您好，欢迎光临××旗舰店，我是客服阿诚，在九九重阳节期间现推出特价专场，欢迎选购最时尚的婚礼妈妈装，请问有什么可以帮到您的呢?

二、岗位训练

1. 请参照岗位实践操作步骤，依托企业店铺子账号完成"初步使用客服沟通工具"业务实践，整理每一步骤完成后的截图，或记录岗位实践相关内容，撰写实践报告。

2. 作为网店客服人员，设计迎接客户的个性化话术。

场景：迎接问好。

问题情境/问题描述	话术设计
在吗？	

职业素养

悟一悟，这些最普通的电商从业者是如何成长为全国劳动模范的?

从网店走来的全国劳动模范

2020 年 11 月 24 日，全国劳动模范和先进工作者表彰大会在北京隆重举行，黄勇坐着轮椅在人民大会堂接受表彰。据不完全统计，此次获得表彰的全国劳模，至少有 16 人都是网店店主。

黄勇就是其中一位，店铺主营家纺产品，年销近 300 万。他是怎么做到的？靠一部手机，一台计算机。因为重病，黄勇曾无数次在死亡边缘徘徊。最严重的一次，他还写好了遗书。由于需要不断输血治疗，黄勇三天两头进医院。家中负债累累，他初中时还因病情加重被迫离开校园。2007 年，黄勇在电视上看到一个残疾小伙子开网店的事迹，被震动了。那是他第一次知道电商，在这之前，他从没有接触过计算机，但是他当即决定：就开网店！计算机是问亲戚借钱买来的，学计算机是邻居发小教的——从注册支付宝开始。日复一日地钻研，黄勇从毫无经验开始，一步一步学选品、上架、推广。不懂经营就不断请教其他商家，产品不熟就反复阅读说明书，客户不满意，他包退包换，不让客户花一分冤枉钱。十多年的时间，不断有人放弃离开，但黄勇坚持了下来。不懈的努力使他的网店信誉升至三皇冠，成为水星家纺 A 级分销商，在品牌分销商中排名第一。此外，黄勇自筹资金 30 余万元，在残联与工会的大力支持下建立劳模创新工作室，并依托工作室培训带动一批有志于电商创业的残疾人创业、就业，销售农产品。因事迹突出，黄勇先后荣获首届全国脱贫攻坚奖奋进奖、中国残疾人事业十大新闻人物、全国劳动模范、安徽好人、安徽青年五四奖章、安徽省道德模范等荣誉。

在全国劳模表彰会上，还有来自山东农村的"电商玫瑰"牛庆花，她将农产品的品质视为网店发展的"命脉"，帮乡亲带货脱贫；还有把当地工艺品卖到全世界的湖南妹子谭艳林，带动了 2 000 多人就业；还有坚韧的逆袭者，亏损百万后开网店东山再起，为 3 000 蟹农卖掉价值 4.84 亿的螃蟹……

根据《2022 年度中国电子商务市场数据报告》，2022 年中国电子商务市场规模达 47.57 万亿元，直接从业人员达 722 万人，越来越多的普通人成了电商人，这背后是越来越多被改变的人生。他们爱护客户、珍惜网店信誉，坚韧、执着地走电商路，绽放出拼搏、无私和奉献之美。

行业之窗

阅读以下资料或自行查阅相关资料，谈一谈你对优秀电商人的认识，以及对智能客服机器人训练师这个职业的认识。

"双十一"每天接待 500 人
苦练电商客服基本功

跟上时代节拍，智能
客服的机遇与挑战

互联网销售技巧：
勇气可嘉的销售者，
成就一番销售事业

任务二 热情接待咨询

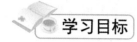 学习目标

知识目标

1. 熟悉消费者购买行为的影响因素。
2. 掌握消费者购买行为的心理因素。
3. 熟悉消费者购买决策过程。
4. 掌握客户类型与客服相应的应对措施。
5. 掌握接待咨询的常见问题与话术。
6. 掌握了解客户需求的沟通技巧。

技能目标

1. 能够使用千牛接待工具获得客户的基本信息、信用等级信息和浏览行为。
2. 能够应用"店小蜜"设置自动回复。
3. 能够精准地分析客户的购物特征与需求。
4. 能够解答接待咨询环节的常见问题。

素质目标

1. 培养学生忠于职守,对待岗位工作精益求精,择一事终一生,不为繁华易匠心的职业品质。
2. 培养学生热忱服务的职业态度。
3. 培养学生的网络信息安全意识,遵守《中华人民共和国个人信息保护法》等法律规范。

岗位实践

应用"千牛"工具接待客户咨询

一、应用"千牛"工具初步了解客户

步骤1 客户咨询分流接待。客服分流是将从不同入口（店铺首页、商品详情页、联系人列表等）进来的客户通过一定的规则分配到指定客服的过程。一个客户的咨询具体分给哪位客服人员，是由分流规则决定的，例如，天猫店铺分流规则考虑客服是否在线、是否挂起、客服服务等级等诸多因素，如图 2-2-1 所示。

应用"千牛"工具
接待客户咨询（视频）

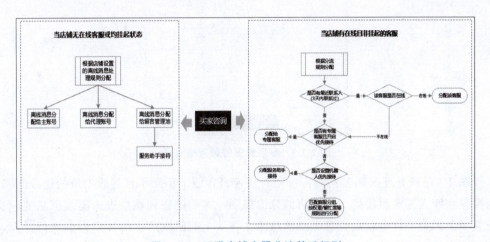

图 2-2-1 天猫店铺客服分流基础规则

在千牛商家工作台左侧导航栏选择"客服"—"客服分流"选项，在客服分流页面，选择"分流分组"选项卡，单击右侧"配置"按钮，如图 2-2-2 所示。可以对客服服务等级进行调整，客服的服务等级越高，分流到的客户咨询量越大，客服的接待量也就越大，如图 2-2-3 所示。

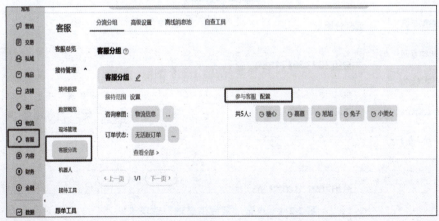

图 2-2-2 客服"分流分组"页面

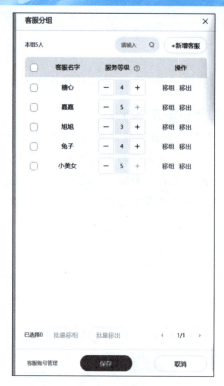

图 2-2-3　客服服务等级调整页面

　　步骤 2　早班处理夜间客户留言事项。从夜班客服下班到早班客服上班的这段时间内，因为没有在线人工客服接待，根据店铺分流规则，客户的咨询就会进入离线消息池，所以早班客服上班第一件事就是查看离线消息池，将这个时间段产生的客户咨询进行分流，避免流失客户。

　　在千牛商家工作台左侧导航栏选择"客服"—"客服分流"选项，在客服分流页面，选择"离线消息池"选项卡，如图 2-2-4 所示。若存在留言，可单击日期，单击右下角"分配选中"按钮即可，如图 2-2-5 所示。

图 2-2-4　点击"离线消息池"选项卡

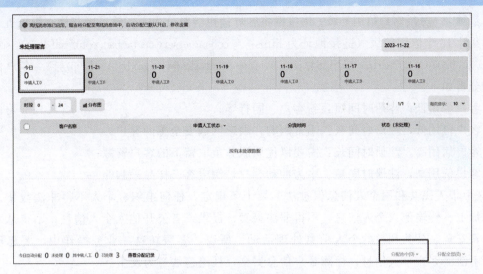

图 2-2-5 分配客户留言页面

这一系列操作的目的是及时响应客户，避免因等待时间过长、人工客服不在线等情况而流失客户，有效的客服分流能够合理分配客服工作量，缩短响应时长，还能提高客服的工作效率，有利于客服更细致地了解客户，从而促进店铺的转化率。

步骤 3 分析客户基本信息。成功的客服人员在热情接待客户的同时会对客户做到"有问必答"，会尽可能地了解客户基本信息，在客户提出的疑问中倾听其内心的真实想法，判断其真正需求。

在千牛"接待中心"的信息显示区可以看到客户的基本信息，了解客户的信用、发出好评率、收到好评率、淘宝账号注册时间、最近交易时间、店铺消费累计金额、客单价等信息，如图 2-2-6 所示。

图 2-2-6 查看客户基本信息

步骤4 分析客户信用等级。淘宝网将客户信用等级分为心、钻、冠三档，每档五个等级，共计15个信用等级（链接地址为 https：//consumerservice. taobao.com/self-help? spm＝a1z0b. 3. 5920761. 1. 55c91d904yJjUS＃page＝issue-detail&knowledgeId＝1081298141）。客户信用等级分析如下：

客户信用低，注册时间短：新客户、同行等；

客户信用低，注册时间久：不常网购，缺乏网购安全感的客户；

客户信用高，注册时间长：需要以优质服务争取留下的客户资源；

客户信用高，注册时间短：多为冲动客户，淘宝客、样品采购等。

《中华人民共和国个人信息保护法》第十条规定，任何组织、个人不得非法收集、使用、加工、传输他人个人信息，不得非法买卖、提供或者公开他人个人信息；不得从事危害国家安全、公共利益的个人信息处理活动。所以，客服在这一业务操作中，要忠于职守，不泄露客户个人信息，保障客户信息安全，杜绝违法行为发生。

二、应用"店小蜜"设置自动回复

"店小蜜"是阿里巴巴集团发布的一款人工智能购物助理虚拟机器人，通过设置行业问题及商品问题数据库，当客户发来的提问触发数据库中的问题时，"店小蜜"会自动匹配答案回复客户，从而减轻人工客服负担，为客户提供良好的购物体验服务。

步骤1 设置常见问题配置。登录千牛商家工作台，搜索"店小蜜"应用程序，打开"阿里店小蜜"。选择左侧任务栏中"问题管理"—"常见问答配置"选项，页面显示"全部知识""聊天互动""商品问题""活动优惠""购买操作""物流问题""售后问题""更多问题"模块，选择"全部知识模块"，筛选合适的行业问题，添加到店小蜜的问答数据库中，如图2-2-7所示。

图2-2-7 选择添加行业高频问题

步骤2 设置店小蜜应答。针对店小蜜回复内容，商家可以根据店铺实际情况设置拟人化答案。在"问题管理"—"常见问答配置"中选择一个已添加到店小蜜问答数据库中的问题，点击右上角编辑符号，进入"答案编辑器"页面，如图2-2-8所示。在该页面，可以针对特定问题设置相关条件及回复内容。商家可以根据自己的需求，修改调整店小蜜中的默认回复，修改完成后单击右下角"确认"按钮保存。

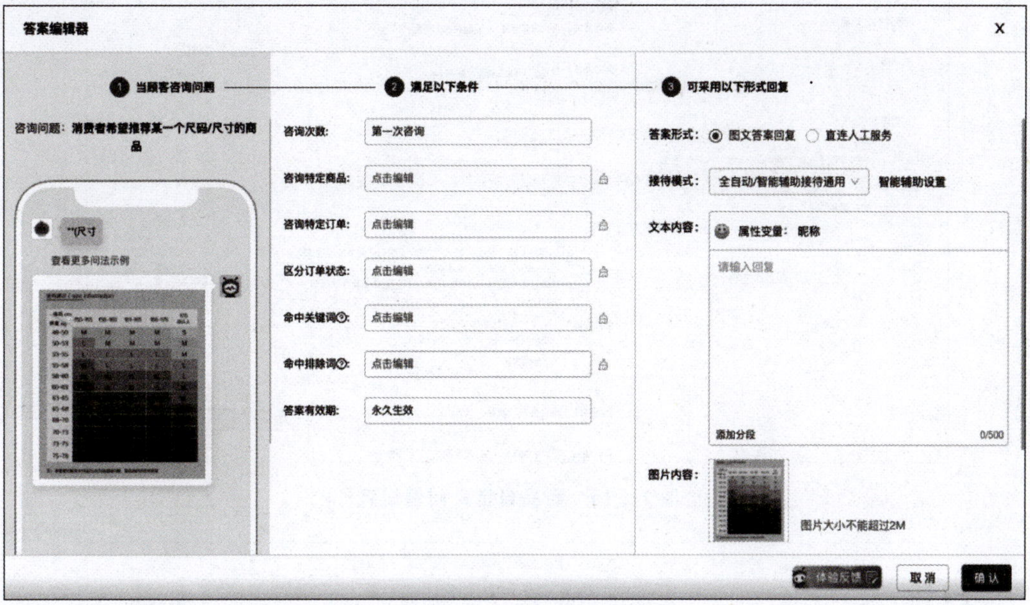

图 2-2-8　答案编辑器

步骤 3　设立产品知识库问题。商家可以针对特殊场景或商品进行自定义知识库内容设置，点击左侧任务栏，选择"商品知识"—"商品知识库"选项，显示店铺内全部商品及 3 日内的销售金额和咨询人数，如图 2-2-9 所示。单击商品右侧"新增自定义知识"按钮，可以为每一个商品设置自定义问题，如图 2-2-10 所示。商家可以依次设置问题类型、问法、回复方式，也可以设定文字答案、图片答案、关联时效及关联商品。商品专属个性化问答设置完成后，单击右下角"确认"按钮进行保存，如图 2-2-11 所示。

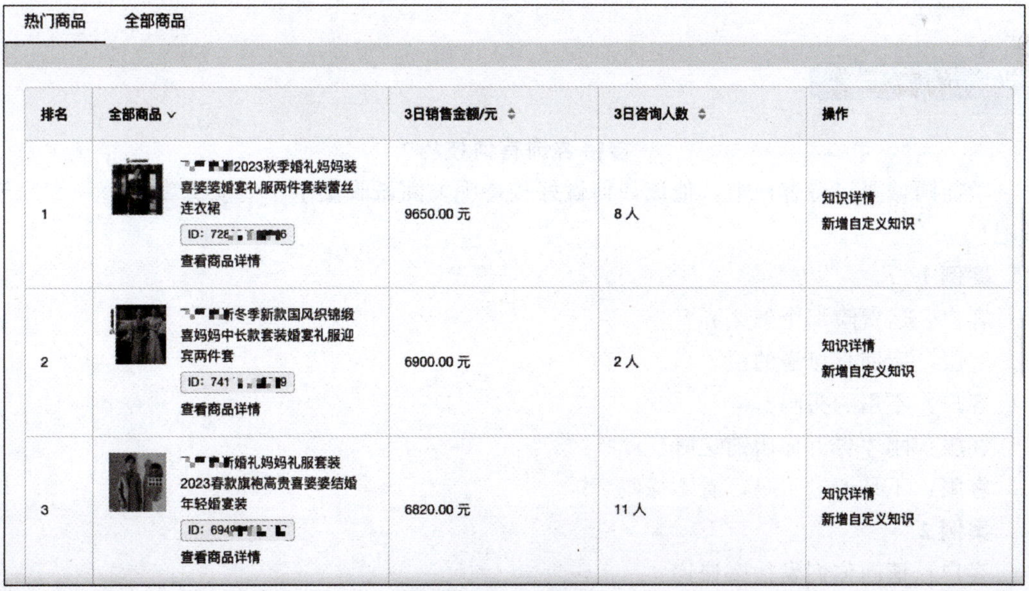

排名	全部商品 ∨	3日销售金额/元 ⇕	3日咨询人数 ⇕	操作
1	新2023秋季婚礼妈妈装喜婆婆婚宴礼服两件套装蕾丝连衣裙 ID: 728…6 查看商品详情	9650.00 元	8人	知识详情 新增自定义知识
2	新冬季新款国风织锦缎喜妈妈中长款套装婚宴礼服迎宾两件套 ID: 741…9 查看商品详情	6900.00 元	2人	知识详情 新增自定义知识
3	新婚礼妈妈礼服套装2023春款旗袍高贵喜婆婆结婚年轻婚宴装 ID: 694…查看商品详情	6820.00 元	11人	知识详情 新增自定义知识

图 2-2-9　商品知识库

图 2-2-10　商品自定义问题设置

图 2-2-11　商品自定义问题设置确认

岗位研学

接待咨询有何技巧？

学徒阿诚要接待客户啦，他该如何做好接待呢？阿诚收集了一些服务案例，一起来看看吧！

案例 1

客户：运费险那个怎么弄？

客服：店铺直接送的。

客户：不用购买吗？

客服：刚才告诉你店铺送呀！

客服：不是说过了吗，看不懂吗？

案例 2

客户：请问你们发什么快递？

客服：亲，我们可以发申通、中通或韵达。

客户：可以发顺丰吗？

客服：可以的，请问您要发到什么地址呢？

客户：发到北京。

客服：好的亲，顺丰发北京要加 10 元邮费。

案例 3

客户：七夕礼物急着要，发顺丰是否可以到？

客服：顺丰也无法保证时效的，时间太赶了。

客户：那要顺丰干吗？

客服：我无语了。

客户：你无语，我才无语呢，你这客服什么态度。

案例 4

客户：老板，你家这个裤子中间镂空的地方会不会裂？

客服：亲，中间镂空是用的优质蕾丝，不容易裂开的，不是一扯就裂开的劣质蕾丝哦。亲可以放心穿呢。

客户：裤子有弹力的吧？胖的话，不会容易裂吗？

客服：请问亲是买来自己穿，还是送人呢？

客户：自己。

客服：嗯，亲的身高体重是多少呢？这条裤子弹力很好，我们图片模特 160 cm，69 kg，穿 XL 的很舒适呢。亲也可以看看买家秀，我们有客户 85 kg 穿最大码的也毫无压力呢。

客户：嗯，好的，那我去拍了。

 想一想

以上四个案例中，哪位客服人员值得学习，哪位客服的工作还需要改进？请你说明理由。试着分析接待咨询的技巧和注意事项。

 **理论知识**

 一、 购买行为分析

（一）消费者购买行为影响因素

消费者的购买决策过程会受到很多因素的影响，如文化因素、社会因素、个人因素、心理因素等。社会文化对消费者行为有着重要影响，如对老字号产品的执着购买体现了消费者对传统文化或传统技法的推崇；社会因素如个人在社会的角色地位、家庭购物决策类型（如各自做主型、丈夫支配型等）；个人因素包括年龄、职业、经济条件、生活方式、个性等；心理因素包括消费者购买决策受到的动机、认知、学习和态度等的影响。在这些影响因素中，心理因素在消费者的购买决策过程

学习接待咨询
话术（视频）

中占据着至关重要的地位，其如同无形的推手，引导着消费者穿越从认知需求到购后行为的各个环节，使消费者的决策过程既个性化又充满了复杂性。

（二）消费者购买行为心理因素分析

消费者购买决策与心理因素密不可分，基于个体需要会产生购买动机，通过外界营销刺激会形成产品认知，通过个体不断学习丰富认知会改变消费行为，进而最终对产品服务和企业形成某种态度，这种态度将持续地影响到消费者的购买意向和购买行为。

1. 动机

动机源于需要，美国心理学家亚伯拉罕·马斯洛提出了需求层次理论，将需求分为五个层次，即生理需要、安全需要、社会需要、尊重需要和自我实现需要。一般来说，只有低一层的需求获得满足之后，高一层的需求才会产生。这些需求会有多种表征，如追求产品的安全性、对品质和外观提出高要求、追求物美价廉、追求新颖前卫、注重服务态度等。

2. 认知

外界的营销刺激只有在消费者产生知觉时才能形成认知，并对其行为产生影响。消费者对产品形成认知后可以通过视觉、听觉、味觉、嗅觉和触觉对商品进行区分；通过广告宣传的刺激，对商品产生印象；利用记忆、思维等心理活动强化对产品的认知。

3. 学习

消费者为了适应市场营销环境的多变性，会在行动过程中不断地学习，不断地获得丰富的知识和经验，不断调整和改变行为。

4. 态度

消费者对产品服务和企业会形成某种态度，这种态度一经形成就相对持久和稳定，并被储存在记忆中。这种态度会影响对产品或企业的判断和评价，从而影响消费者的购买意向和购买行为。

（三）消费者购买决策过程

消费者购买决策过程包括认知需求、收集信息、产品评估、购买决策和购后行为五个阶段。

认知需求，往往由两种刺激引起，分别是内在的刺激因素和外在的刺激因素。内在的刺激因素通常由内在的生理活动引起，如饥饿、寒冷等；外在的刺激因素由外在的环境引起，如看到别人拥有某一产品或看到一则广告。接下来消费者会通过亲朋好友的个人来源，广告等商业来源，互联网、电视等公共来源，亲自操作等经验来源收集产品的相关信息。然后对可供选择的产品进行分析和比较并作出评估。评估后形成购买意向，购买意向再转化为购买行为。消费者在购买产品后，会对产品在使用过程中实际的效用与其对产品的期望进行比较，从而形成消费者购后的满意度。购买后的满意度会影响消费者的购后行为，影响消费者是否重复购买该产品，影响消费者对该品牌的态度，甚至还会影响到其他消费者，形成连锁效应。

二、 客户差异化特质与客服应对措施

因为客户本身性格、心理特质不尽相同，表现出的购买行为也存在较大差异，所以客服人员需要根据客户差异化的特质采取不同的应对措施，并且不断地积累接待经验。

客户差异化特质可划分为以下十类：

一是急躁型客户，容易发怒，客服人员的沟通态度要慎重，不能随便套近乎，响应速度要快，不要让客户等得不耐烦。

二是犹豫型客户，常思来想去，难做决定，客服人员必须重点说明产品的性价比和给客户带来的利益，消除其抵抗心理。只要犹豫型客户心中有安全感，客服人员就能推荐成功。

三是健谈型客户，比较爱说话，客服人员需要耐心倾听，并抓住机会适当引导客户进入商品的相关话题；一定要掌握主动权，但不能强迫客户接受。

四是博学型客户，他们的知识与见识丰富。面对博学型客户，客服人员应对客户的学识加以赞赏，分析客户的兴趣爱好，推荐合适的产品，千万不要班门弄斧。

五是精明型客户，这类客户消费理智，经常与其他店铺的商品作对比，客服人员需表达对他判断和讨价能力的赞赏，同时说明本店商品的性价比，促成销售。

六是怀疑型客户，这类客户不容易相信他人，客服人员可适当使用惊讶的表情，不要争论，承认工作需改进之处；用逻辑和事实进行耐心说明，解开其心中的所有疑问。

七是沉默型客户，不太爱说话，客服人员应仔细观察，不要丧失耐心，要采取提问的方式进行沟通，引导客户开口，用感性带动对方的热情。

八是冲动型客户，这类客户反应快，行为很容易受情绪的影响，很容易下结论，客服人员应直接进入主题，防止绕圈子；可以提出建议，但不要告诉对方怎么做，要有所保留。

九是依赖型客户，很容易依赖别人，需要别人替自己做决定，客服人员在了解客户需求的情况下，应尽最大努力帮助客户解决疑虑，介绍产品以满足客户的需求。

十是挑剔型客户，这类客户对产品、价格、服务等都较挑剔，客服人员切忌多言，应细心听取其批评，了解其内心偏执的原因。

 ### 三、 如何做好接待咨询工作

客服首先要为客户提供热忱的服务，热忱服务是健康的、合情合理的人际关系在商业活动中的具体体现。热忱服务体现为在经营过程中讲求文明礼貌，向客户提供完善的售前、售后服务，包括端正服务态度、讲求服务艺术、提高服务技巧、改善服务质量等方面，具体需要做好以下三方面工作。

1. 常见问题的接待咨询

客户通常会就产品问题和快递发货问题向客服咨询，那么客服应如何做好接待呢？以下接待案例值得我们借鉴。

（1）产品问题。

案例1

客户：老板，你们这款商品质量怎么样啊？

客服：亲，我们家的商品都是由专业检测机构检测过的，质量都是有保障的呢，您放心购买哈。这是我们的质检报告，您可以看一下。

案例2

客户：老板，你们家的是正品吗？

客服：你好，我们家是官方旗舰店，是有参加正品保障服务的，您可以放心购买。

（2）快递发货问题。

案例1

客户：老板，你们发什么快递呀？

客服：您好，我们家是发申通和圆通快递的，会根据您的收货地址为您安排合适的快递哈。

案例 2

客户：我现在拍下了，什么时候可以发货呀？

客服：您好，拍下付款后我们会在 48 小时内为您发货的，请您耐心等待哦。

案例 3

客户：大概多久我可以收到货呀？

客服：亲，省内正常是 1～2 天收到，省外是 3～5 天可以收到哦，乡镇或偏远地区一般 5～7 天到哦，请您保持手机畅通，耐心等待哦。

客服人员在接待过程中，如果出现答非所问、一问一答的应答式接待，直接拒绝客户、使用反问句式引起客户反感，滥发话术导致客户流失，使用歧义的字句引起客户误会等情况，都会失去客户的信任，导致服务差评影响店铺得分，甚至涉及交易违规的风险。

2. 主动询问客户需求

接待客户咨询并非机械地一问一答，而是通过有效的主动提问，快速了解客户的需求，从而为下一环节工作即精准推荐产品奠定基础。从客户的问题点出发进行提问会更好，为了能快速了解客户的需求，类目不同的客服所提出的问题也有差异，通常要结合商品的质量、价格、款式等偏好，客户是自用还是送礼，客户的使用场景等进行提问。例如，服装类目客服人员需要了解客户的身高体重、体型特点等情况，家装类目客服人员需了解装修风格、整体色系、空间尺寸等情况。

客服在与客户的沟通中，多使用赞美客户的话术有助于营造一个轻松愉快的沟通氛围，体现热情的服务态度，如"您眼光真好""您真有品位""您真持家有道""您真孝顺""当您的朋友真好"等。例句如下：

您看中的这款是我们最热销的，喜欢可以拍下哦。（未使用赞美语句）

您眼光真好，看上的这款是我们最热销的，喜欢可以拍下哦。（使用赞美客户的语句）

3. 直播互动与接待注意事项

直播作为视频客服的一种形式，在接待客户与其互动过程中，应注意规避诱导互动的违规风险。

诱导互动是指直播相关人员以获得折扣、福利、低价特权、购买商品资格等为由，诱导用户进行互动的销售行为，相关"互动行为"与"获取优惠"之间实无关联，不具备履行兑现基础，侵害了消费者合法权益，增加了消费者获得应有权益的成本，影响了消费者交易预期和消费体验。诱导方式包括口播、管理员弹幕、贴纸、字幕、背景板、商品标题等推广方式。

常见的诱导互动行为：要求消费者用户发表"拍了""想要""666""报名"等与介绍商品无关联的无意义评论；要求消费者用户"点赞××下"；要求消费者用户浏览直播间时长，如创作者宣称"下单购买商品后，在直播间停留 5 分钟，并发 3 遍'已买 666'评论，可获得 48 小时内发货。"就属于诱导互动违规行为。

客服人员不管是以文字形式还是视频形式接待客户，都应该端正服务态度、遵守服务规则、讲求服务艺术、提高服务技巧和改善服务质量，这些是做好客户服务的根本。

练一练

试分析以下案例中客户的类型,以及客服应采取的应对策略。

案例 1

客户:别人家都卖 89 元,你们家卖 109 元,不能便宜点吗?

客服:亲,相信您一定关注很久了,那么一定知道我们家防晒帽采用的是 4 层离型纸涂层,防晒性能非常好,同时采用网眼帽身的设计,加强散热透气,夏天戴既防晒又清凉。

案例 2

客户:别人家做活动还送运费险,要不你们也送一个吧?

客服:亲,这款是我们的明星产品,品质体验都有保障,好评率和复购率都非常高,买过的消费者都很喜欢,希望这个产品也能得到您的认可。虽然不能赠送您运费险,但是也希望您不会有退换货的问题,您如果有任何售后问题,在 10:00—22:00 的上班时间联系我们,客服人员都会第一时间给您回复。

客户:好的,我下单了。

考一考

项目二任务二
自我检测

课后任务

一、问答题

1. 简述客户购买决策过程。

2. 怀疑型客户有什么特点?当客服遇到怀疑型客户时应该如何接待?

二、岗位训练

1. 请参照岗位实践操作步骤,依托企业店铺子账号完成"应用'千牛'工具接待客户咨询"业务实践,整理每一步骤完成后的截图,或记录岗位实践相关内容,撰写实践报告。

2. 作为网店客服人员,请根据接待咨询业务环节中的常见问题设计个性化话术。

场景:接待咨询。

问题情境/问题描述	话术设计
这款有现货吗？	
是否是正品？	
我想给孩子买份礼物，你家有合适的吗？	

销售无终点，服务是王道——"三心模范"李勇

（根据搜狐网文献整理 https：//business.sohu.com/a/670674118 _ 121123864）

李勇2007年入职长虹美菱股份有限公司，从最初的市场推广到区域业务负责人，再跨界至电商渠道天猫旗舰店店长到电视电商客服高级经理，16年持续深耕电商市场，对家电销售市场电商渠道、售后服务情况了如指掌。李勇不仅善于和客户打交道，也擅长在与客户的沟通中，捕捉有效信息，发掘销售商机。

李勇回忆道，初入职时，我是市场推广队的一员，主要负责门店促销、地推等，而作为女性，在细致、耐心等方面更有优势。她通过听前辈沟通、向人咨询、看客户订单和数据、分析店铺情况，一步步积累蜕变，成长为如今服务任何客户、处理任何情况都能游刃有余的优质客服高级经理。

2023年一季度，李勇带领电视电商客服团队实现客服接待量同比增长9%，活动节点的线上用户进线咨询量同比增长近50%。其中，京东自营旗舰店的咨询量更是迎来了团队自成立以来的最高流量峰值：单店用户进线咨询量高达近13万人次/月，活动期间咨询量同比增速70%。这也意味着团队成员每天要接待问询人次高达1 000余人，是工作量饱和状态下的4倍之多。

对于李勇所带领的电视电商客服团队来说，暴增的咨询量无疑是一把双刃剑，源源不断的客户咨询会带来不少问题，回复用户的频率不断增高，工作强度明显加大，这也导致了回复不及时、回复过于简单且不规范的问题时有发生。在缺乏外部资源支撑的情况下，在线客服的流量转化，也会直接影响目标达成。对于客服而言，流量和咨询量就是命脉，只有立即行动，才不会让任何机会悄然从身边溜走！

发现问题后，李勇第一时间带领团队对全流程反复梳理推演，跟踪疑点核查进展，快速找到问题解决方案，在这样的关键节点上，统一思想、统一意志、统一行动尤为重要，随后李勇组织团队召开全员动员会，将每日10小时接待咨询时间调整为10＋2小时，即常规10小时＋晚高峰2小时。团队成员下班后休息两小时，马上再进入工作状态，小伙伴们个个犹如勇猛的战士冲锋在前，全员进入12小时"战备状态"！其次，调整内部人员分配，抽调工作量相对较少的小组调配至大平台，缓解咨询压力。在整个团队的共同努力下，各店铺转化率实现全渠道同比增长，其中天猫同比增长5.7%，京东自营店铺同比增长1%，苏宁同比增长4.5%。电视电商客服团队各项服务数据均实现显著提升，回复率达100%，客户满意度不断提升。

"满意是我们永无止境的追求。"这句座右铭，数年来一直伴随着李勇。岁月交替，白发装点，一批批客户实现成交，李勇依然默默地坚守在销售客服岗位上，捧着一颗真心，一颗匠心，用心服务着！其实客服工作的烦琐远不止于此，他们每天需要与大量的客户沟通，了解他们的需求，处理他们的问题。当问到客户沟通是否都愉快时，李勇说："每天面对形形色色的客户，也会遇到一些客户在沟通的时候言语比较激动，但这种时候反而更要耐心的沟通，我们就是要有客户虐我千百遍，我待客户如初恋的觉悟。"让每个客户都享受高品质服务是我们客服人坚守的初心和使命。

成功没有太多花哨的理由，只有朴素的"努力"一词。李勇用16年的时间诠释了奋斗的力量。择一事终一生，不为繁华易匠心。

行业之窗

阅读以下资料或自行查阅相关资料，谈一谈互联网销售人员如何保护客户的信息安全，以及你对消费者购买决策过程的认识。

你是卖不掉东西的，
但你能让消费者来买

人民日报海外版：防信息
泄露，拒做"透明人"

消费者网上消费后信息遭
泄露 商家与平台被判责

任务三 推荐相关产品

 **学习目标**

知识目标

1. 掌握 FABE 法则。
2. 掌握销售商品的关联形式和关联时机。

技能目标

1. 能够利用客户沟通工具，分析客户浏览行为，基于客户需求进行商品推荐。
2. 能够灵活运用 FABE 法则，进行有效的商品推荐。
3. 能够选取适宜的关联时机，采用有效的关联形式实现商品的关联销售。

素质目标

1. 培养学生以人为本的经营理念，在职业活动中展现出对客户的深切关怀与理解，增强同理心与服务意识。
2. 培养学生在推荐产品时的责任感，不仅兼顾消费者和企业的利益，还要承担助农服务乡村的社会责任。
3. 培养学生良好的沟通与表达能力，有效的沟通和有说服力的表达，会使推荐更加吸引人并易于被接受。

 **岗位实践**

根据客户浏览行为进行商品推荐

步骤1 分析客户浏览行为。通过使用智能客服插件，可以查看用户足迹，如图 2-3-1 所示，能够分析客户浏览行为，也可以查看客户的备注和标签，分析客户的需求是产品效果、服务还是价格等。

根据客户浏览行为
进行商品推荐（视频）

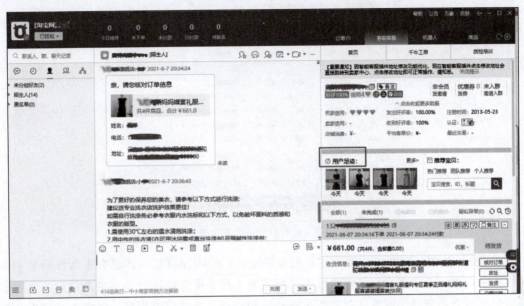

图 2-3-1　查看用户足迹页面

步骤 2　为客户推荐产品。在智能客服插件界面，可以看到客户浏览的商品足迹，单击"推荐"按钮进入推荐产品界面，如图 2-3-2 所示，可以从热销、团队和个人推荐产品库中选择商品向客户推荐，并将商品链接发送给客户，如图 2-3-3 所示。

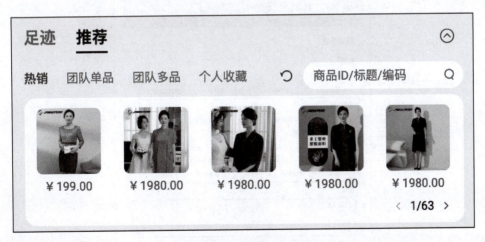

图 2-3-2　进入推荐产品界面

图 2-3-3　给客户发送推荐宝贝链接

步骤 3　为客户打标签。客户标签用来描述客户的购物特征，标签有永久性标签和暂时性标签两种，若干客户标签汇集成客户标签库，标签库应该进行动态更新建设，客服团队可以在运营团队给出标签库的基础上做补充和更新。通过标签提醒，客服人员可以找到客户关注点，便于更有效地沟通，迅速提供给客户感兴趣的方案。在接待中心最右侧信息栏的智能客服页面，单击"创建客户关系标签"按钮，然后单击"保存提交"按钮，就可以创建标签库，在接待过程中了解客户特征后就可以勾选相应标签，如图 2-3-4 所示。

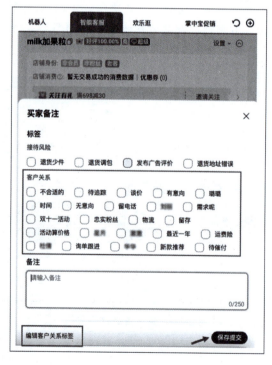

图 2-3-4　为客户打标签页面

 **岗位研学**

如何精准推荐商品？

和阿诚一起研读以下两个案例，哪一个案例中的客服值得学习？

案例1

客服：您今天需要点什么？

客户：我想给儿子买一个礼物。

客服：礼物用在什么场合？

客户：他的十六岁生日。

客服：他的生日是什么时候？

客户：下周二。

案例2

客服：您今天需要点什么？

客户：我想给儿子买一个礼物。

客服：太棒了，孩子一定开心。

客服：礼物用在什么场合？

客户：他的十六岁生日。

客服：十六岁是个重要的生日呢。

客服：他的生日是什么时候？

客户：下周二。

客服：那很快要到了。

 想一想

1. 哪一个案例中的客服值得学习？客服人员在推荐产品的过程中用了什么方法？请简要说明。

2. 作为客服人员，你在向客户推荐产品时，是一次推荐一款商品还是推荐几款商品呢？为什么？

 理论知识

 一、产品销售法则－FABE法则

FABE法则是由台湾中兴大学商学院院长郭昆漠总结出来的一种操作性很强的利益推销法，该方法能够巧妙地处理好客户（顾客）关心的问题，顺利地实现产品销售。具体含义如下：

（1）F是属性（Features），属性是指商品所有可以感觉到的物理、化学、生物、经济等特征，可以用一系列指标、标准等予以表示和说明。如原料构成、成分构成、数量、质量、规格、构造、功能性能、外

有效推荐
相关产品（视频）

观款式、色泽味道、包装、品牌、送货、安装、用途等，如"在功效相同的产品中，它是一款超轻量级的电子发动机，只有 10 磅重"。任何一种商品都有其特点、特征，作为客服人员应将经营商品的主要特点、特征熟记在心。

（2）A 是优点（Advantages），客服在介绍商品优势时一定要注意比较不同商品特点的相同与不同之处，从不同之中发掘优势，应多收集一些相关产品信息，在说明商品优势的时候，要说得客观准确，如"发动机只有 10 磅重，比其他发动机更轻，可以便携使用"。

（3）B 是客户利益（Benefits），是指这一优点能带给客户的利益，是产品能够满足客户某种需要的特定优势，这种优势可以给客户带来期望的或意想不到的好处，激发其购买欲望。如"你的客户不再一定要到维修中心寻求帮助，因为服务代表能够使用便携式修理工具"。

这种利益可能是优越的质量所带来的使用上安全可靠、经久耐用；可能是新颖的构造和款式所带来的时尚感；可能是使用上的快捷方便；可能是操作上的简单易行；可能是省时、省力、省钱；也可能是著名品牌所带来的名望感等。

（4）E 是证据（Evidence），证据包括技术文档、客户来信、报刊文章、照片、示范等，通过现场演示、相关证明文件、品牌效应来印证一系列的商品介绍。"证据"材料都应该具有足够的客观性、权威性、可靠性和可见证性。如出示发动机的专利证书、质检报告、好评记录等证明材料。

可见，商品的特点特征是客观存在的，商品的优势是在与其他商品的比较中发掘出来的，而商品的利益则需要把商品的特点和客户的消费需求、购买心理结合起来，需要与特定的客户联系起来。同一商品对不同的客户可能意味着不同的利益；不同的商品对同一客户可能意味着相同的利益。所以 FABE 法则关注的是客户的"买点"。

对产品特点的描述，主要是回答这样一个问题，"它是什么？"一般来讲，在销售展示中，单独只运用产品特点，那么它并不具有多少说服力，因为客户感兴趣的是产品带来的具体的利益，而不是产品的特点。即便你的产品有这样的外观或质量，那又能怎么样呢？它的性能如何并且能给我带来什么利益呢？所以你必须讨论与客户需要相关联的产品优势，这就是 FABE 法则是利益推销法的原因所在。

在商品推介中，FABE 法则将商品本身的特点、商品所具有的优势、商品能够给客户带来的利益和权威证明材料有机地结合起来，并按照一定的逻辑顺序加以阐述，形成完整而又完善的推销劝说。利用 FABE 法则，关键是让客户听懂产品介绍，能够关注到购买利益点，提高购买欲望。举例如下（图 2-3-5）：

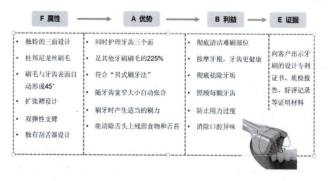

图 2-3-5 推荐牙刷的 FABE 法则应用

本案例中，最后向客户出示牙刷的设计专利证书、质检报告、好评记录等证明材料，会有力促进交易成交。

FABE法则应用公式：

因为……（属性），所以……（作用），这意味着……（客户得到的益处），证明给你看……（权威机构和用户的认可证据）。

在向客户推荐商品的过程中，灵活运用FABE法则很重要。根据情况，F、A、B、E的使用顺序不固定，可以根据场景灵活组合使用。此外，应注意不断积累商品的推荐技巧，切勿盲目推荐，当商品不能完全满足需求时，也不要直接回绝客户。

以下介绍两种常用的推荐技巧，技巧一是"问答赞法"，在问答客户问题的同时赞美客户的想法、观点、状态等，将有利于成交订单，岗位研学中的案例2就证明了这一点。技巧二是"假定成交法"，客服在与客户的沟通过程中，可以尝试把表达放到已成交的场景中，客户通常需要在多买还是少买中进行选择，而不是在买与不买中选择，这一推荐技巧也会有效地促进订单成交。举一个例子，早餐店里有小王和小明两位服务员，小王每个月的销售额都比小王高出1/3，究其原因，主要是两人接待客户的用语略有不同，小明问客户"您好，请问您要鸡蛋吗?"小王却这样问客户"您好，请问您要一个鸡蛋，还是要两个鸡蛋呢?"显然，小王成功使用了"假定成交法"，极大提升了推荐效果。

二、关联销售

客服在给客户成功进行商品推荐后，还可以顺势进行其他相关商品的关联销售。关联销售的重要性在于提升店铺销售额、提升客单价、有效降低推广成本。在关联销售的过程中应避免哪些盲目关联？何时关联产品？如何关联？关联销售成功的关键是什么？

（一）关联销售误区

在产品关联销售时，客服要考虑客户之前咨询产品的价格和属性，避免价格或属性不匹配的盲目关联。若关联推荐的产品与客户之前咨询的产品价格相差甚远，产品的属性如食品的口味、服装的风格等差别很大，关联销售成功的概率就会很低。此外，客服没有将产品进行精选而发给客户大量的产品链接，也很难成功满足客户的潜在需求。还要避免凭个人偏好进行推荐，而是要基于产品销售数据分析及客户需求进行推荐，这样，产品关联销售的成功率才会大大提高。

（二）关联销售形式

1. 替代式

替代式关联推荐是指推荐产品功能属性相近的产品，实现同类产品间的关联，如推荐客户购买不同颜色的星期袜，这种产品客户很少会选择单件，通常的需求都是同款多件。

2. 热销式

热销式关联推荐是指客户在购买意向商品时推荐给客户热销款商品，实现爆款商品间的关联。热销款商品好评数多、曝光机会多、客户接受度比较高，如女装店铺的基础打底衫，关联推荐的成功率会比较大。

3. 互补式

互补式关联推荐是指推荐给客户功能互补、配合使用的相关商品，实现搭配商品间的关联。如客户购买一个水乳套装护肤品，关联推荐精华液和眼霜，通过介绍不同护肤品的功能和搭配使用效果，实现关联销售。

4. 延展式

延展式关联推荐是指推荐给客户一些存在潜在联系的商品，实现延展功能的商品间关联。如客户想做一本手账，在购买一本手账本的同时，会需要制作手账的胶带纸、贴画、小印章等一系列延展商品。客户不一定清楚具体需要什么产品，但客服可以做充分的关联推荐。

（三）关联销售时机

在客户购买过程中咨询时、议价时、购物犹豫时可以进行关联销售。如通过咨询，客户觉得目前的产品不能完全满足他的需要，客服判断出客户可能要放弃购买时，就可以用一款替代的产品进行关联销售。再如客户加好了购物车，咨询客服是否可以优惠，客服可以回复"我帮您算一下，看看怎样才更划算"，然后引导客户看看其他产品，增加购买从而享受优惠条件，这时议价就变成关联销售的最佳时机。

在与客户告别前，如下单后、核对订单时进行关联销售。客服可以适时地对客户说："亲，店铺现在有一款产品在做新品促销，您要看一下吗？"很多客户会回复："发来看一下吧"。因为完成了前期的咨询和购买，客户对店铺客服有了基础的信任，所以关联销售的成功概率会比较大。

除此以外，客服在进行关联销售时，还应考虑到客户的应用场景，如生活场景、工作场景、社交场景和户外场景，注意关联的商品价格不宜超过已购买商品的价格。用好价格刺激手段，如全店购物满三件打 88 折；用好条件吸引手段，如加购店铺新品顺丰包邮；用好情感共鸣手段，如亲子装（广告语"陪你一起长大"）等，找准客户兴趣点，成功实现关联营销。客服需要针对关联时间的选取、关联形式的应用及关联效果不断收集客户的反馈信息，从而优化自己推荐产品进行关联销售的策略，需要从售前客服上岗开始就培养主动关联销售的意识，从而掌握关联销售的技巧。

练一练

1. 请简要说明客服采用的商品推荐方法。

客服：不知道您的儿子平时喜欢什么呢？

客户：他喜欢打篮球，不过是业余水平。

客服：您看这款球鞋怎么样，有专门的减震设计，能最大程度上减轻运动时的负担，打篮球一定发挥得更好！这是产品的专利证书，您可以看一下。

客户：不错，就这双吧！

客服：请问您是否还需要买一双护腕呢？我们家很多客户都是搭配着买的，护腕能够减轻运动中手腕关节的损伤，您儿子打篮球时带一个最好不过啦。

客户：那就一起下单吧。

2. 在以下两个案例中，试分析哪位客服的处理更恰当一些，请说明理由。

案例 1

客户：这个四件套还有货吗？

客服：能拍的就有，不能拍的就没有。

客户：以后还会再进货吗？

客服：去年的老款没了。

客户：噢。

案例2

客户：这个四件套还有货吗？

客服：亲亲，你看上的是咱们店铺热销款，但目前花色不全了。

客户：还会再进货吗？

客服：亲亲，过去的老款不会再进货，但是我们今年有类似的升级版噢，面料更加舒适柔软，客户反馈很好呢，亲要看看吗？

3. 试分析案例中客服存在的问题，作为客服人员，你会如何推荐这款商品？

客户：老板，我想买个饮水机，推荐一下吧！

客服：亲，想要个什么价位的呢？

客户：挑个性价比高的，记得给我打折哦！

客服：最新多功能饮水机，冰水、热水、温水三种，售价 1 000 多元，给你成本价 750 元吧！

客户：功能好像也太多了吧，我再看看别的吧！

 **考一考**

项目二任务三
自我检测

 **课后任务**

一、问答题

1. 简述 FABE 法则的具体含义。

2. 关联销售商品的关联形式有哪些？请举例说明哪些商品可以一起关联销售？

二、岗位训练

1. 请参照岗位实践操作步骤，依托企业店铺子账号完成"根据客户浏览行为进行商品推荐"业务实践，整理每一步骤完成后的截图，或记录岗位实践相关内容，撰写实践报告。

2. 推荐产品训练。

仔细观察以下图片中的女孩，列出 5 种她可能会买的产品。从中找出一种你的店铺售卖的产品，根据该产品进行介绍、销售，注意产品介绍应包括品牌、种类、材质、成分、不同包装的价格等。在进行销售时，了解客户的需求，同时加入产品的图片、链接。当你推荐产品取得成功后，试着选择一个关联商品进行推荐。

3. 作为网店客服人员，针对推荐产品业务环节，设计常见问题及个性化话术。

场景：推荐相关产品。

问题情境/问题描述	话术设计
亲，店铺里哪款卖得好啊？	
这款×××有22寸的吗？	

职业素养

悟一悟，全国大学生电子商务"创新、创意和创业"挑战赛案例即"'希望春天'农村优选—共创丰收电商助农"项目，给我们带来了什么启示？这个项目团队承担了哪些社会责任？

"希望春天"农村优选—共创丰收电商助农

电商助农能够有效促进乡村产业转型和升级，助力乡村振兴战略的实施，"'希望春天'农村优选—共创丰收电商助农"就是这样一个乡村振兴项目。项目聚焦阳信县农产品，尤其是阳信鸭梨，利用电子商务平台、现代物流体系及大赛的互联网平台，实现了农户、企业、消费者等多方共赢，在第十四届全国大学生电子商务"创新、创意及创业"挑战赛上获得银奖。

具体做法

深入调研与精准定位：对阳信县的村庄、农户及企业进行深入调研，全面了解当地农产品产业现状，同时开展消费者需求调研，分析消费者的年龄、性别、收入、购买习惯等，精准定位目标消费群体。

创新商业模式：采用"B2C＋O2O"商业模式，线上通过电商平台实现产品销售与推广，线下开展体验活动、与实体店合作，形成线上线下互动的全渠道营销模式。

多元化营销策略：以情感营销为主，通过讲述阳信鸭梨的故事，赋予产品文化内涵和情感价值。通过数据分析工具，精准把握市场需求，制定更加科学的销售策略。利用社交媒体、短视频、直播等互联网营销手段，举办线上线下相结合的活动，如品鉴会、厨艺大赛、直播带货等，吸引消费者参与。

技术创新与应用：研发并应用先进的产品分拣技术，采用"AI＋物联网"技术，实现对农产品生产、仓储、物流等环节的智能化监控和管理。

注重人才培养：开展电商培训、农业技术培训等活动，培养新型职业农民，提高农民的电商应用能力和种植技术水平。与高校合作，共建电商学院、研发生产基地等平台，培养既懂电商又懂农业的复合型人才。

项目成效

"希望春天"项目实现了多方共赢。首先，将农产品直接销售给消费者，减少了中间环节和交易成本，增加了农民的收益，带动了当地农民就业，同时阳信鸭梨产品的知名度和美誉度得到了提升。其次，通过精准定位和多元化营销策略，满足了不同消费者群体的需求，如为上班族提供便捷的线上购买服务、为批量客户提供个性化定制服务等。再次，严格的产品质量控制和先进的技术应用，确保了消费者能够购买到高品质的农产品及其衍生产品。最后，创新的商业模式和多元化的盈利模式，为运营企业带来了良好的经济效益，与农户、农村合作社、院校、渠道商等各方建立起合作关系，形成了稳定的供应链体系与合作生态，降低了运营成本，提高了企业的竞争力。

行业之窗

阅读以下资料或自行查阅相关资料，谈一谈你对"兴趣电商"的认识，以及对FABE销售法则的理解。

为什么抖音说自己
是"兴趣电商"

销售领域FABE法则的成
功运用的实例

客户的诉求是不断变化发展的，
猫与鱼的故事并没有结束

任务四 解决客户异议

 学习目标

知识目标

1. 掌握客户异议的处理态度和原则。
2. 熟悉客户特点及应答技巧。
3. 掌握解决客户异议的工作方法与步骤。
4. 掌握客户议价的沟通方法与应对方法。

技能目标

1. 学会判别客户异议的真正原因。
2. 能够打消客户对产品、服务和物流方面的疑虑。
3. 能够判断客户类型并采用合适的策略与话术解决问题。
4. 能够灵活运用沟通方法与价格应对方法妥善解决客户异议。

素质目标

1. 培养学生诚实经商、讲求信用的观念，本着诚信的原则实事求是地做出异议应答。
2. 培养学生坚守服务初心，踏踏实实地做好本职工作的职业态度。
3. 培养学生牢记公平买卖、互不相欺和自愿交易的商业文化伦理。
4. 培养学生尊重客户个体差异，热情礼貌、耐心细致地解决客户异议。

 岗位实践

常见异议问题调研与分析

阿诚在售前客服岗位实习一个月了，经常会遇到客户对商品尺码、质量、色差、价格等问题提出疑问或异议，阿诚深知处理好客户异议问题就离促成订单不远了，但阿诚具体该如何应对呢？有没有处理技巧呢？阿诚收集了一些客服人员回复案例，他该向哪些客服人员学习呢？

步骤1 关于尺寸问题的回复。

案例 1

客户：你家店的衣服尺寸是标准尺码吗？

客服：亲，衣服都是正常尺码的，亲可以到宝贝详情页看一下尺码表，根据您穿的尺寸选择就可以了。

案例 2

客户：宝贝都选好了，就是不知道该选哪个尺寸，你能推荐一下吗？

客服：好的，没问题，亲，请问你的身高、体重？

客户：155、120。

客服：亲，我们的衣服都是偏大一码的，根据您描述的尺寸，建议是选择×××，但您对您自己身体的尺码肯定要比我们更加了解，您可以参照宝贝详情页的尺码表再做定夺哦！

选码建议 / size information					
身高/cm 体重/kg	150-155	156-160	161-165	166-170	170 及以上
48-50	M	M	M	M	S
50-53	L	M	M	M	M
53-55	L	L	L	L	M
55-58	XL	L	L	L	L
58-60	XL	XL	XL	XL	L
60-63	2XL	XL	XL	XL	XL
63-65	2XL	2XL	2XL	2XL	XL
65-68	2XL	2XL	2XL	2XL	2XL
68-70					2XL
70-73					
73-75					
75-78					

注：本表格可解决大约90%的尺码选择问题，如有疑问可咨询客服

步骤 2　关于质量问题的回复。

案例 1

客户：你家的产品怎么样？质量有保证吗？

客服：我家的产品都是经过市场检验的，请放心购买，亲。

案例 2

客户：你家的产品怎么样？质量有保证吗？

客服：亲，我们家的宝贝都是自家生产的，对生产流程严格监督，出现问题的宝贝是不允许出售的，您大可放心购买哦！如果还是出现了质量问题，我们也支持退货、换货！

案例 3

客户：你家的产品怎么样？质量有保证吗？

客服：亲，您放心，我们的衣服在发货之前都做过检查，保证质量无碍，您也可以查看买家的评价。如果还是出现了质量问题，我们也支持退货、换货！

步骤 3　关于价格问题的回复。

案例1

客户：掌柜，我又不是第一次买你家产品了，就优惠点啦。

客服：这真是我们的最低价了，再优惠就亏了哟。

案例2

客户：掌柜，我又不是第一次买你家产品了，就优惠点啦。

客服：亲，"双11"期间我们的商品在做活动，已经很便宜了，质量有保证，性价比也很高，您可以看一下买家对宝贝的评论。亲，如果想优惠的话请参加我们的团购，我们可以给您免邮哦！

案例3

客户：掌柜，我又不是第一次买你家产品了，就优惠点啦。

客服：亲，为了庆祝"双11"，这件衣服我们可以给您免邮，您还有任何喜欢的也可以继续购买，购买越多优惠越多哦！

步骤4　关于快递问题的回复。

案例1

客户：好的，我现在就去付款。你家发什么快递呢？什么时候能到成都？

客服：我们默认发圆通快递，3天应该就可以到。

案例2

客户：好的，我现在就去付款。你家发什么快递呢？什么时候能到成都？

客服：亲，我们一般发申通、韵达快递，需要其他快递的麻烦留言备注。不同的快递，运费和到达的时间都是不一样的哦！

案例3

客户：好的，我现在就去付款。你家发什么快递呢？什么时候能到成都？

客服：您好，我们家默认发圆通快递，备选韵达。广东省内的一般是1～2天内到达，省外的一般是3～5天，偏远地区一般是5～7天，具体情况还是需要看当地快递的发货速度。

步骤5　关于发货问题的回复。

案例1

客户：我已经成功付款了，记得发货哟。

客服：亲，我们统一在下午6点发货，包装够严实，亲大可放心哦！

案例2

客户：我已经成功付款了，记得发货哟。

客服：亲，我们是统一在下午6点前发货的，省内的一般是3天内到货，偏远地方如北方下雪地段可能就会久一些，一般是10天内到货。包装内附带泡沫，以免途中破损哦！

 **岗位研学**

如何打消客户的购买疑虑？

阿诚收集了客户提出的高频次问题，他发现客户对衣服的尺码和质量异议属于对产品方面存在疑虑，对发货等的异议属于对商家服务方面存在疑虑，对快递的异议属于对物流服务方面存在疑虑，此外，对价格方面的异议比较多，这是令客服最头疼的事了。看来阿诚不但要把异议问题进行分类，还要找到很好的应对话术和处理技巧，这是阿诚从初级客服迈向中级客服很重要的一步。

1. 打消客户产品疑虑

通过查看"问大家"收集客户集中的问题，了解客户对产品的哪一方面疑虑较多，是产品价格、产品质量、产品包装、产品效果、产品定制还是其他方面，疑虑较多的地方也是客户真实需求所在。

 想一想

分析以下两个案例，在打消客户产品疑虑方面你有哪些好的方法？

案例1

客户：老板，你这防晒衣夏天穿热不热啊？

客服：夏天穿什么不热啊，什么不穿都热啊。

客户：……那你要是这样说，谁还买你的衣服啊？

客服：那你问的就有问题，防晒衣不就是夏天穿了防晒的吗？

客户：那不一定啊，我之前买过一件，穿上热得要死，跟雨衣似的！

客服：一分钱一分货，想10块钱买100块钱的东西，哪有这种好事？

客户：你的服务态度真够可以的，没有人会买你的东西。

案例2

客户：鞋底是什么材质的？

客服：外底材料：橡胶＋EVA＋TPU。

客户：EVA和TPU是什么？塑料吗？

客服：材料名称哦亲。

客户：那是什么材质啊？

客服：外底材料：橡胶＋EVA＋TPU。

客户：我问你那两个字母缩写是什么东西？

客服：材料的名称哦亲。

2. 打消客户服务疑虑

客户服务可以包括产品安装、产品保修、开具发票、发送赠品、退换货等售后问题及会员积分等。例如，及时提供产品上门安装服务，会解决客户购买产品的后顾之忧；可以赠予与主产品配套使用的赠品；还可以提供七天无理由退货、极速退款、正品保障、只换不修、送货入户、赠运费险等保障类服务；也可以提供生日有礼、新人礼包等个性化服务，使客户安心购买。

 想一想

分析以下两个案例，在打消客户服务疑虑方面你有哪些好的方法？

案例 1

客户：你们售后服务怎么样啊？

客服：售后服务方面请您放心，我们的售后服务绝对是有保障的，因为我们公司在售后服务上花了很多工夫，去年和今年连续两年获得了×××市消费者信得过荣誉奖。售后服务已经成为我们公司的品牌价值之一，您尽管放心购买好了，我们公司的售后服务保证会让您满意哒。

案例 2

客户：你家这个扫地机器人要是出故障了，我在天津维修起来方便吗？

客服：亲，放心，我们是大品牌，我们在天津市区有三个维修站，此外在武清区、静海区等也都有维修站，维修起来很方便呢。如果您有任何商品质量和使用方面的问题，可以随时通过千牛和我们售后服务人员联系，我们会竭诚为您服务。我们的服务时间从早上八点到晚上十一点，只要您联系，就会有人响应，请您放心购买。

客户：好的，那我就下单了。

3. 打消客户物流疑虑

客服人员要对店铺合作的物流公司熟悉，熟悉物流公司服务的区域、快递时效、快递首重及相关费用，若产品超重需提前告知客户快递费。若客户提出的物流公司未合作，可为订单做备注，以便仓库人员按备注选择物流公司发货。一旦商品在运输途中发生破损，客服人员就需要跟快递公司协商商品破损后的补偿方案。

物流是商品销售环节不可缺少的一部分。客户提出物流疑虑问题，客服人员需要耐心安抚并加以解释说明，切忌不闻不问。在回复客户疑虑时，若当天不能发货，不要盲目承诺发货时间，在发货方面即便做不到，也要耐心解释，这样做不但能让客户理解还会使其具有获得感，感受到商品是有严格质量控制的。

 想一想

分析以下六个案例，在打消客户物流疑虑方面你有哪些好的方法？

案例 1

客户：今天能不能发货啊？

客服：亲，下午 4 点前拍下都可以当天发货的。

客户：你们从哪里发货？几天能到？

客服：我们发货地点在天津，请问亲收货地点在哪里？

客户：发到哈尔滨。

客服：亲，一般来说 3～4 天就能到哈尔滨呢！

案例 2

客户：没有 AB 快递吗？CD 快递太慢了。

客服：亲亲，AB 快递不是合作快递，费用和安全性都无法保障呢。

客服：关于亲说的快递时效，每个地区确实有差别，但现在都有所改善，最近没有客户反馈很慢噢。

案例 3

客户：母亲节礼物，必须收到呀。

客服：礼物最重要的是心意，就算稍迟一点到，相信阿姨还是会非常安心的，亲亲放宽心吧。

案例 4

客户：母亲节礼物，必须收到呀。

客服：如果希望老妈节日准时收到礼物，建议亲可以加钱发顺丰快递，这样时效性更有保障的噢。

案例 5

客户：在吗？你们怎么回事，我都拍了好几天了，也没看到物流信息。

客服：亲，您好，别着急哈，我查查亲的订单。

客户：嗯，快点，在别人家买的东西早都到了，就你家的还没有到。

客服：亲稍等哈，我查一下。

客服：亲真的很抱歉，我查了下，亲拍的活动产品仓库正在加班发货。

客服：今天应该会看到物流信息了。

客服：我已经给亲备注了加急发。

客户：那我今晚看看，没有我再找你。

客服：好的亲。

案例 6

客户：在吗？刚拍了 3 件衣服，你们什么时候发货？

客服：亲，当天下午 4 点前的订单，都可以当天出货的。

客户：嗯，发什么快递，我在北京，什么时候到，我着急。

客服：亲，我们从广州发，到北京一般是 2～3 天。

客服：发圆通、申通。仓库自动匹配最优快递。

客户：我着急啊，能不能发顺丰？

客服：顺丰需要加钱的，要加 10 元。

客户：加就加吧，我急着要出差穿。

客服：好的亲，那亲拍下邮费链接，我给亲备注下发顺丰。

理论知识

一、 客户异议的处理原则

无论遇到客户的任何疑问，客服人员都要第一时间笑着进行解答，切不可将对客户的不满情绪暴露出来，客户提出的质疑和难题，要以优质的服务态度来面对。

（一）热情礼貌

客服人员要热情礼貌地积极回答客户的质疑。客服难免会遇到一些难以应付的客户，他们说话直接，对产品的质量、价格及服务都相对挑

巧妙处理
客户异议（视频）

剔，客服在回答他们的质疑时一定要热情主动，不要总使用自动回复，尊重每一位客户的个体差异，耐心细致、有针对性地回答客户的疑问。

（二）永不争辩

客户会基于自己的理由挑出不满之处，客服的争辩会加剧客户的不满，还可能成为纠纷的导火索，所以客服要杜绝与客户进行争辩。

（1）听清楚对方的意见，进行有效的确认。客服在处理异议时不要急于回答，要耐心仔细地听清楚症结所在，并与客户进行有效确认。

（2）学会认同对方的意见，用事实和数据进行有力的反击。从商业行为的伦理规范角度讲，买卖是建立在自愿交易基础上的。商业文化强调买或卖公平合理，互不相欺，坚持自愿交易的原则，即交易双方具有独立自主、自由选择的权利，任何一方均不得将自己的意志强加给对方。当面对客户百般刁难时，客服不要急躁烦恼，要摆出店铺的销售数据和客户的反馈信息，用事实说话，促成客户的购买。

（三）讲究诚信

不论客户是对产品还是商家服务抑或是物流服务方面存在疑虑，都是一种交易过程中的正常现象，我们应该本着诚信的原则实事求是地做出应答，努力打消客户疑虑，切不可为了获取订单诋毁竞争对手、夸大产品的功能、做出不能兑现的服务承诺。

《中华人民共和国消费者权益保护法》第四条明确规定："经营者与消费者进行交易，应当遵循自愿、平等、公平、诚实信用的原则。"讲究诚信是企业经营之本，包括诚实经商和讲求信用。诚实经商要求从业者在商业活动中以诚为本，不欺诈和坑蒙拐骗。经营者对商品和服务质量、使用方法应作出真实的说明，商业广告不得含有虚假成分，不得欺骗和诱导消费者。讲求信用要求从业者遵守诺言、践行成约。讲求信用包括企业与企业之间、企业与职工之间、企业与消费者之间、企业与政府之间都要遵守诺言、实践成约，做到"重约定，守信用"。

二、客户的行为类型

作为客服人员，每天要接待大量的客户，有彬彬有礼的，有喜欢议价的，有初次网购的，如何把握客户的类型和特点呢？遇到不同类型的客户又该如何应对呢？

（一）"彬彬有礼型"客户特点及应答技巧

"彬彬有礼型"客户聊天很有礼貌，购买商品会有较强的目的性。面对这类客户，客服人员应尽一切可能，主动争取客户，交谈过程中，应当主动展现商品的特色和卖点。

（二）"反复讲价型"客户特点及应答技巧

"反复讲价型"客户对价格较敏感，会多店铺、多平台比价，偏爱营销活动及店铺小礼品。面对这类客户，客服人员要不厌其烦地反复介绍为什么商品价格没有打折，介绍商品与服务的价值，而不单纯把注意力放在价格上面。接待客户的过程要保持充分的热情和礼貌，让客户真实地感受到热情的服务。

（三）"初次网购型"客户特点及应答技巧

"初次网购型"客户对网购操作不熟悉，对价格相对来说不敏感。面对这类客户，客服人员要不厌其烦地为客户讲解网购知识，主动关心并热情地询问其问题是否已经解决。

（四）"啰唆型"客户特点及应答技巧

"啰唆型"客户的话通常比客服多，购物时比较容易纠结，有时会聊与交易完全无关的事情，若客服人员恰好在接待繁忙时段，可以适当延长发消息的时间间隔；若客户咨询的是与商品和服务有关的问题，客服人员就要不厌其烦地进行应答，给予客户尊重与热情的服务。

（五）"质疑型"客户特点及应答技巧

"质疑型"客户对商品提出的疑虑较多，对网络购物信任度较低，喜欢将评价作为参考依据。面对这类客户，客服人员应耐心向客户解释所有疑虑点，用事实和数据说话，展现诚恳与耐心，逐渐打消客户的疑虑。

（六）"蛮横无理型"客户特点及应答技巧

"蛮横无理型"客户脾气比较大，针对问题不依不饶。面对这类客户，客服人员应保持冷静，在把握原则的同时，保持积极有效的沟通，帮客户解决好问题。

（七）"沉默型"客户特点及应答技巧

"沉默型"客户话不多，提问和回复问题都很简洁，这类客户大多数利用碎片化时间购物。面对这类客户，客服人员要做好主动沟通，判断客户不沟通的真实原因，引导客户尽快做好购买决策。

（八）"专家型"客户特点及应答技巧

"专家型"客户在某个领域很专业，通常会提问一些专业化的问题，喜欢被尊重，不喜欢被敷衍回复。面对这类客户，客服人员不要班门弄斧，应在尊重客户的同时说明产品或服务的优势与卖点。

三、巧对客户异议

（一）沟通方法

（1）隐形优惠券法，隐形优惠券一般由运营人员设置，在客户议价时，以某种理由发放，如首次购物等。

（2）二选其一法，适用于客户迟迟拿不定主意的情况，假设客户决定购买，询问其想要的颜色、尺码等问题，也可以促进订单成交。

（3）准顾客挑选法，针对选择困难的客户，可以从他们自身角度出发帮助其做购买决策，与客户做朋友是优秀客服人员的一个特征。优秀客服人员通常依托聊天工具等载体组建客户群，平时与客户们多聊天互动，店铺上新品时，可以把优惠券与新品一同发放给老客户，有利于提升新品销售效果。

（4）紧迫感法，客服人员通常以活动即将到期、库存有限等理由催促客户不要再纠结价格，不要错过中意的产品，给客户营造一种购物的紧迫感。

（5）试试看法，如向客户承诺30天无理由退换货、60天无理由退换货、退货包邮等非常有吸引力的服务组合，会取得非常好的销售效果。

以上五种方法可以根据与客户沟通中的具体情况选择使用，也可以组合使用，在客服业务实践中需要反复使用不断总结，从而提升沟通技巧。

（二）价格异议的应对方法

议价的处理方法如下：

（1）切割法，适用于客单价较高的商品，推出小包装，或折算日用量，将较高的价格切割成较容易接受的小颗粒单位价格。

（2）明推暗就，不轻易答应客户的讨价还价，一方面拒绝降价，另一方面以一个合理的理由同意给予客户优惠券等一定的价格优惠。

（3）价值放大，当客户与客服讨价还价陷入僵局时，客服人员可以转移客户的关注点，引导客户关注店铺服务保障、产品评价、物流等，利用产品及店铺的竞争优势打破讨价还价的僵局。

（4）搭配套餐、满减、优惠券等，还可以通过客户的购买频率和消费金额，设计店铺的 VIP 体系。当客户成为会员后，复购时会享有折扣，或建立积分体系，采用送积分等多样化的优惠措施。

（5）挤牙膏法，在与客户讨价还价的过程中，一点点让步给客户，也就是将优惠一点点放出。

以上五种方法可以根据客户议价的具体情况选择使用，也可以灵活组合使用。

价格敏感型客户和享受议价过程的客户都会与客服产生议价行为，议价行为反映了在客户心中商品的购买价格与价值不等值这一判断。如何提升价值？通过产品包装（运输包装、销售包装）、赠品、增值服务（如 VIP 客服、延长质保、30 天无理由退换货等）、品牌、VIP 待遇等途径提升店铺及产品价值，可以吸引客户复购、提升高等级客户对店铺的忠诚度，用价值放大法与客户谈价值而不是纠结价格，会使客服人员在与顾客议价过程中变被动为主动。

 练一练

1. 阅读以下客户咨询案例，试着分析客户的心理活动，判断案例中的客户属于哪种类型。

案例 1

客户：你好，这个商品我想买，请问怎么操作呢？

客服：您好，亲，您把要买的商品尺寸和颜色分类都选择好，然后点击立即购买就会到一个付款页面，事后您填写一下收货地址，点击付款即可，可以使用支付宝绑定银行卡支付哦。

客服：操作过程有任何疑问都可以随时联系我的哦。

客户：好的，谢谢你，我操作试试看。

案例 2

客户：什么颜色好看呢？

客服：亲，您好，这款商品有货的呢，比较多的客户选择黄色哦。

客户：我还是有点犹豫。

客户：哎呀好纠结呀。

客户：蓝色黄色我都喜欢怎么办？

客户：要不你帮我拍一下实物看看？

案例 3

客户：你好，老板在吗？请问这个商品有货吗？

客服：你好，我是客服小米，欢迎光临本店，很高兴为您服务，您看的这款商品有货的呢，喜欢可以拍下来哦。

案例 4

客户：老板，你们家这个产品是正品吗？

客服：您好，亲，您放心，我们是官方旗舰店，有正品保障的哦。

客户：收到如果有问题怎么办？

客服：亲，我们家支持七天无理由退换货的，如果有问题随时联系我们，我们会第一时间帮您处理好的哦。

案例 5

客户：老板，这个商品还能便宜点吗？

客服：亲，金碑银碑不如口碑，我们注重的是产品的品质哦，确实有客户反映我们家产品比别人家卖得贵一些，但是很多的客户在比较之后，最终还是选择我们家的产品，光我说好是不够的，客户的反馈才是最真实的哦。

客户：你就再便宜点嘛，我也是诚心想买的。

客服：亲，我们今天刚好有活动呢，买 2 件可以打八折哦，您可以再挑一件一起买。

案例 6

客户：老板，你们家这个商品是什么材质的？

客服：您好，亲，我们这款 T 恤是纯棉的哦。

客户：含棉量多少？

客服：亲，含 95％的棉和 5％的氨纶哦，我们有质检报告的，您可以放心购买。

客户：是 A 类的吗？

客服：是的，亲，这是质检报告，您可以看看哦。

案例 7

客户：这款有货吗？

客服：您好，亲，这款有货的哦，喜欢可以拍下呢。

客户：哦。

客服：亲，您看中的这款是我们的热销款，现在购买还可以使用 10 元优惠券的哦。

客户：嗯。

客服：亲，看您还没拍下，不知道是有什么疑虑呢？我都可以为您解答的哦。

案例 8

客户：老板，你怎么做生意的？怎么寄了个坏的东西给我！我要投诉你！

客服：亲，真的很抱歉，我现在马上核实一下情况，您方便拍一下照片给我吗？

客户：拍什么拍？你是觉得我在骗你吗？

客服：亲，抱歉没能让您满意，我不是这个意思呢，只是公司需要这样一个流程，如果您不方便的话。我也可以帮您处理好的，寄回来我们帮您换一个，给您添麻烦了，真的很抱歉呢。

客服：您先消消气哈，如果我遇到这种情况可能会比您更急呢。

2. 在以下案例中，客户对什么问题产生了异议？客服人员采用了什么方法解决客户的异议？

案例 1

客户：我前几天看价格才 69，怎么今天 79 了？

客服：亲，前几天是聚划算活动哟，现在活动结束了呢。

客户：那什么时候还有活动，我再来吧。

客服：这个不一定呢，要看运营那边通知。

客服：亲想要几个呢？

客户：想要 2 个，能便宜点吗？

客服：不好意思呢，亲，这活动价格已经结束了。要不这样，我跟领导申请下，看能不能给亲申请一张优惠券。

客服：亲，刚跟领导申请了，由于亲是新顾客，送给亲一张 10 元优惠券，这样跟活动价格差不多呢。

客户：嗯，那行吧。

案例 2

客户：你家这个卷发棒效果好吗？

客服：亲，买来是在家里用的多呢，还是外出携带的多？

客户：我想买个出差带着方便的，家里有一个，太大了。

客服：那这款正合适的，体积小，功能也全，可以直发卷发通用。

客服：亲喜欢粉色还是紫色呢？

客户：粉色吧。

客服：嗯嗯，粉色显得很干净，我也是喜欢粉色的。

客户：现在拍有什么优惠吗？

客服：现在拍可以送一个防尘收纳袋，还有一瓶旅行者护发素呢。

客户：嗯，好的。那我去拍。

案例 3

客户：这个烧水壶是 304 不锈钢吗？

客服：亲，食品级 304 不锈钢，放心使用呢。

客户：以前家里有一个，用久了底下有沉淀。

客服：亲，这个不是壶的问题，是水质的问题。亲可以用白醋进行清洁。

客户：费电吗？

客服：亲，我们这款壶是节能的，不费电呢。

客服：而且我们有送运费险，15天内有任何不满意都可以退货的，亲可以试试看的，这款的客户反馈都很好。

客户：嗯，有运费险，那可以试试。

考一考

项目二任务四
自我检测

课后任务

一、问答题

1. 面对客户提出的质疑和难题，客服人员的处理原则是什么？

2. "蛮横无理型"客户的表现特征是什么？客服人员应如何应对这类客户？

二、案例分析题

在下列案例中，客户均对价格产生了异议，针对不同的商品，请简要说明客服人员采用了哪些价格异议处理方法。

案例 1

客户：你们这个粉底液太贵了啊，能不能便宜一点？

客服：亲，确实像您说的，我们的产品价格有点高，但是这一瓶粉底液有 100 mL，按正常上班频率化妆的话，一般可以用 5 个月左右。那其实每天才 1 块多，一块多就可以美美地，多划算。

客户：话是这样说，可是觉得比我以前的粉底液还是贵一点。

客服：亲，一分钱一分货，毕竟是用到脸上的东西，这款粉底液不易脱妆，也很滋润不起皮，你想，如果用不好的粉底液，出个汗、脱个妆，多影响咱们形象。而且你看我家，都是回头客，就说明产品是真的好啊。咱们女人，就得对自己好点啊。

客户：要是真有这么好的效果也行，那就这款吧。

案例 2

客户：这个围裙前几天我看价格还是 39 块，今天怎么涨价了？

客服：亲，前几天上淘抢购，活动价格，现在活动结束了呢。

客户：嗯，那能不能按活动价格给我啊？

客服：不好意思啊，亲，活动都是老板定的，我没权限呢。

客服：不过现在也是打了折的价格呢，没差多少的。

客户：那还是有差啊，我都是你们老客户了，你便宜点给我，我还能介绍新客户。

客服：是的呢，亲是我们老客户了，那亲也是知道，我们价格都比较稳定的，要么我给亲备注下，送您一件小礼物。

客服：您看看还有没有需要买的东西，如果有的话，买好了告诉我，我备注小礼物一起发过去给您。

客户：送什么？

客服：多送您一块防尘抹布可以吗，亲也可以关注店铺，下次有活动就可以接到通知了。

客户：那行吧。

案例 3

客户：这个巧克力里面一共是几颗？

客服：亲，里面一共是 8 颗呢。

客户：8 颗就 78 块那么贵啊？

客服：亲，这款是纯巧克力呢，而且是礼盒装，盒子里还有玫瑰花和玩具小熊。

客服：亲想自己吃还是送人呢，如果自己吃，可以推荐您其他款。

客户：送女友。

客服：嗯，那这款很合适呢，您想您送东西给女友，她在朋友面前拆开，是一定要有面子的吧，这款包装非常上档次的，您看我们评论就知道了，都哄的女友很开心呢。

客服：而且七夕，她身边的闺蜜肯定也收到礼物了，不能让她丢面子不是？

客户：你可真会说……

客服：嘿嘿，说的实话呢，要是有男孩子送我这款，我肯定开心极了。

客户：看你说的那么好，那就这款吧。要是女朋友不高兴，我可来找你算账。

客服：放心，女友要是生气我帮您哄。

案例 4

客户：你家这个粉底是正品吗？

客服：亲，我们是官方旗舰店，绝对正品的。

客户：旗舰店就是真的吗？

客服：亲，天猫开店，平台都会查我们资质的，所以亲放心哈。

客户：会不会卡粉啊，580 元一瓶很贵呢。

客服：嗯，亲是油皮还是干皮呢？

客户：我油皮。

三、岗位训练

1. 请参照岗位实践操作步骤，依托企业店铺子账号完成"常见异议问题调研与分析"业务实践，整理每一步骤完成后的截图，或记录岗位实践相关内容，撰写实践报告。

2. 作为客服人员，请设计处理客户异议业务环节中的常见问题及个性化话术。

场景：处理客户异议。

问题情境/问题描述	话术设计
你们这款产品能够再便宜点吗？	
这款×××是正品吗？	

职业素养

悟一悟，面对客户价格异议，电商从业者的服务初心是什么？如何能够不忘初心？

李佳琦事件给我们的启示：不忘初心，踏踏实实做好服务

(选自央视网"带货主播和消费者 battle 就是自砸饭碗！")

请务必尊重消费者。李佳琦曾经是个普通到不能再普通的人，他和我们绝大多数人一样，辛辛苦苦打过工，没有亮眼的学历，也没有强势的背景，赶上时代的风口，一路坐上了头部主播的"宝座"。但就是这个喊着"把价格打下来"的李佳琦，却在一场直播中回怼网友："哪里贵了？这么多年都是这个价格，不要睁着眼睛乱说。""有的时候找找自己原因，这么多年了工资涨没涨，有没有认真工作？"

他说的是一支标价 79 块钱的眉笔。网友自然不会放过他：有人发起话题"79 块钱对普通人意味着什么"；有人按克换算出，这根眉笔比金子还贵；更有人发问："穷就该被嘲笑吗？"

激起公愤后，李佳琦发布微博道歉，提到"我本就是一个彩妆柜台销售员，深知大家的工作都是辛苦和不容易的"。这时候，终于意识到自己原本就是个普通人了，但那些为他的"封神"之路贡献了真金白银的消费者，情感已经受伤。网络带货，选择很多，一方面李佳琦确实以高超的谈判能力，谈下了低价；一方面，这样一个曾经的普通人比起高高在上的明星，感觉上更能得到大家的信任与共情。所以，当一个本应站在消费者这边，和商家砍价的带货主播，画风一变，讽刺起消费者"不好好工作"的时候，颇有过河拆桥、忘恩负义的意味在。

作为消费者，对商品品质品头论足是合理的权利。带货主播，本质上是商品和消费者之间的桥梁，安身立命的根本就是两个字——服务。无论是简单粗暴的"买买买"，还是娓娓道来讲知识、聊人生，都是在给消费者提供消费情绪。

面对消费者的价格质疑，带货主播完全可以从物价、原材料、工艺、卖点等去解释、开导，但他却选择了最糟糕的方式回应——吃消费者的饭，笑消费者的穷。一时的口不择言，暴露的是哪怕一瞬间真实的想法。

这些年，不少出名的网红、主播，大都有一种微妙的权利角色的转换——赚钱之前很谦卑，赚钱之后很膨胀，一夜之间羽化登仙，从此不食人间烟火。

所有行当，都离不开柴米油盐精打细算的普通人。一旦"飘了"，脱离了普通民众，就等于自砸饭碗。如果不及时调整心态，真正做到尊重消费者、脚踏实地做好服务，被网上舆论声讨、被大众厌弃、被市场淘汰，是注定的结局。

希望更多的"李佳琦"们，能借着这件事，好好想想自己从哪里来？要向哪里去？

行业之窗

阅读以下资料或自行查阅相关资料，谈一谈在解决客户异议方面，你认为最关键的做法是什么？

提升买家咨询体验
—eBay 平台之经验借鉴

度小满智能机器人，通过强大
技术打造热情温暖客服

国际五大著名银行的
核心价值观

任务五 有效催付订单

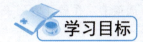 **学习目标**

知识目标

1. 了解催付与支付转化率的关系。
2. 掌握催付时间及方式。
3. 掌握订单未付款的主观和客观原因。
4. 掌握订单催付流程及话术。
5. 熟悉 PDCA 循环的工作步骤。

技能目标

1. 能够使用后台订单管理系统挑选催付订单。
2. 能够选取适宜的时间和方式实施有效催付。
3. 通过岗位实践积累，能够应用 PDCA 工作法持续提升催付成功率。

素质目标

1. 培养学生遵守电商平台规则的行为习惯，杜绝"骚扰他人"的催付行为。
2. 培养并不断强化学生"以客户为中心"的服务意识，根据客户具体情况设计催付话术。
3. 培养学生持续优化工作的思维方式，以 PDCA 循环的思想方法和工作步骤提升各项工作质量。

 **岗位实践**

订单催付操作

　　客服和客户经过长时间的沟通之后，客户终于拍下产品，但却迟迟没有付款，客服几乎每天都会遇到这种事情，这个时候就需要客服进行催付。催促工作是提高询单转化率最直接也是最简单的步骤，然而很多网店却常常忽略这些拍下未付款的订单，这是造成店铺询单转化率低的一个很重要原因。客服要掌握催付工作的合理流

订单催付操作（视频）

程，用怎样的方式进行催促？催促选择什么时间？使用怎样的语言进行催促？这些都是实际催付之前应该掌握的知识。

步骤 1 挑选订单。在催付之前，客服首先要查看"等待买家付款"的订单，最常用的方法是通过"商家中心"的后台进行查看，具体操作如下：

打开"商家中心"页面，选择左侧列表中"交易管理"模块下的"已卖出的宝贝"超链接，在打开的"已卖出的宝贝"页面中选择"等待买家付款"选项卡，在展开的列表中显示了所有未付款的订单，如图 2-5-1 所示。如果订单量比较大，可以单击页面中的"批量导出"按钮，然后在打开的页面中单击"生成报表"按钮，如图 2-5-2 所示，在打开的"批量导出"页面，单击"下载订单报表"按钮，即可在 Excel 文档中查看客户的会员名、客户应付货款、订单时间、订单状态等详细信息。

图 2-5-1 打开"已卖出的宝贝"超链接页面

步骤 2 使用工具催付。当客服在联系客户进行催付时，必须先选择好催付的工具，一般有千牛、短信两种工具可供选择。

步骤 2-1 使用千牛工具催付。千牛是客服最常使用的工具，使用千牛工作台订单页面的"旺旺催付"功能和客户沟通是完全免费的，沟通成本低、效率高，如图 2-5-3 所示。在沟通过程中，客服可以设置催付话术，还可以发送客户姓名、订单编号和付款链接给客户，方便客户进行付款操作，如图 2-5-4 所示。

图 2-5-2 批量导出订单页面

图 2-5-3 使用千牛工作台订单页面的"旺旺催付"

图 2-5-4　使用旺旺催付

千牛催付也有不足之处，当客户不在线时，发送的信息不能保证客户及时收到，客服就只能给客户留言，或者换用其他的催促工具进行直接沟通。

步骤 2-2　使用短信催付。商家使用短信催付，通常客户不会回复，因此客服编辑的短信内容一定要全面清晰，因为短信有字数限制，所以短信内容要精彩，让人一目了然。短信的内容一般包括店铺信息、产品名称、客户购买时间和必要的催付技巧。客服可以在短信中适当给客户施加紧迫感，如活动即将结束，暗示其抓紧时间付款；也可以告知客户享有的特权，如 VIP 客户享受九折优惠等，如图 2-5-5 所示。

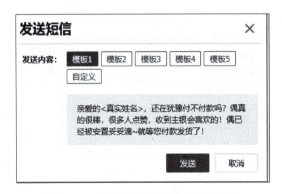

图 2-5-5　使用短信催付设置话术模板

步骤 3　使用催付工具表。在催付完成后，需要对催付结果进行登记，统计催付带来的实际效果，主要用于数据分析，催付登记表的样式见表 2-5-1。

表 2-5-1　催付登记表

日期	当日催款金额	当日回款金额	当日回款金额比例	当日催款订单数	当日回款订单数	当日回款订单数比例

步骤4 设置店小蜜自定义催付。在"千牛"工作台搜索"阿里店小蜜",点击进入店小蜜应用。选择左侧功能栏中的"跟单助手—跟单场景任务"选项,如图2-5-6所示。选择跟单场景任务,如【催付】下单未支付"场景,如图2-5-7所示。选择"千牛自动"渠道新建任务,如图2-5-8所示。在新建任务页面,可以设置自定义催付的有效期、催付时机、催付时段、目标人群、催付话术等功能,如图2-5-9所示。设置完成后,单击"开始任务"按钮进行保存。

图2-5-6 店小蜜功能选择

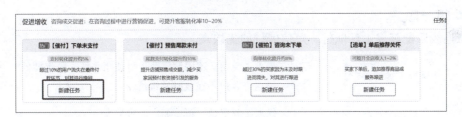

图2-5-7 任务场景选择

图2-5-8 渠道选择

图 2-5-9　自定义催付话术设定

如何选取订单催付方式？

在业务实践中，阿诚发现店铺的订单催付方式有聊天工具催付和短信催付，日常催付工作量较大，可以应用千牛工作台的自动催付功能，但人工催付和自动催付各适用什么情况呢？阿诚了解到静默订单多采用自动催付，询单订单一般采用客服人工催付，客服人工催付时具体的催付方式应如何选取呢？

请连线匹配聊天工具催付、短信催付的优缺点。

聊天工具催付

优点：免费、不限制字数、可使用表情、骚扰性低
缺点：客户不在线时易错过

短信催付

优点：收费低、覆盖面广、可群发
缺点：字数有限、无表情、容易被忽略

聊天工具催付和短信催付方式各有优缺点，具体的催付方式要视店铺的实际情况而定。使用这些方式催付时，一定要把握催付的频率问题，切忌过度营销。这两种催付方式不能针对同一个客户频繁使用，每种方式只能使用一次。过于频繁的催促会让客户感到烦躁，不仅不会付款还会将店铺拉入黑名单，同时还会构成《淘宝网市场管理与违规处理规范》中"骚扰他人"的违规行为。与阿诚一起重温一下《天猫市场管理规范》《淘宝网市场管理与违规处理规范》等平台规则，查阅"恶意骚扰"条款中，平台对"恶意骚扰"情节如何认定？违规扣分与违规处理措施有哪些？

理论知识

前面学习了岗位操作中订单催付的工具使用和方式选择，接下来深入分析订单未付款的原因，归纳出科学的催付流程，并在实践中不断积累、优化催付话术，实现高效的订单管理。

 一、　订单未付款的原因分析

出现未付款订单之后，首先应该分析客户迟迟未付款的原因，然后对症下药，若盲目地催客户付款，就会适得其反。订单未付款的原因可以从主观和客观两个角度进行分析，针对具体原因采取对应的解决策略。

有效催付
订单（视频）

（一）主观原因

1. 客户对产品存在疑虑

客户对商品的细节不了解，对产品质量有疑虑，客服就要在交流时准确地描述产品的工艺、材质、使用技术、售后保障（如七天无理由退换货服务）等，还可以为客户提供质检报告和客户评价，让客户放心购买。

2. 价格不满意

客户对价格不满意，感觉买贵了或付款价格与页面活动或直播间专属价格不符，导致拍下商品未付款，客服可以与客户讲质量说卖点，也可以利用小礼物引导客户付款，或指导客户通过参与直播间专享价的方式进行付款。

3. 服务不满意

客户对客服的服务不满意，导致拍下未付款，可以换个客服进行沟通。

4. 物流不满意

客户了解发货物流后，不能满足客户的需求（如到达时间等），导致拍下未付款，客服人员尽量说服客户，条件允许的情况下可以更换物流快递。

5. 货比三家，犹豫不决

遇到客户同时拍下多家店铺商品货比三家时，客服人员可以尝试了解客户意向购买的店铺，然后从产品本身及服务方面突出自身优势，将自身卖点及优势展现给客户，吸引客户付款。

（二）客观原因

除主观原因外，客户迟迟未付款也可能由一定的客观原因引起，如果遇到新手操作不熟悉，客服就要积极、主动地询问原因，一步步引导客户完成支付环节；若客户忘记支付密码，客服需要熟悉重置密码的步骤，帮助客户找回支付密码完成支付操作；若支付工具余额不足，客服可以建议客户选用其他付款方式完成支付操作。

二、 订单催付流程及话术

（一）订单催付流程

　　客服在催付之前首先要筛选订单，可以进入店铺后台查看"等待买家付款"的订单，选择需要的订单成交时间段查看未付款订单。如果订单量比较大也可以批量导出订单报表，方便查看客户的会员名、应付货款、订单时间、订单状态等信息，在后续开展催付工作时要注意保护好客户的个人信息，切勿泄露给他人。在与客户的沟通过程中，分析客户订单未付款的原因，选择对应的解决策略；灵活地确定催付方式与时间；使用适宜的催付话术；在催付完成之后，对催付结果进行登记，催付成功的订单做好信息备注，避免重复催付，催付失败的订单也要做好总结反馈，不断提升催付成功率。订单催付流程如图 2-5-10 所示。

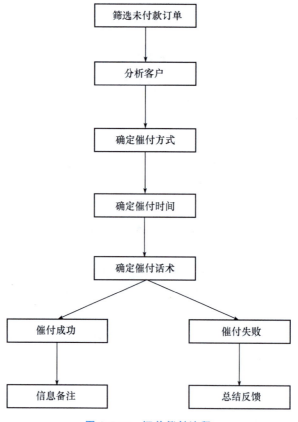

图 2-5-10　订单催付流程

（二）催付时间选择

　　通常情况下，店铺所售商品类目不同，客户群体也不同，客户群体生活规律也不同，客服人员应该选择合适的时机开展催付业务。同时，还要根据客户的购物时间进行催付，选择更为恰当的催付时间可以提高成功率。客服除了在客户下单后进行在线催付外，隔天同一时间进行催付，效果最好。很多订单提交后未进行支付的原因都是支付本身问题，客户也会自行去解决，所以隔天提示就会成为催付的最佳时间。催付切忌频繁或在不合理的时间段进行，联系频次异常，多次在深夜、凌晨等不适宜交流的时间段内联系他人，会使客户极为反感，客服人员应杜绝这一行为。

当客户询单拍下商品后 10 分钟还未付款，客服可直接在线联系催付。静默下单的客户，催付时间节点见表 2-5-2。

表 2-5-2　催付静默下单客户时间节点表

下单时间	催付时间
上午单	当日 12 点前
下午单	当日 17 点前
傍晚单	当日 22 点前
半夜单	次日 10 点以后

（三）订单催付话术

1. 聊天工具催付话术

对于女性客户催单的方式，选择千牛等聊天工具更为合适，但催付的时间要把握恰当，因为客户不是随时都在线的，需要客服在收到客户的订单之后，第一时间与客户联系。

• 话术样例

××女士（先生）您好，您在××××店铺拍下"商品名＋链接"至今还没有完成付款，您是在付款上遇到什么问题了吗？有任何需要都可以联系我们的！

2. 短信催付话术

对客户进行短信催付，一定要在短信的开头说明客户的名字，这样客户才会耐心阅读，否则只会作为垃圾短信被客户删除。

• 话术样例

××女士（先生）您好！我是××××店铺的客服×××，我们查询到您在我们店铺购买的××商品，至今还没有完成付款，我们的货品在当日 16 点之前付款都是可以进行发货的，有任何问题都可以咨询我们哦。

总之，无论哪种催付方式，工作的核心要点就是礼貌，学会设身处地为客户着想，加深客户印象，顺利完成催付，最终提高客服的询单转换率。所以在做订单催付工作时，询问客户"亲，您付款遇到什么问题了吗？我可以帮到您吗？"让客户体验到贴心服务；用发货时间、现有优惠措施、库存情况和交易关闭时间营造交易的紧迫感；以优质的物流服务满足客户需求，这些都是客服在催付业务实践过程中的有效做法，而且可以结合不同类目产品特点编辑个性化的催付话术，从而形成店铺话术的鲜明特征。

练一练

客服交接班业务模拟

以小组为单位开展讨论，如果你是交班的客服人员，并且遇到了以下情况，你会如何为订单做备注？如果你是接班的客服人员，见到这个未付款订单该如何处理？

客户：今天余额不足，明天付款。

客服：好的呢，我先备注好了，明天付款后我会第一时间安排发货的。

 考一考

项目二任务五
自我检测

 课后任务

一、问答题

1. 简述订单的催付流程。

2. 订单未付款的主观、客观原因各有哪些？

二、岗位训练

1. 请参照岗位实践操作步骤，依托企业店铺子账号完成"订单催付操作"业务实践，整理每一步骤完成后的截图，或记录岗位实践相关内容，撰写实践报告。

2. 作为网店客服人员，请根据以下情境选择恰当的催付工具，说明选择理由，并进行话术设计。

场景：有效催付订单。

问题情境/问题描述	话术设计	催付工具选择并说明理由
客户凌晨三点下单商品，未付款		
客户下单了营销活动期的商品，未付款，营销活动还有两小时结束		

应用 PDCA 工作法使工作质量持续提升

PDCA 工作法既适用于解决企业整体的问题，又适用于解决企业各部门的问题，也适用于解决小组或自我工作管理的问题。它的四个阶段并不是孤立运行的，而是相互联系的。

一、PDCA 基本含义

PDCA 是英语单词 Plan（计划）、Do（执行）、Check（检查）和 Act（处理）的首字母，PDCA 循环就是按照这样的顺序不断地进行质量管理，是全面质量管理所应遵循的科学程序。

P、D、C、A 在 PDCA 循环中所代表的含义如下：

（1）P（Plan）计划：包括方针和目标的确定，以及活动规划的制定。

（2）D（Do）执行：根据已知的信息，设计具体的方法、方案和计划布局；再根据设计和布局，进行具体运作，实现计划中的内容。

（3）C（Check）检查：总结执行计划的结果，确认实施方案是否达到了目标，清楚哪些对了、哪些错了，明确效果，找出问题。

（4）A（Act）处理：处理阶段是 PDCA 循环的关键。对总结检查的结果进行处理，对成功的经验加以肯定，并予以标准化；对于失败的教训也要总结，引起重视。对于没有解决的问题，应提交到下一个 PDCA 循环中去解决。

以上四个过程不是运行一次就结束，而是周而复始地进行，一个循环完了，解决一些问题，未解决的问题进入下一个循环，工作质量呈现阶梯式上升。全面质量管理活动的全部过程，就是质量计划的制订和组织实现的过程，这个过程就是按照 PDCA 循环不停顿地运转的，如图 2-5-11 所示。

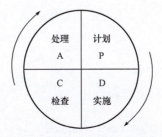

图 2-5-11　PDCA 循环示意图

二、PDCA 循环的特点

PDCA 循环可以使我们的思想方法和工作步骤更加条理化、系统化、图像化和科学化。它具有如下特点：

（1）大环套小环，小环保大环，互相促进。PDCA 循环通过各个小循环的不断运转，推动上一级循环直至整个循环持续运转起来，从而把相关的管理工作有机地结合在一起。

（2）PDCA 循环每转动一周就上升一个台阶，犹如在"爬楼梯"。每经过一次循环，一些问题就会得到解决，并取得一部分成果，质量水平就会上升到一个新的高度，有了新的更高的目标，在新的基础上继续进行 PDCA 循环。如此循环往复，工作质量问题不断得到解决，水平就会不断得到改进和提高。

（3）在 PDCA 的每一个阶段中又包含着一个 PDCA 的过程。

（4）PDCA 循环的转动不是哪一个人的力量，而是集体的力量，是整个企业全员推动的结果。

PDCA 工作法是一种管理模式，体现着基于科学认识论的一种具体管理手段和一套科学工作程序，可以用在产品质量改进方面，也可以用在工作质量提升等诸多方面。比如，将 PDCA 工作法应用在催付业务改进方面，首先把催付失败的订单进行汇总分析，然后制订工作改进计划，按计划实施改进，对实施结果进行检查，分清楚哪些催付是成功的，哪些催付是失败的，最后把成功的经验形成一套催付话术和业务技巧，针对失败的订单再进行汇总分析，持续循环往复上述工作步骤，使催付工作不断改进，持续提升催付成功率。

行业之窗

阅读以下资料或自行查阅相关资料，谈一谈你对催单和催付工作的看法，各平台如何让催付工作"更容易"？

你还在手动？淘宝自动
催付和核对地址来了

抖音小店设置催拍催付功能，
自助化提升转化率

电商人注意：京东、天猫、
拼多多"老年专区"已上线！

任务六 售中订单处理

 **学习目标**

知识目标

1. 掌握订单确认及礼貌告别客户的作业要点。
2. 掌握订单查询方式及物流信息异常的处理方法。
3. 熟悉商品打包的注意事项及物流公司选择需考虑的要素。
4. 了解"绿色"商品包装的要求。
5. 掌握与客户沟通物流问题的话术。
6. 了解工作交接事项的意义。

技能目标

1. 能够按操作规范与客户确认订单信息。
2. 能够熟练使用至少一种客服业务工具，完成订单的备注、修改等相关操作。
3. 能够完成告别客户作业中的相关操作。
4. 能够熟练地进行订单查询和物流查询，及时发现异常订单并主动反馈给客户。
5. 能够处理好工作交接事项。

素质目标

1. 培养学生严谨的工作作风，售中订单各项操作细节不出纰漏。
2. 培养学生的绿色发展责任意识，在岗位工作中推动商品打包的绿色变革。
3. 培养学生的交易安全意识，严守操作规范，保护客户信息安全。

 **岗位实践**

售中订单处理操作

从业务流程方面讲，客户服务流程分为售前客户服务与售后客户服务，售中订单处理既有一部分售前客服业务又有一部分售后客服业务，它发生在客户下单后至商品交付给客户之前的这个阶段，是指从客户提交订单开始，到商品被成功发出并伴随物流信息更新为止的一系列操作和服务流程。这一过程主要包括支付状态的核查、订单信息的确认、订单状态的监控、库存的调配、物流的安排，以及任何必要的客户沟通。这一过程不仅关乎订单的顺利执行，还直接影响到客户的购物体验和后续可能产生的售后问题，需要售前客服人员与售后客服人员密切协作才能完成。

步骤 1 严谨确认订单。客户对拍下的商品付款后，客服人员在千牛工作台"商家中心"的"交易管理"中，单击"已卖出的宝贝"超链接，看到客户的订单状态显示"买家已付款"，即可以确认客户已付款，如图 2-6-1 所示。

图 2-6-1 在"已卖出的宝贝"页面查看订单状态（已付款）

针对已付款订单，客服人员可在接待中心信息栏"智能客服"选项卡页面，单击"核对订单"按钮，发送给客户所需核对的订单信息，如图 2-6-2 所示。客服人员在发送确认信息之前，需首先确认商品信息，如商品的颜色、尺码、收货地址、联系人等信息。如果客户在交易过程中对物流做出了特殊的约定，客服要做好订单备注，订单备注操作将在步骤 2 中进行说明。

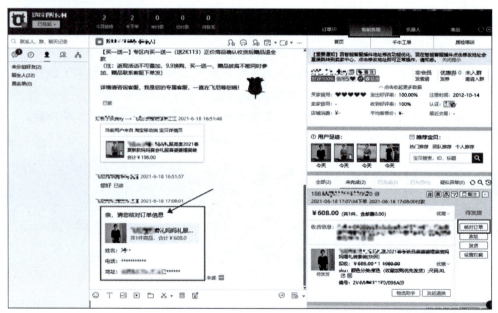

图 2-6-2 确认订单信息

步骤 2 订单备注与修改。前述图 2-6-1 中，在"已卖出的宝贝"超链接页面，当订单处于"买家已付款"状态时说明该订单商品尚未发货，单击"详情"按钮即可进入订单详情页面，如图 2-6-3 所示，在该页面可以进行订单属性（颜色、尺码等）、收货地址的修改，还可添加订单备注信息。

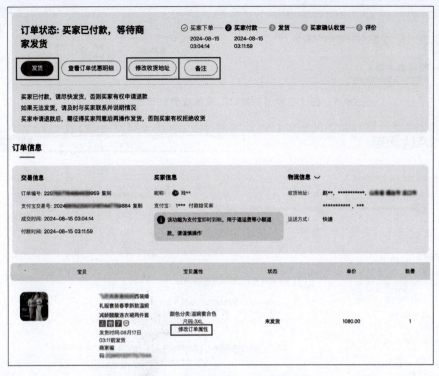

图 2-6-3　买家已付款订单详情页面

　　针对已付款订单，客服人员还可以在接待中心信息栏"订单"选项卡页面，单击相关按钮进行订单信息确认、订单备注、修改订单属性、修改订单地址等相关操作，如图 2-6-4 所示。如果已付款订单已发货，订单状态就会改为"卖家已发货"，前述图 2-6-1 的页面就会变为如图 2-6-5 所示的页面，单击"详情"按钮，会进入订单状态详情页面，此时不能再修改订单属性与地址，但能够查看物流详细信息，如图 2-6-6 所示。

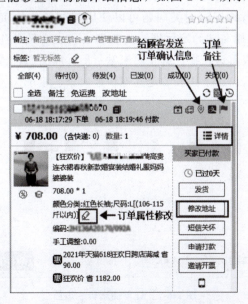

图 2-6-4　订单备注与地址修改页面

图 2-6-5　在"已卖出的宝贝"页面查看订单状态（已发货）

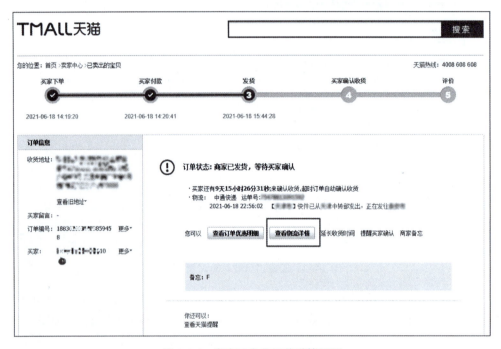

图 2-6-6　卖家已发货订单详情页面

前述图 2-6-3～图 2-6-5 的页面均有为订单插旗做备注的按钮，这里有五种颜色的旗子可供选择，店铺内可进行约定，同类问题可以使用相同颜色的旗子，方便快速去定位查阅，如图 2-6-7 所示。插旗备注约定示例：灰色旗子代表未做备注；红色旗子代表订单有售后问题；黄色旗子代表需送礼物，或仓库未发货前，商品属性或地址有更改；绿色旗子代表可以确定退款了；蓝色旗子代表要走其他快递；紫色旗子代表其他情况。

图 2-6-7　订单插旗备注页面

如果在核对地址的过程中，客户提出对收货地址进行变更，客服应及时修改相应信息，还应仔细核对变更后的收货人姓名及电话号码，避免出现差错而导致延误投递或产品被退回的情况发生。图 2-6-3、图 2-6-4 所示的页面都有修改收货地址的按钮，单击该按钮可以弹出以下页面，如图 2-6-8 所示，在此页面修改客户的收货地址和相关信息即可。

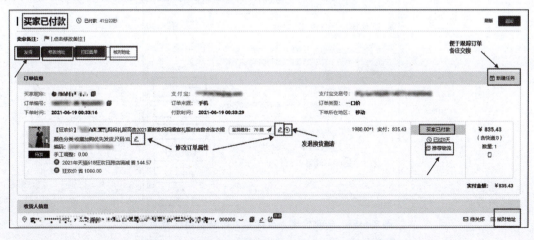

图 2-6-8 修改收货地址页面

此外，对于已付款未发货订单，客服人员在接待中心信息栏"订单"选项卡页面，单击图 2-6-4 所示页面的中部右侧的"详情"按钮也可以进入订单详情页面。通过这条路径，客服人员可以查看订单，也可以进行修改订单属性、为客户推荐物流、修改收货地址、发货、打印面单、核对收货地址等相关操作，如图 2-6-9 所示。

图 2-6-9 从信息栏进入已付款未发货订单详情页面

步骤 3　关闭无效订单。客户在下单之后因种种原因又不想要了，通常会联系客服取消订单，客服可以先问清原因，看能不能说服客户购买或换款购买，如果不行就可将订单关闭，但此操作慎用。可告知客户订单在一定时效后会自行关闭。订单关闭的具体操作如下：

在"已卖出的宝贝"超链接页面，当订单处于"等待买家付款"状态时进入接待中心，如图 2-6-10 所示，在接待中心右侧信息栏的"订单"选项卡页面，可以单击"关闭交易"按钮，然后选择关闭理由，单击"确定"按钮即可。在"关闭交易"按钮的上部有"修改价格"和"改邮"按钮，如图 2-6-11 所示。若客户提出修改价格，淘宝店铺可以对商品售价进行修改，天猫店铺则不可以修改商品售价，所以单击"修改价格"和"改邮"两个按钮都只是对邮费的修改，如图 2-6-12、图 2-6-13 所示。

图 2-6-10　"已卖出的宝贝"超链接中等待买家付款订单

图 2-6-11　修改价格、改邮和关闭交易操作页面

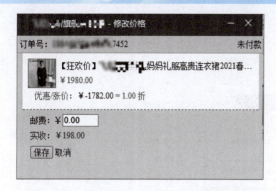

图 2-6-12　"修改价格"页面中修改邮费操作

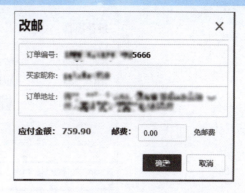

图 2-6-13　"改邮"页面中修改邮费操作

步骤 4　礼貌告别客户。当客户购买完商品后，客服要主动进行评价引导和礼貌告别。客服人员可以提醒客户，如果对店铺的服务、产品的品质和物流方面满意可以给予好评，一旦出现不满意的情况，可随时与客服人员进行联系。客服人员还要主动与客户告别，这不仅是一种礼貌，更是在为下一次的交易打好服务基础。在无法实现与客户面对面销售的情况下，客服想表达对客户购买商品的感谢之意、对客户下次光临的热情欢迎，单单靠文字很难实现，而利用千牛接待中心客户交流区的告别表情符号在很大程度上弥补了这一点，如图 2-6-14所示。

图 2-6-14　千牛接待中心客户交流区的表情符号

优秀的在线客服会懂得任何一个表情符号的真正含义，在沟通中也会尽可能使用一些积极正面的表情符号，给礼貌性的告别话术配上这些可爱的表情，会给客户带来愉悦与温馨。表情符号不能随意使用，图 2-6-14 红框中的表情符号是不宜在与客户的交流中使用的，不当地使用表情符号会让客户产生不满甚至会造成误解，从而失去客户。

步骤 5　确认发货并进行工作交接。

步骤 5-1　确认发货。从信息栏进入买家已付款未发货订单详情页面见图 2-6-9，单击右侧偏下的"推荐物流"按钮，可以查询物流公司的派送范围，如图 2-6-15 所示。返回买家已付款未发货订单详情页面，单击左上角的"发货"按钮，进入发货页面，在下拉框中选择物流方式，填写物流单号，然后单击右下角的"发货"按钮即可，如图 2-6-16 所示。

图 2-6-15　推荐物流页面

图 2-6-16　进入物流发货页面

步骤 5-2　工作交接。在线客服在接待过程中，当遇到客户拍下产品后考虑更换款式，但还在犹豫不决；客服除订单备注外还需要持续跟进；物流状态异常，需要客服打电话询问快递公司，这些当场答复不了客户的问题都需要一一记录下来，交接给下一个班次的客服人员。交接问题最常见的方式是口头传达，但是这种方式的弊端是容易遗漏和遗忘，最好的办法是通过文字记录下来，并且还有据可查。

客服在千牛工作台接待中心客户交流区右上部单击"新建任务"按钮，进入"添加任务"页面，如图 2-6-17 所示。在此页面可以选择待办工作类型，如个人备忘、客户沟通、重要客户回访、恶意风险跟进、负面评价等企业内部协同事项，如图 2-6-18 所示。"新建任务"后可添加执行人，相关执行人可在接待中心右侧的信息栏中，通过智能客服插件的千牛工单进行查看。

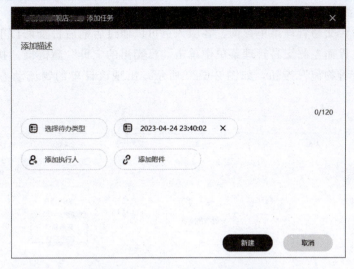

图 2-6-17　添加"新建任务"页面

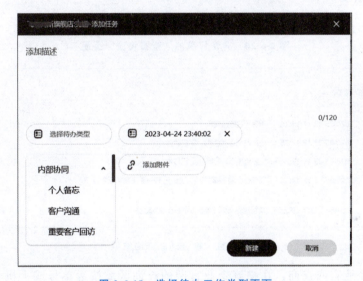

图 2-6-18　选择待办工作类型页面

　　此外，其他交接方式有使用局域网或网络硬盘建立共享文件夹，通过 Office 表格等实时操作共享。除了通过网络完成交接手续外，还可以使用纸质交接单，一对一交接，做到责任划分有凭有据。纸质工作交接单样式如图 2-6-19 所示。

白班	工作事项		
签字：		交班人：	接班人：
晚班	工作事项		
签字：		交班人：	接班人：

日期：　　　　　　　　审核人：

图 2-6-19　工作交接单

步骤6 物流动态查询。

（1）店铺后台交易管理菜单查询。客服人员可以通过店铺后台查询订单物流动态，进入商家中心，在界面左侧交易管理菜单中单击"已卖出的宝贝"超链接，找到需要查询的订单，单击"查看物流"按钮，如图2-6-20所示，出现该订单的物流动态查询结果，如图2-6-21所示。

图 2-6-20 异常订单的"查看物流"页面

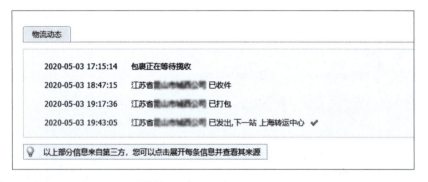

图 2-6-21 物流动态查询结果

（2）物流企业官网查询，在物流企业官网的查询区域按运单号或手机号进行订单查询，也可以得到订单的物流动态查询结果，如图2-6-22、图2-6-23所示。

图 2-6-22 物流企业官网订单查询页面

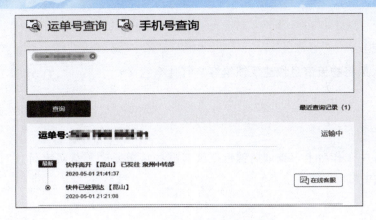

图 2-6-23   物流动态查询结果展示

 **岗位研学**

如何跟进订单状态？

阿诚在接触了一段时间的售前客服工作后，发现在客户付款后依然有很多客服工作需要完成，这就需要阿诚掌握售中订单处理工作内容。

在售中订单处理过程中，客服人员主要处理的工作内容是确认订单信息、订单备注与修改、告别客户、确认发货并做好工作交接、查询订单及查询订单的物流状态等。在岗位实践篇中这些工作的操作都有介绍。

与客户查询订单的状态相对应，商家在进行订单管理时通常也会查询订单是否付款成功，付款订单是否在承诺期限内发货，退款中的订单等相关信息，熟练地进行订单及物流查询是客服岗位的基本技能。

（一）订单查询

订单可以分为按时间查询和按状态查询两种查询方式。以天猫商家中心为例，按时间可以查询近三个月订单和三个月前订单；按订单状态可以分为等待买家付款的订单、等待发货的订单、已发货的订单、退款中的订单、需要客户评价的订单、交易成功的订单和关闭的订单七种情况。

（二）物流查询

当订单的物流信息出现异常情况时，如支付后超时未发货、支付后超时未揽收、揽收后超时未更新物流信息、派送后超时未签收等情况，客服首先可以通过店铺后台交易管理菜单查询，还可以通过物流企业官网查询物流动态信息。

查明订单异常的物流信息后应该联系物流公司对异常情况进行跟踪处理，可联系物流公司的在线人工客服，或拨打企业官方电话，也可以请揽收员协助解决该笔订单的物流异常情况。

当客服人员获得物流公司的反馈信息后，应立即反馈给客户，并对客户进行礼貌致歉；若不能立即获得物流公司的反馈信息，也要与客户约定处理时间，如什么时间给出反馈，同时要适当地安抚客户情绪，做好相关维护性工作。

 想一想

1. 客服人员将物流信息快速反馈给客户有什么意义？

2. 请在千牛工作台上，查询店铺近三天有哪些订单是"等待买家付款"，又有哪些订单是在"退款中"。

 理论知识

在售中订单处理阶段，客服要确认好订单信息，礼貌告别客户，保证商品正常出库发货，收集客户对商品发货打包质量的问题反馈，要知晓店铺的合作物流公司名称，该公司运输覆盖的范围和时效，能为客户提供查询物流动态等相关服务，从而提高客户的购物体验，有效地预防售后问题的发生。

做好售中
物流维护（视频）

 一、 确认订单信息

有些客户在购买产品时，有可能只关注了产品图片的大致信息和价格，收货后才发现并不是自己所要购买的产品，所以客服人员有必要对客户购买的产品再次进行确认。与客户确认订单信息，具体包括商品的颜色、尺码等信息，还要对客户的收货地址信息进行核对，确保客户选择的物流或店铺推荐的物流可以到达客户所指定的收货地址。例如，对于宋体字来说，小写英文字母 l 与阿拉伯数字 1 就比较难区分，大写英文字母 O 与阿拉伯数字 0 也很难区分，因此，客服在与客户核对交易信息时，必须要看千牛右侧订单处的交易显示，或到客服中心的"已卖出的宝贝"中通过复制联系人 ID 进行订单搜索，只有搜索到订单才可以进行客户信息的核对。在与客户确认订单信息的环节中，要谨防不法分子诱使客服人员做出泄露客户信息的行为。

此外，客服还要对附带的赠品及承诺的事项等进行确认，这样既可避免因客户理解有偏差而出现购买差错，从而造成退换货发生，同时也要求客服对承诺客户的内容进行备注，避免因违背承诺而造成客户投诉。在订单确认环节，客服还有必要提醒客户物品的保存、安装、使用、维护等问题。总之，客服注重服务工作的细节，能够有效提升客户的购物体验。

 二、 礼貌告别客户

（一）与未成交客户的告别

与未成交客户告别更能体现一个客服人员的格局。若订单没有成交，但客服人员仍表

达了这次没有成交的遗憾，希望客户继续关注并支持店铺，客户可能会默默地把店铺收藏了，如果有需要，她还是会再次来这个店铺选购的。所以，对于没有成交的客户，客服也可以表达出感谢光临的态度，发出关注店铺微淘或收藏店铺的邀请。一旦客户关注了店铺，不管是微淘消息还是淘宝直播，产品都会重复地曝光在客户眼前，客户这次不购买，并不代表未来不购买。

（二）与已成交客户的告别

1. 服务评价

客服在与客户告别时，一般会发出邀请，邀请客户为本次服务做出评价，这也促使客服人员在整个服务环节中始终把服务放在第一位，不断提升客户的购物体验，进而提升下单付款转化率。

2. 提醒售后

客服在与客户告别的时候，应提醒客户店铺是支持七天无理由退换货的。那么，在运输、签收或使用过程中，客户有任何问题都可以第一时间联系客服人员解决，尽量避免客户随意申请退款。

3. 邀请入群

对于交易成功的客户，客服要及时维护，把他们纳入老客户系统，如邀请客户加入店铺专属的粉丝群，群内有针对粉丝的优惠和活动，从而拥有客户的终身价值。

　三、 跟踪商品打包质量

（一）保证商品打包作业质量

商品的打包质量会直接影响客户的购物感受，决定客户二次消费的可能性。不同产品的包装方法不同，例如瓷器、玻璃饰品、茶具、字画等易变形、易碎商品，包装时要多用些报纸、气泡垫进行充分填充，也可以用吸塑包装盒或珍珠棉材料包裹，用来缓冲撞击；衣服、鞋子类商品在包装时可以用不同种类的纸张（牛皮纸、白纸等）、塑料袋、纸盒等单独包好，以防止脏污；形状不规则的商品，如皮包等，则可以预先用胶带封好口，再用纸包住手提带并用胶带固定，以减少磨损；首饰类商品一般都需要附送凸显商品价值的首饰袋或首饰盒；书刊类商品通常使用牛皮纸进行包装，一千克以上要打"井"字绳，四周要用胶带贴好，防止邮寄途中被人打开；液体类商品，需用具有一定厚度的塑料袋封装，以免渗漏污染到别的包裹。客服人员在接待过程中，要把客户反馈的商品储运包装问题反馈给公司仓储发货相关部门，避免因商品包装不当而影响客户的购物体验。

（二）实现商品打包的绿色变革

在保证商品打包作业质量、提升客户购物体验的同时，我们还要特别关注商品打包的绿色变革。通常情况下，企业为了避免运输装卸过程带来的商品损毁，快递包裹常常过度包装来保证商品安全，一件很小的商品也要层层包裹，包装用的塑胶带、塑料袋、纸盒、纸箱、泡沫箱往往都被一扔了之，几乎全部不能循环使用，导致海量快递包装垃圾的产生。

实现商品打包的绿色变革，推动绿色发展是企业义不容辞的社会责任。绿色包装材料主要是指具有良好的使用性能或功能、对生态环境污染小、易降解、易回收、再生利用率高或能进行有效循环利用、对人体不造成危害的材料。包装是否为"绿色"，其关键点就是包装材料是否具有可重复利用性及可降解性。

近年来，许多企业都在包装材料方面不断取得突破，开发出可降解的塑料、铝等材质的包装。例如"一撕得"推出一款主打绿色环保和高性价比的塑料袋 Nbag。与传统塑料袋最大的区别是，新品使用了生物原料，由 30％植物淀粉替代部分 PE 塑料，有着淡淡的玉米香味和润滑触感；在质量方面，其热封强度、直角撕裂、穿刺强度、拉伸强度等性能均大幅优于国标和有毒黑袋；在破损率方面，更是以 6％比 11％明显低于普通快递袋。与此同时，一些复合材料得到越来越多的应用，如在生产制造托盘或包装箱的过程中使用的木塑复合材料，就是将废旧塑料和废旧木材，包括锯末、木材枝杈、糠壳、花生壳等以一定的比例，添加特制的胶粘剂，经高温高压处理后制成，不仅性能好、经济合算，而且还能保护环境。此外，常被用作衬垫的蜂窝纸板，也是一种由高强度蜂窝纸芯和各种高强度的牛皮纸复合而成的新型夹层结构的环保节能材料，具有成本低、用料少、吸声隔热、强度高、抗冲击性好等优点。蜂窝纸板全部由可循环再生的纸材制作，可替代木材，使用后可全部回收再利用。

 ## 四、 熟悉物流快递公司

选择优质的合作快递公司对电商企业很重要。目前国内的物流企业超过三十万家，物流快递企业近千家，如申通快递、顺丰速运、EMS－中国邮政、圆通速递、宅急送、天天快递、中通快递、韵达快递等，电商企业要在附近的物流快递公司中做出合理选择。

电商企业需要本着费用合理的原则进行综合权衡，比较不同公司物流环节的支出费用，"三通一达"价格相差不大，价格处于中等水平，"EMS"价格较高，"顺丰"价格最高，极兔、天天、优速等快递公司的价格比较便宜。"顺丰"的速度最快，大多采用航空运输的方式，但由于其价格高，所以如果不包邮，就要在告知客户的情况下使用。

在商品运输环节，最让买卖双方为难的就是快递掉件和损坏，所以电商企业在挑选物流公司时最好选择具有一定规模、网点分布较广、运输破损率较低、员工管理较为完善、服务态度好的物流公司，这样可以避免很多售后隐患问题。

很多客户在付完款后，就会对物流运输产生一系列的问题，客服人员要对签约快递公司的运输时效和运输覆盖范围非常熟悉，能为客户进行准确介绍，并为客户提供查询物流动态信息等相关服务。

 ## 五、 售中订单处理客服话术

1. 订单确认话术示例

客服：亲，看到您成功付款了呢，为了保证您能准确无误的收到我们的产品，现在跟您核对一下订单信息和收货地址哦。

2. 物流查询反馈话术示例

客服：这次给您添麻烦了，您说的情况我们已经反馈给快递公司了，会尽快为您安排派送服务哒，您及时关注收件信息哈，祝您生活愉快！

3. 礼貌送客话术示例

客服：亲，感谢您的惠顾，您收到货时请拆包验货后再签收哈，如果有什么问题请随时联系我们在线客服哦。邀请您加入店铺专属客服群，关注我们的店铺上新和优惠活动哦！期待您再次光临，再见！

练一练

根据售前客服流程，客服人员需要跟客户进行订单确认，案例中哪些客服值得我们学习？又有哪些问题需要引以为戒？

案例 1

客服：亲，看到您拍的了，我跟您核对一下信息哦。刘××，133××××××59，辽宁省沈阳市……，您买的是荷叶边小外套 XL 码咖啡色，您要求发申通快递，对吗？

客户：对的。

客服：如果您收到产品，有任何问题可以跟我们联系的，我们支持七天无理由退货，衣服要保持吊牌完整，不要水洗，不要影响二次销售，不然我们就不能退了呢。

客户：嗯，好的。

案例 2

客户：你们发什么快递呀？

客服：默认发中通、圆通、韵达！

案例 3

客户：快递到佛山市南海区狮山镇要多久？

客服：江浙沪发货后 1～2 天到货，山东、福建、广东、天津、北京、安徽、河北、江西、湖北、湖南、山西、陕西、吉林、黑龙江、河南、重庆、四川发货后 3～5 天到货哟，宁夏、青海、新疆、西藏发货后 4～7 天到货哟。以上只是参考时间，具体以快递时间为准的哦！

案例 4

客户：快递到佛山市南海区狮山镇要多久？

客服：亲，正常情况下，需要 3～5 天，若遇特殊情况，还请多多谅解哦。

项目二任务六
自我检测

课后任务

一、问答题

1. 简述网店选择物流公司时要考虑的要素。

2. 在售前客服流程中，客服人员在告别客户时，有哪些工作注意事项？

二、岗位训练

1. 请参照岗位实践操作步骤，依托企业店铺子账号完成"售中订单处理操作"业务实践，整理每一步骤完成后的截图，或记录岗位实践相关内容，撰写实践报告。

2. 作为客服人员，设计售中订单处理的个性化话术。

场景：售中订单处理。

问题情境/问题描述	话术设计
订单确认	
物流查询反馈	
告别客户	

职业素养

悟一悟，客服团队应该向全国邮政寄递服务质量明星团队学习什么？

以全国邮政寄递服务质量明星团队为服务标杆

（整理自湖北省邮政工会 2021 年 05 月 28 日新闻 http：//www.cptu.org.
cn/html1/report/21051/4084－1.htm）

十堰市邮政分公司客服中心荣获"2020 年全国邮政寄递服务质量明星团队"荣誉称号，在 2020 年是全省唯一一个获此殊荣的客服中心。

一、战疫情，真情服务提指标

十堰分公司客服中心现有9名员工，承担着11 183、11 185工单处理、档案理赔管理、智能跟单监控管理、监管部门申诉和95580客服管理等职责。2020年新型冠状病毒感染暴发之时，也是客服中心工单量暴增的高峰时期。为了保障客户咨询投诉服务工作不断档，客服中心全体员工克服交通管制等重重困难，想方设法轮岗值守。如客服王芳连续30多天步行一个半小时到单位值守。在大家的相互支持配合下，十堰邮政网络运行畅通，客服指标平稳，客户体验没有受到影响。

"我理解您焦急的心情，抗击疫情全国人民都在努力，邮政一定会保证您的邮件尽快送到！"疫情防控期间，十堰分公司超负荷运转以保障防疫物资及邮件的投递，但仍接到不少客户致电咨询或投诉。客服中心班长詹均宏每每接到此类电话，都会耐心地与客户沟通。一方面做好解释工作，另一方面迅速与相关县市分公司对接，做好邮件派送，解决客户问题。

2020年，该分公司多项集团重要客服考核指标在全省排名靠前，位列全国先进水平。其中，一次解决率达到96.85%、理赔及时率100%、客户投诉无效处理率0.06%、VIP主动客服占比98.13%、有责率万分之1.4、丢失率万分之0.05。

二、重细节，预警管控强体验

客户体验的好与坏是衡量客服工作的重要依据。十堰分公司客服中心紧盯细节，确定客服管控指标、管控机制和考评办法，从收寄、投递和投诉服务的点滴抓起，设置质量监控台席，应用智能跟单系统事中预警管控功能，通过日督办、周分析、月通报的方式监控、通报全市各单位服务质量突出问题。

"提升客户体验，仅靠投诉后亡羊补牢是不够的，我们重点在优化客服体系建设上做文章，建立健全'市服务质量部＋区域客服＋专业客服＋项目客服＋视检一揽投部及处理中心客服'二级服务质量管控体系，贯通客服、质量监控和视察检查工作，用体系来管事，用制度来管人，系统性地优化服务质量。"十堰分公司服务质量部经理艾金全说道。

客户服务用真情、有方法，十堰市邮政分公司的全国邮政寄递服务质量明星团队值得学习！

■ 行业之窗

阅读以下资料或自行查阅相关资料，谈一谈你对售中订单处理的认识，你认为售中订单管理的关键是什么？

实现绿色包装变革，
电商物流企业在行动

电商全面备战双十一，
智能高速快递打包机成为不二选择

荣事达公司的
"零缺陷"管理

项目二　学习过程性评价标准

考核项目	考核内容	考核形式	评价标准	单项得分	评价占比	合计得分
售前客户服务	知识点： 迎接客户服务原则、用语规范及违禁词，购买行为影响因素，购买决策过程，客户类型与应对措施，售前客服常用话术，客户沟通与议价处理方法，FABE法则，关联销售方法，客户异议处理方法，客户特点及应答技巧，订单未付款原因与催付方法，订单确认作业要点，物流信息异常的处理方法，商品打包的注意事项，选取物流公司需考虑的要素。 技能点： 会使用千牛工作台开展售前客服业务操作，售前客服业务话术设计，会分析客户的购物特征与需求，灵活运用FABE法则进行商品推荐，有效开展关联销售业务，能够妥善解决客户异议，适时开展订单催付，会进行订单确认、订单查询等售中业务操作。 素质点： 体现在话术设计中的人本经营理念、客户服务意识、守法意识与遵守电商平台规则的行为习惯；体现在岗位实践报告中的严谨的工作作风与交易安全意识	1. 岗位实践岗位训练实践报告	企业/学校教师评价：【六个任务平均成绩】 1. 岗位实践报告记录完整，有过程性截图（80%）。 2. 开展岗位实战业务，有真实业务实战数据或记录，并体现一定实战绩效（20%）		30%	
		2. 岗位研学小组或个人汇报研学任务	组间评价：【六个任务平均成绩】 1. 小组针对特定问题采用研究性拓展学习，并进行总结归纳，体现团队分工与协作精神（50%）。 2. 组间共享学习成果，能回答其他组质疑（50%）		20%	
		3. 理论知识客观题检测1次/任务	自我评价：【六个任务平均成绩】 智慧职教MOOC学院项目二中六个任务均设置"考一考"，或纸质教材的"考一考"作答，以客观题形式完成自我检测		50%	
		4. 课程资源自主学习，职业素养和行业之窗案例讨论	智慧职教MOOC学院"互联网销售"课程平台统计： 项目二课程资源同步在智慧职教MOOC学院开放，基于课程平台明确学生自主学习的评价要素及比例，如课程资源学习进度、作业、主题讨论等，平台统计每位学生的自主学习情况，终期汇总百分制成绩			

课程考核详见附件。

项目三　售后客户服务

学徒场景

学徒阿诚上岗记——争当售后小能手

阿诚的售前客服岗位考核取得了优秀的成绩，师傅倩倩同意他从明天开始上岗实践售后客服业务啦！阿诚暗下决心，一定要成为真正的客服岗位能手！

第二天一早，就有客户发来消息，客户已经收到了睡衣，但是不满意睡衣的材质，想要退货。阿诚回忆着师傅倩倩是如何处理业务的，询问客户衣服的情况，告知客户在不影响二次销售的情况下是可以退货的。随后客户又提出了新的问题，

学徒阿诚上岗记——
争当售后小能手（动画）

"如果退货该怎么做？找之前的快递吗？"阿诚耐心地解答，不仅解释了快递的选择，还解答了运费相关问题，最后礼貌告别了客户。

道别客户后，阿诚想，售前客服和售后客服的业务接待差别还是挺大的，售后业务也要好好学习，要想成为客服岗位能手，工作经验还要多多积累！

想一想

1. 售后客服岗位工作的内容有哪些？
2. 售后问题处理不到位会给店铺带来哪些隐患？
3. 你认为做好售后客户服务工作的关键是什么？

任务一　主动服务咨询

学习目标

知识目标

1. 了解售后服务的定义和工作内容。
2. 熟悉常规类与三包类商品的售后服务时效。
3. 掌握售后问题处理程序。
4. 掌握售后沟通中的注意事项和相关话术。

技能目标

1. 能够及时查单、查件，主动协调并处理异常件。
2. 能够根据实际情况，正确处理客户提出的售后申请。
3. 能够完成售后问题处理的规范操作。
4. 能够灵活运用售后沟通话术解决客户的售后烦恼与诉求。

素质目标

1. 树立并不断强化"以客户为中心"的客户服务意识，积极、主动、热情地为客户提供售后服务。
2. 培养学生面对棘手的售后问题时头脑冷静、心平气和的沟通素养。
3. 培养学生稳定的情绪控制力和良好的职业态度。

岗位实践

做好售后服务中的查单查件

　　客户购买到的商品，一旦出现了问题，应该找谁处理呢？通常在交易成功后，客户针对商品及服务向店铺提出的各类协助、退换、使用等方面的需求，都是由售后客服来解决。售后客服主动服务非常重要，如何做到主动服务？这就需要售后客服将订单查询和物流查询这些常规工作做得扎扎实实，能够主动将订单动态信息反馈给客户。

做好售后服务中的
查单查件（视频）

步骤 1　订单查询。售后客服通过点击商家中心左侧"交易管理"菜单中的"已卖出宝贝"进入菜单查询页面，可以按时间查询，也可以按订单状态查询，如单击"已发货"按钮可以查询已发货的订单，如图 3-1-1 所示。

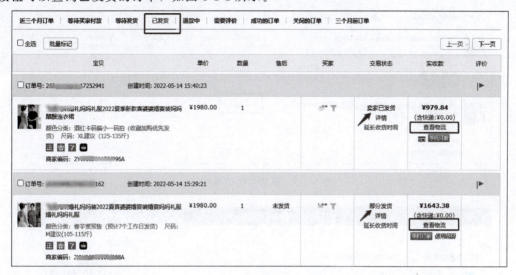

图 3-1-1　"已发货"订单查询

步骤 2　物流动态查询。在"已发货"订单页面，选择订单并单击"查看物流"按钮，对物流动态进行查询，如图 3-1-2 所示，以便发现物流异常情况，主动联系物流快递公司并将动态信息反馈给客户。

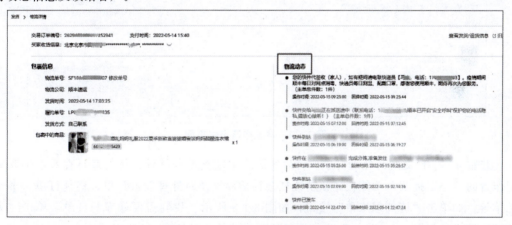

图 3-1-2　"已发货"订单物流动态查询

步骤 3　审核退款订单。售后客服还可以单击"退款中"按钮查询退款中的订单，在该页面可以看到退款成功的订单，也可以看到客户正在申请退款的订单，如图 3-1-3 所示。选择客户正在申请退款的订单，单击"请卖家处理"按钮，即可进入退款申请审核页面，针对未发货订单，客服可单击"同意退款"按钮；如果实际已发货，还要主动与客户联系退货退款事宜，如图 3-1-4 所示。

图 3-1-3　退款中的订单查询

图 3-1-4　退款申请审核页面

步骤 4　平台提醒待处理订单。售后客服除主动查单查件外，每天都要查看千牛商家工作台的"小二提醒"功能栏，该功能栏会提醒商家及时处理投诉订单、违规订单、平台工单等。如单击"待处理工单"按钮，如图 3-1-5 所示。找到需要处理的订单，单击"去处理"按钮，如图 3-1-6 所示。进行回复处理平台任务，如图 3-1-7 所示。

📋 售前售后		🚚 物流监控		🏷 宝贝管理		⏱ 小二提醒	
待发货订单数	28	发货超时包裹	1	出售中的宝贝数	344	待处理投诉数	0
待评价数	296	揽收超时包裹	0	待上架宝贝数	751	待处理违规数	0
退款中订单数	71	更新超时包裹	0			待处理工单	2
临赔发票申请数	1	派送超时包裹	0			积分类发票总额	76,833.66
改地址申请	0						

图 3-1-5　"待处理工单"页面

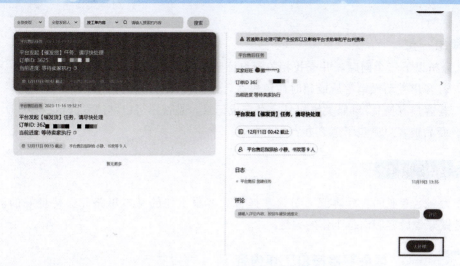

图 3-1-6 单击"去处理"页面

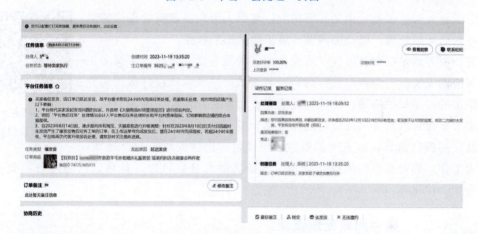

图 3-1-7 处理平台任务页面

 **岗位研学**

客户在收到商品以后的多长时间内能发起售后？

阿诚终于上岗操作售后客服业务了，他想知道客户在收到商品以后，可以在多长时间内向商家提出售后要求呢？这就涉及售后服务的时效问题。

对于淘宝与天猫的网店，交易成功的订单，售后服务的时效是指买家的线上售后维权入口开放的时间，常规类商品一般为交易成功后的 15 天内。依据《中华人民共和国产品质量法》和《中华人民共和国消费者权益保护法》的相关规定，"三包"类目商品的线上售后维权入口开放时间会根据不同的"三包"产品所在类目的要求，延长至 30～180 天不等。"三包"是零售商业企业对所售商品实行"包修、包换、包退"的简称，是指商品进入消费领域后，卖方对买方所购商品负责而采取的在一定限期内的一种信用保证办法。此外，目前大多数电商平台已经开通了更多的售后服务，如价格保护等。

想一想

试分析以下三个问题，并查找相关资料证明你的观点。

1. 若客户主动撤销售后或超时撤销售后，还能再发起售后吗？
2. 若客户有换货/维修类维权且已经完成记录，是否还可以继续发起退款呢？
3. 商品被客户调包了怎么办？

 理论知识

作为一名专业的售后客服人员，掌握售后客服工作的基本思路并保持良好的沟通心态，是做好售后客服岗位工作的关键。

一、 售后客服岗位工作内容

电子商务售后服务是指交易成功后，客服人员向客户持续提供的退换货等售后问题处理，以及协调性、维护性的相关服务。

主动服务
咨询（视频）

售后服务就是在商品出售以后提供的各种服务活动，包括协调类工作，如协调安装部门为客户进行商品安装调试，协调生产设计部门研究客户提出的商品相关问题，协调物流快递公司解决物流相关问题，引导客户去所在地售后服务网点进行商品维修保养；处理类工作，如为客户的商品使用提供指导，对发生的退款、退换货、投诉或纠纷予以处理；维护类工作，如对客户评价进行管理，维护店铺的良好口碑，对售后问题进行归类、汇总、分析、优化等。

二、 售后问题处理流程

（一）联系客户

售后客服通过每天常规的查单查件工作，发现未按时发货或物流信息异常的情况，然后主动联系客户，将订单执行的动态信息及时反馈给客户，使售后客服工作变被动为主动。

（二）核实问题

核实问题是否属实及问题的真正原因，快速判断出问题责任方。

（三）安抚道歉

面对客户提出的问题，客服人员要先表达抱歉，拿出积极解决问题、承担责任的态度，缓解客户的不满情绪，提高客户的服务体验，促进店铺良好口碑的形成。

（四）制定方案

提前预设出低成本解决问题的多种方案，做好与客户多次协调沟通的心理准备。

（五）跟进处理

将与客户协商好的问题解决方案实施到位，对实施过程进行跟踪记录，并将问题处理结果及时告知客户，从而赢得客户的满意及对店铺的信任。

（六）引导好评

妥善处理问题后，需要引导客户给出好评，促进售后客服完成工作。

 三、售后沟通中的注意事项

售后客服岗位每天接触的通常是令人头疼的问题，面对的是怒气冲冲的客户，听到的是让人烦躁的抱怨和投诉，售后客服人员应如何直面这些问题呢？

（一）安抚客户的技巧

道歉是售后客服面对客户要做的第一步，不要过于纠结到底是哪方的过错，通过道歉让对方心平气和地与你进行交谈。客服在首次回答客户问题时，深知客户找售后客服多是对商品不满意，所以应使用承诺性的话术，让客户不必烦恼。客户对商品质量不满，先致歉再询问具体不满的原因，客户避而不答依旧透漏出愤怒，客服再次道歉，这样的道歉会让客户感到自己受到了尊重与重视，对后续谈话气氛的转变会有帮助。面对怒气冲冲的客户，售后客服要懂得倾听客户的烦恼和抱怨，用好专业化语言耐心地安抚客户，使沟通处于较和谐的状态。

当产生售后服务问题时，客户的情绪通常是焦躁、不满、担心等，所以在主动服务咨询中，响应时间是一个衡量客服服务质量的重要指标，这就要求售后客服保持和售前客服一样的响应时间，尽量在3～6秒内接待客户。安抚客户话术参考见表3-1-1。

表 3-1-1　安抚客户话术参考

耐心倾听	1. 好的，我明白了。 2. 我明白您的意思了。 3. ××先生/女士，我非常理解您现在的心情。 4. 您的问题我已经详细记录下来了，也非常理解您的心情
平息怒气	1. 真的非常抱歉，还请您原谅。 2. 对不起，造成您的不便是我们的责任，还请您见谅。 3. ××先生/女士，听到您反馈的这件事，我也觉得非常抱歉，让您的购买体验不愉快非常抱歉。 4. 发生这件事情，我真的觉得十分抱歉，是我们的失职，但我们会尽力补救，让我们共同解决这个问题

（二）售后服务的禁忌

在售后客服与客户进行沟通的过程中，禁忌体现在客服的个人行为与负面情绪方面。如在个人行为方面，应注意不用命令式、反问式语句，避免机械、敷衍地进行回复，回复内容避免过分程式化或答非所问；在情绪方面，客服人员应注意不能直接拒绝客户，不与客户争辩、争吵，不打断客户说话，不批评、讽刺客户，不能不承认自己的错误而是暗示客户有错误、客户对店铺来说并不重要等。一名优秀的售后客服，必须具备头脑冷静、心平气和的沟通素养，注意向客户传递一些必要的信息，不能过于拖沓，注意说话的语气和态度，不要和客户争吵，不能因为对方傲慢无礼的态度而改变我们的服务宗旨和初心。一方面安抚客户情绪，另一方面能够冷静思考，理清头绪，正确分析出现的问题，提供一个客观的、双方都认为公平的解决方案，成功地协调双方的利益。

 练一练

阅读以下案例，分析客服人员处理售后问题的技巧。

案例

客户：在不在？

客服：您好，我是××店铺金牌客服××，您有任何问题我都会第一时间为您解决，请不要烦恼哈。

客户：你们衣服质量不好，我要退货。

客服：给您带来不便真的非常抱歉，请问您对于商品的质量具体在哪方面不满意呢？我一定帮您解决。

客户：衣服质量不好，不满意，我也不想听你解释什么，只管给我退货。

客服：再次代表店铺向您表示歉意，您可以详细告诉我商品的质量是哪里不满意？是衣服面料不喜欢呢？还是衣服有线头？或者是衣服存在一些瑕疵？

客户：直接给我退钱退货，而且你们要负责来回的邮费！你们的衣服无论哪方面质量都差。

客服：我们真的很需要您退换衣服的反馈信息，有任何问题我们都可以商量解决的。

客户：我这件衣服上的钻掉了好几颗，内衬有开线。

客服：您的问题我已经详细记录下来了，非常理解您的心情，有可能是我们这边仓库没有检查好，我们这边承担往返运费立即给您换货哈。能不能麻烦您把残次的地方给我拍个照片发过来呢，我们这边好跟仓库审核一下呢。

客户：好吧。

 考一考

项目三任务一
自我检测

 课后任务

一、问答题

1. 简述售后问题的处理流程。

2. 简述售后服务的禁忌事项。

二、岗位训练

1. 请参照岗位实践操作步骤，依托企业店铺子账号完成"做好售后服务中的查单查件"业务实践，整理每一步骤完成后的截图，或记录岗位实践相关内容，撰写实践报告。

2. 作为网店客服人员，设计与客户沟通售后问题的话术。

场景：售后问题的沟通。

问题情境/问题描述	话术问题分析	话术设计
客服：你难道看了说明还不知道怎么做吗？		
客服：您如果仔细看了我们的产品详情页，就不会这样想了		
客服：亲，请您按格式填写，完成发送，现在您的问题我们没办法帮您解答		
客户：退货的物流单号怎么填写？		

职业素养

悟一悟，一位优秀的售后客服人员应该具备怎样的心理素质？

做自己情绪的主人——优秀售后客服人员的必备素养

优秀的售后客服人员一定是善于控制、管理自身情绪的人，能够消除情绪的负效能，最大限度地开发情绪的正效能。这种能力，对任何一个人来说，都是必要的，但对于售后客服人员来说，每天面对的都是气冲冲的客户，这一能力更是尤为重要。以下介绍六种自我调节情绪的方法。

一、制怒术

在遇到发怒的事情时，首先想想发怒有无道理，其次想想发怒有何后果，然后想想是否有其他方式代替发怒。这样一想，你就可以变得冷静且情绪稳定。

二、愉悦术

努力增加积极情绪，具体方法有三。一是多交友，在群体交往中取乐。二是多立小目标，小目标易实现，每一个实现都能带来愉悦的满足感。三是学会辩证思维，可使人从容地对待挫折和失败。

三、助人术

多做帮助别人的事情，既可以给他人带来快乐，也可以使自己心安理得，心境坦然，具有较好的安全感。

四、宣泄术

遇到不如意、不愉快的事情，可以通过做运动、读小说、听音乐、看电影、找朋友倾诉来宣泄自己不愉快的情绪，也可以大哭一场。

五、转移术

当一种需求受阻或遭到挫折时，可以用满足另一种需求来补偿，也可以通过分散注意力、改变环境来转移情绪的指向。

六、放松术

心情不佳时，可以通过循序渐进、自上而下放松全身，或是通过自我催眠、自我按摩等方法使自己进入放松状态，然后面带微笑，想象曾经经历过的愉快情境，从而消除不良情绪。

行业之窗

阅读以下资料或自行查阅相关资料，谈一谈你对企业售后服务工作的认识。

华为支持问题手机退换

数字员工激发客户体验
关键价值

客服部门是企业的"成本"
还是品牌美誉的"前台"

任务二　及时核实问题

知识目标

1. 掌握售后问题的产生原因与预防措施。
2. 掌握核实售后问题的话术。
3. 掌握核实少件问题的处理步骤。

技能目标

1. 能够使用店铺后台"商家中心"的物流管理功能，及时查找、跟踪物流异常订单。
2. 能够根据特殊情况进行延时发货报备。
3. 能够分析售后问题的责任方。
4. 能够开展售后问题的核实工作。

素质目标

1. 培养学生求真务实的职业态度，秉持实事求是、客观公正的原则核实售后问题的原委。
2. 培养并不断强化学生互联网销售的守法意识，学习网络消费纠纷适用相关法律规定，做到知法守法。
3. 培养并不断强化学生以人为本的经营理念，在售后服务中保护客户的合法权益，使客户具有安全感和获得感。

岗位实践

做好售后服务中的物流信息监控

售后客服人员可以使用店铺后台"商家中心"的物流管理功能，及时查找存在异常物流信息的订单，做到及时联系物流快递公司核实物流情况，主动反馈客户物流信息动态，减少因物流原因而引发的售后问题。查找、跟踪订单的异常物流信息，具体操作如下：

步骤1　登录店铺后台"商家中心"，选择左侧菜单栏"物流"菜单中"物流管理"子菜单中的"物流工具"按钮，如图 3-2-1 所示，进入物流工具页面。

图 3-2-1 商家中心"物流管理"菜单

步骤 2 单击左侧"包裹管理"菜单中的"包裹监控"按钮，如图 3-2-2、图 3-2-3 所示。

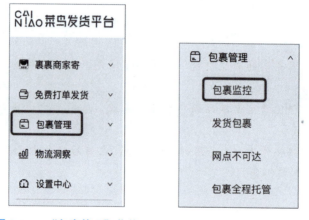

图 3-2-2 "包裹管理"菜单   图 3-2-3 "包裹监控"按钮

步骤 3 单击"包裹监控"按钮，即可进入"包裹监控"管理页面，如图 3-2-4 所示。在这里可以监控发货与物流异常情况，如监控超时发货订单（支付后超过 24 小时仍未发货）、超时揽收订单（支付后超过 40 小时仍未揽收的订单）、揽收后超时未更新物流动态节点的订单（如 24 小时未更新节点信息）、派送后超时未签收的订单（如网点派件后截止次日 20：00 仍未签收）等。

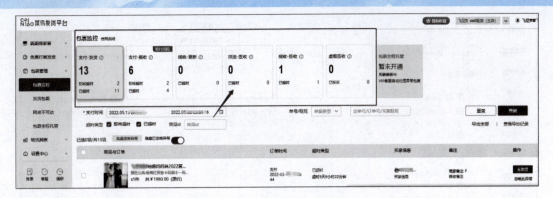

图 3-2-4　"包裹监控"管理页面

步骤 4　通过千牛商家工作台，执行"物流"－"物流数据"命令，如图 3-2-5 所示，在上方功能区选择"异常协同"选项，点击查看"超时订单详情"，如图 3-2-6 所示。通过异常物流，查看是否有订单发货超时，如图 3-2-7 所示，针对异常包裹及时联系快递处理。如出现极端天气等特殊情况，可在"异常协同"－"延迟发货报备"中，单击"我要报备"按钮，并按照实际情况进行报备说明，如图 3-2-8、图 3-2-9 所示。

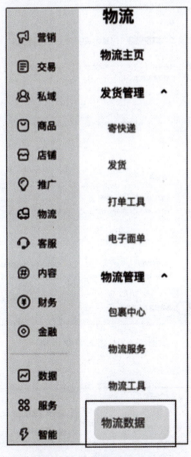

图 3-2-5　物流数据查看

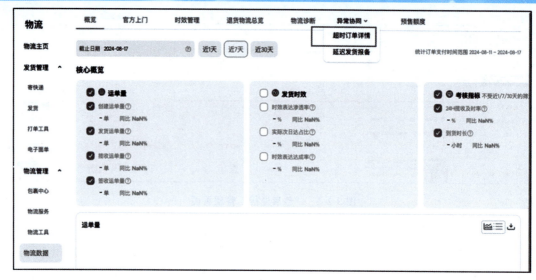

图 3-2-6 "异常协同"任务页面—"超时订单详情"

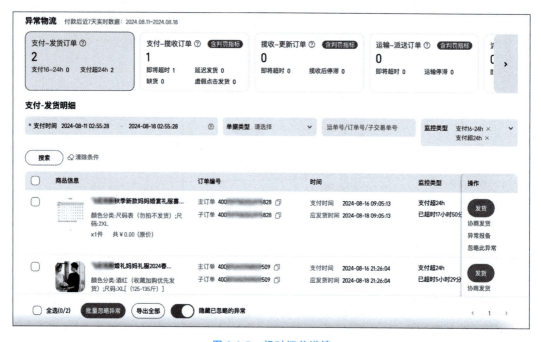

图 3-2-7 超时订单详情

图 3-2-8 "异常协同"任务页面—"延迟发货报备"

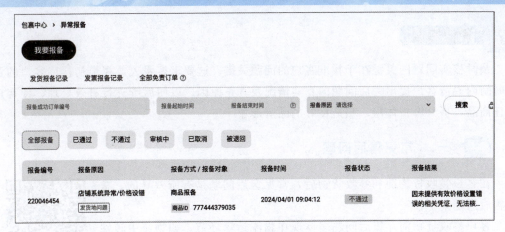

图 3-2-9　"延迟发货报备"页面

　岗位研学

常见的售后问题有哪些？通常是由哪一方引起的？

阿诚在售后客服岗位每天都有大量的售后服务问题，阿诚想把这些售后问题汇总一下，看看是哪一方引发的。请你调研一家企业电商部门的常见售后问题，对这些售后问题进行收集、记录，并汇总到表 3-2-1"售后问题归类分析表"中。

表 3-2-1　售后问题归类分析表

序号	时间	售后问题记录	归类	责任方

　想一想

由买方引发的售后问题有哪些？由卖方引发的售后问题有哪些？由物流方引发的售后问题有哪些？

 **理论知识**

及时核实问题的关键在于找准客户的问题关键，这要求客服人员在最初接待客户的黄金时间内弄清客户提出售后问题的真实情况及真正原因，以便后续进行有效处理，使客户信任商品，提升客户体验，塑造良好的品牌形象。

 一、常见售后问题

在客户签收货物前和签收货物后，常见售后问题是有所差异的，常见售后问题如下：

客户签收货物前，售后问题多体现在物流运输环节，如物流中转站操作差错；客户地址有误或货已发出需要修改收货地址；售前客服未按客户要求修改收货地址而导致错发；物流显示签收但客户未收到，送错收货地址，商品未送达客户等情况下的异常签收件；乡镇隔天派件情况下客户等待时间较长而不满；快递不送上楼，客户拒绝下楼而产生的送货问题等，这些问题需要客服人员协调解决。

及时核实
问题（视频）

客户签收货物后，售后问题多体现为商品存在破损、污渍、瑕疵，商品与描述不符，少发漏发，假冒品牌等肉眼可见的产品问题；或商品存在质量问题致使无法正常使用；客户购物时选错、买错、看错商品信息；或与期望不符，客户要求退货，这些问题也需要客服人员查明情况进行解决。

 二、售后问题的原因与预防措施

在电商业务中，无法从根本上杜绝售后问题及伴随出现的退款或退货退款现象，但可以做到最大限度地减少售后问题及降低退货退款概率。客服人员应本着实事求是、客观公正的原则，弄清楚售后问题的真正原因在哪一方，不仅有利于采取相应的售后问题预防措施，还有利于后续售后问题的有效解决。

（一）物流原因引发的售后问题及预防措施

因物流原因引发的售后问题有货物逾期不达、货物丢失、产品破损、偷梁换柱、物流公司服务态度差等，在项目二任务六的"物流快递公司的选择"中已提到，网店在选择物流公司时，要择优选取对快递员工的管理制度较为完善，运输破损率较低的公司，以减少上述售后问题。此外，客服也要多频次查看发货订单的物流动态信息，对异常物流信息要进行跟踪，联系物流快递公司，及时反馈给客户，主动服务也是对售后问题的有效预防。

（二）商家原因引发的售后问题及预防措施

商家原因引发的售后问题很大一部分跟商品本身有关，如商品质量差，商品有污损；此外，跟商家的相关人员操作也有关系，如仓库错发漏发货物，设计部门前期的图片处理、文案描述等原因，造成客户对商品的认知、预期与收到的货物有较大差距；商品的保质期、材质与详情页描述不符，导致客户对商品不满意；除以上情况外，客户对商品的使用方法和特殊性能不了解，影响到商品的使用效果，也会导致客户对产品不满意。

客服人员可以将这些商家原因引发的售后问题汇总，反馈给公司的产品开发部、订货部、物流仓储部、设计部等部门，有利于推动公司相关业务的改进与优化。同时，客服人员也要熟练掌握商品的使用方法、商品知识等，能够主动向客户讲解商品的使用方法，避免因商品使用不当而引发的售后问题。

（三）客户原因引发的售后问题及预防措施

售后问题除物流原因及卖家原因外，客户的主观判断也会引发售后问题，甚至产生退款、退换货。如客户对客服的服务态度不满，可更换客服人员与客户沟通；若对收到的商品不喜欢，拍错了号码或颜色，客服可引导客户换货或转让商品，从而降低退款率和退换货率。

三、 售后问题的核实

（一）商品问题的核实技巧

当客户对收到商品的质量、品牌真伪、安装、使用等问题提出异议时，客服人员可主动联系客户，核实商品的质量问题，给出品牌鉴定的方法或路径，若是商品安装和使用引发的问题，可以引导客户将商品的安装或使用过程拍照或拍成视频发给客服，便于客服人员分析商品的实际问题出在哪里，商家也可将商品的使用与操作过程通过拍照或拍视频的手段发给客户，从而提高客服人员的工作效率。

客服人员核实问题业务环节，常用话术如下：

客户：别人不要的寄给我了？

客服：麻烦亲辛苦下，可以拍一些照片或视频发给我吗？我看看问题在哪里，可以更好地为您解决问题哦。

（二）客户声称少件的问题核实

客户声称收到的商品在数量方面有短缺，针对这类问题客服人员该如何开展核实工作呢？以下结合两个案例讲解客服人员通常采用的三个工作步骤。

案例1

一位客户在××旗舰店买了五件衣服，收货时外包装完好，但实际却只有两件。客户提供了收到包裹的快递包装袋和放入两件衣服的图片，通过图片可以知道该包装袋根本无法放进去五件衣服，另外客服自己也进行了尝试。最终证实确实是商家疏忽少发货物，双方沟通后，商家重新补发了三件衣服给客户，还送了小礼物。

案例2

有一次，某客户声称货物少件了，但是客服证实了自己店铺发货并不存在问题。客户提供了快递包装袋，客服发现客户收到的快递包装袋上的封装胶带不是自己店铺的，随即联系物流公司核实了发件地和收件地的包裹质量，发现两者的质量相差非常多。于是客服及时联系物流公司进行了索赔，并给客户补发了货物。

案例解析

以上两个案例都属于客户收到的商品少件的情况，这种情况下客服人员通常按以下三步开展核实工作：

第一步，立即联系客户。让客户提供商品、快递包装袋等实物照片，确认商品的真实情况，同时与客户沟通了解商品签收时的情况。

第二步，自检发货环节是否出现少件问题。如果自检发货环节出现问题，需要与客户沟通，可以补发货物或部分退款。

第三步，核实签收情况，采取相应处理措施。自检发货环节没有问题，可以向客户了解商品是否由客户本人签收、签收时是否有验货等。也可以向客户了解派件物流公司、派件员的信息和联系方式，进一步核实是否客户本人签收。这一步分两种情况处理：

（1）当客户本人签收且发现少件时，客服需立即与客户协商补货或退款事宜。处理好客户的问题后，客服还需要与物流公司协商赔款事宜。因此，客户签收前商品的损失或灭失风险是由商家承担的，当核实商品少件是物流环节的问题时，要及时告知客户情况，避免与客户之间产生误会。

（2）当在客户不知情的情况下，商品由第三方签收出现少件时，客服人员要先稳定客户的情绪，然后联系物流快递公司核实情况，核实是否按照收件信息进行派件，如果物流快递公司没有按照要求派送，而是在客户不知情的情况下将商品交给其他人签收，客服人员可以联系物流快递公司进行索赔，并给客户补发货物或部分退款。若商品由客户授意的第三方签收，则商品的损失或灭失风险由客户本人承担。

此外，客服人员在与客户核实售后问题时，需注意核实商品退换货请求是否在七天无理由退换货的承诺期内，还要核实维修申请是否在保修期内，在承诺期或保修期以内就要履行相关服务承诺。

练一练

试分析以下案例，产生售后问题的原因是什么？客服人员如何做才能预防售后问题的发生？

案例 1

客户：怎么回事啊，我下单三天了，还在揽件中！

客服：亲，不好意思，我们查询到您的商品下单后第二天我们就联系物流公司发货了。您先不要着急，我这就联系物流公司帮您核查一下您的快件现在在哪。

客户：好吧，你快点，我这几天着急死了。

几分钟后。

客服：亲，非常不好意思，我刚联系了物流公司，他们也在排查商品去向，可能是快递员揽件后忘了录入信息了，一旦找到了我立刻联系您哈。

客户：我等了这么久，你告诉我商品不知道在哪！我要退货！

案例 2

客户：你们这个衣服怎么这么小啊？

客服：亲，您是按照我们的尺码挑选的衣服吗？

客户：是啊，我还是问了你们客服，说我肯定能穿上，才拍的 M 码，结果到了也穿不上。

客服：那可能是您报的数据不太准确造成的，您退回来我这边给您换一件。

客户：算了，再换了穿不上又说是我的问题，我要退货！

 考一考

项目三任务二
自我检测

 课后任务

一、问答题

1. 当客户声称收到的货物出现少件时，客服人员该如何处理？

2. 简述售后问题出现的原因及相应的预防措施。

二、岗位训练

1. 请参照岗位实践操作步骤，依托企业店铺子账号完成"做好售后服务中的物流信息监控"业务实践，整理每一步骤完成后的截图，或记录岗位实践相关内容，撰写实践报告。

2. 作为网店客服人员，设计与客户及时核实问题的话术。

场景：及时核实问题。

问题情境/问题描述	话术设计
我拍了三件商品，怎么只到了两件？	
我买的东西为什么四天了快递信息还没有更新？	
这个衣服是别人穿过的吧？还有污渍！	

以人民为中心促进网络消费经济健康持续发展

（根据最高人民法院百家号新闻整理 https：//baijiahao.baidu.com/s？id＝1726207498442384703 &wfr＝spider&for＝pc）

近年来，随着我国数字经济的蓬勃发展，网络消费已经成为社会大众的基本消费方式。据统计，自2013年起，我国已连续多年成为全球最大的网络零售市场。伴随网络经济的快速发展，网络消费纠纷案件呈现出快速增长的特点，司法实践中也出现了一些新情况、新问题。为正确审理网络消费纠纷案件，依法保护消费者合法权益，促进网络经济健康持续发展，2022年2月15日，最高人民法院审判委员会通过了《最高人民法院关于审理网络消费纠纷案件适用法律若干问题的规定（一）》（以下简称《规定》），于2022年3月15日起施行。《规定》包括二十条，其主要内容概括如下：

一是坚持合法性审查，规范网络消费格式条款。

二是完善七日无理由退货制度，加强消费者售后权益保障。

三是明确电商平台自营误导的法律后果，压实平台责任。

四是明确平台外支付的法律后果，压实商家责任。

五是明确网络店铺转让未公示责任，保护消费者合理信赖。

六是明确虚假刷单、刷评、刷流量合同无效，斩断网络消费市场"黑灰产"链条。

七是明确奖品、赠品、换购商品等造成损害的法律后果，规范网络促销行为。

八是明确高于法定赔偿标准的承诺应当遵守，强化经营者诚信经营意识。

九是明确网络直播营销民事责任，引导新业态健康发展。

十是完善外卖餐饮民事责任制度，守护人民群众舌尖上的安全。

行业之窗

阅读以下资料或自行查阅相关资料，谈一谈如何预防和解决常见的售后问题。

售后问题不可小觑

调查显示：网购退货59.4%
受访者直言流程烦琐

严打侵权假冒行为
市场监管打好"组合拳"

任务三　问题有效处理

知识目标

1. 掌握售后问题处理的"经济性"原则和"道德性"原则。
2. 熟悉售后问题的处理方式。
3. 掌握退换货、退款的操作规范。
4. 掌握退货环节的注意事项。

技能目标

1. 能够应用售后问题的处理原则并与客户协商好售后问题解决方式。
2. 能够按照操作规范完成退换货及退款的业务操作。
3. 能够设置 AG 自动化挽单，降低店铺商品退换率。

素质目标

1. 培养学生售后问题处理的成本意识，灵活运用"经济性"原则。
2. 培养学生树立正确的商业价值观，即售后问题处理的"道德性"原则，将"道德性"和"经济性"两项原则作为自己职业发展的根基。
3. 培养学生不骄不躁的工作作风，把控好退换货的操作细节，减少该环节出现的问题和损失。

退货退款操作与自动化处理

一、退货退款操作

因商家原因、客户原因和物流原因产生退换货的，客服在了解退换货的原因以后，就要在网店后台做退换货处理，及时的后台操作不但可以提升客户的体验，避免售后纠纷，还可以提高平台对店铺售后服务的考核分数，减少售后问题对店铺的影响。退款和退货退款操作如下：

步骤 1   首先查找退款订单，进入千牛商家工作台，通过"交易"－"订单管理"－"已卖出的宝贝"路径，进入订单列表页面，如图 3-3-1 所示。

图 3-3-1   "已卖出的宝贝"订单列表页面

步骤 2   进入页面后，可以按照"订单状态"对订单进行筛选，搜索"退款中的订单"，如图 3-3-2 所示。

图 3-3-2   按"订单状态"筛选订单

步骤 3   搜索退款中订单的第二种方式。选择订单状态的分类按钮，查询"退款中"订单，如图 3-3-3 所示。

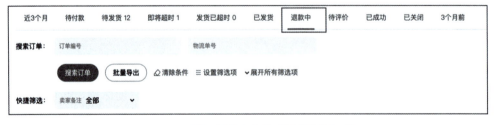

图 3-3-3   按订单状态查询"退款中"订单

步骤 4 搜索退款中订单的第三种方式。进入千牛商家工作台后，单击"交易"菜单中的"退款管理"功能按钮，进入"退款管理"页面，如图 3-3-4 所示。

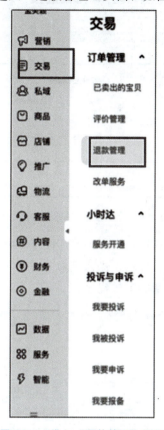

图 3-3-4 进入"退款管理"页面

步骤 5 通过"交易"—"退款管理"路径进入"退款管理"页面，进行售后单的条件查询，也可以分别查询"仅退款（未发货）""仅退款（已发货）""退货（已发货）"订单，如图 3-3-5 所示，针对筛选订单实施退款或进行退货退款的审核及处理。

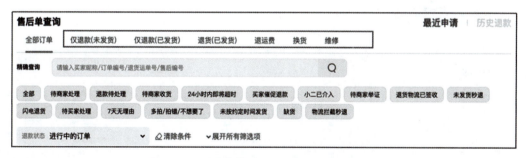

图 3-3-5 "退款管理"页面的"售后单查询"

在退款管理页面，除查询相关订单外，还可以看到最近三个月内相关的售后数据，如图 3-3-6 所示。

图 3-3-6　三个月内售后订单数据统计

步骤 6　在筛选出的"仅退款（未发货）"的订单中，选择需要处理的订单，单击"退款待处理"按钮，如图 3-3-7 所示，进入退款申请审核页面，如图 3-3-8 所示，单击"同意退款"按钮，完成退款申请的审核程序。

图 3-3-7　"仅退款（未发货）"订单页面

图 3-3-8　"仅退款（未发货）"订单的退款申请审核页面

步骤 7　同意退款申请后，需要填写"支付宝支付密码"和手机"校验码"，最后单击"确定"按钮，即可完成订单退款处理，如图 3-3-9 所示。

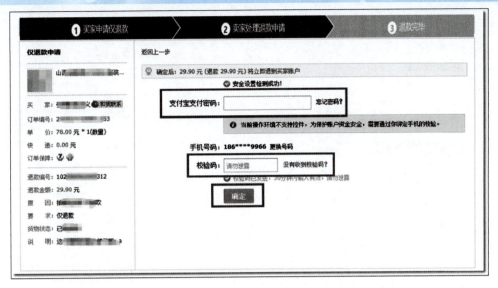

图 3-3-9　退款处理完成页面

步骤 8　针对筛选出的"仅退款（已发货）"订单，若该类订单货物未签收，选择订单后单击"退款待处理"按钮，如图 3-3-10 所示，即可进入退款申请审核页面，如图 3-3-11所示，该页面右侧显示有物流信息，确认商品处于未签收状态，然后联系物流快递公司进行包裹拦截退回，快递公司确认能够拦截退回时，即可在退款申请审核页面单击"同意退款"按钮，然后填写"支付宝支付密码"和手机"校验码"，最后单击"确定"按钮，完成订单退款处理。

若货物已签收，客服不同意客户的仅退款申请，也可以单击"拒绝申请"按钮，并填写好拒绝理由，完成拒绝退款申请。完成拒绝退款申请前务必与客户做好沟通，取得客户的同意，同时保留好相关聊天记录及物流凭证等，否则拒绝可能会导致客户申请平台客服介入进行责任判定，所以要慎重选择此项。

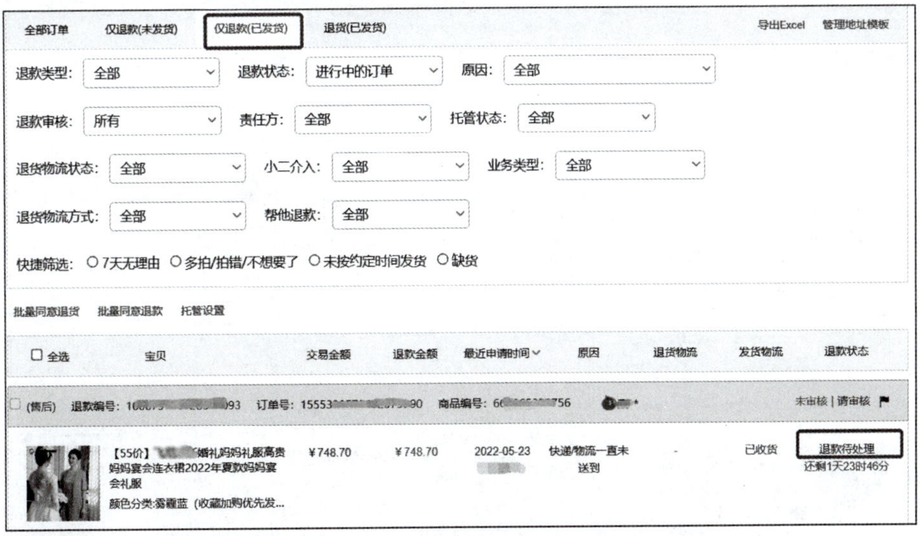

图 3-3-10　"仅退款（已发货）"订单页面

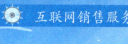

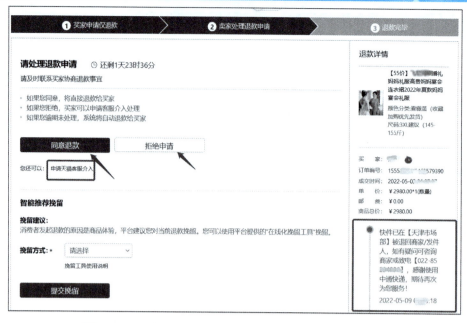

图 3-3-11　"仅退款（已发货）"订单的退款申请审核页面

　　步骤 9　针对筛选出的"退货（已发货）"订单，若该类订单货物已签收，但客户发起退货退款申请，对于信用良好的客户，天猫系统会自动达成协议并将退货地址发给客户，"退货（已发货）"订单页面呈现两种状态，如图 3-3-12 所示，即"待买家发货"状态和"待接单"状态，后者为客户已提交商品退回的物流申请（如驿站寄件或上门取件方式），订单进入等待买家退货状态。

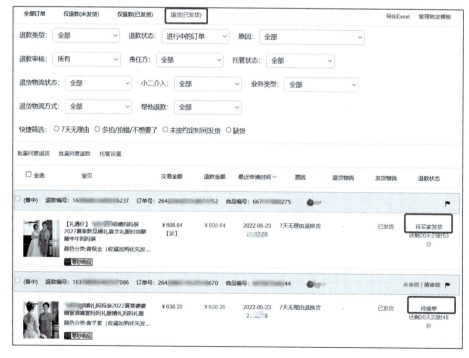

图 3-3-12　"退货（已发货）"订单页面

　　步骤 10　客户退货后，商家仓储部签收验货后，客服人员在退货退款申请审核页面，如图 3-3-13 所示，退回商品在不影响二次销售的情况下，可以在该页面单击"已收到货，同意退款"按钮，此笔退款即完成。

图 3-3-13　"退货（已发货）"订单的退货退款申请审核页面

　　此外，对于淘宝店铺而言，客户发起退货退款申请，在操作上稍有差异，客服需"同意退货，发送退货地址"给客户，待客户完成退货，商家签收验货后，客服人员单击"已收到货，同意退款"按钮完成退款操作。

二、设置 AG 自动化挽单

　　千牛售后服务（AG）是阿里巴巴集团推出的全链路一站式智能工作台，能够帮助淘宝和天猫商家实现店铺 90％以上的退款自动化处理。

　　步骤 1　针对店铺的高退货率，可以通过 AG 自动挽单进行设置，降低店铺退货率，提高复购率。在千牛后台搜索"AG"，如图 3-3-14 所示，点击进入后，执行"主动服务"—"自动化挽单"命令，可以在新建策略处进行设置，如图 3-3-15 所示。

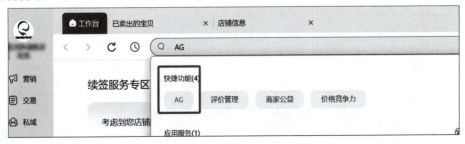

图 3-3-14　AG 快捷功能搜索

步骤 2　单击"新建策略"按钮可看到未发货仅退款挽单、退货退款挽单和智能在线挽单，根据不同的情况进行设置，如图 3-3-16 所示。可设置执行周期、执行时间、退款金额、退款意图等，选择好付款时间、风控预警、自动化策略，如图 3-3-17 所示。设置好后单击"保存"按钮，可以在后台"策略报表"处查看今日、近 7 天、近 30 天的挽留成功率，如图 3-3-18、图 3-3-19 所示，单击"查看明细"按钮即可查看明细状况。可以导出数据报表，下载后利用 Excel 表单进行数据分析，如图 3-3-20 所示。

图 3-3-15　自动化挽单
功能选择

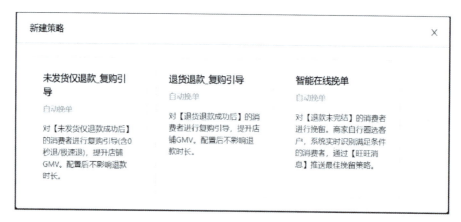

图 3-3-16　新建挽单策略选择

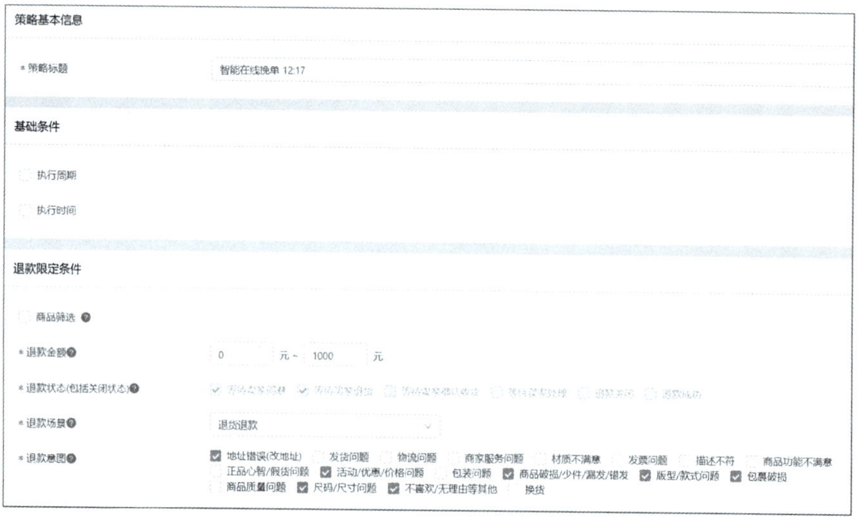

图 3-3-17　自定义挽单内容设置

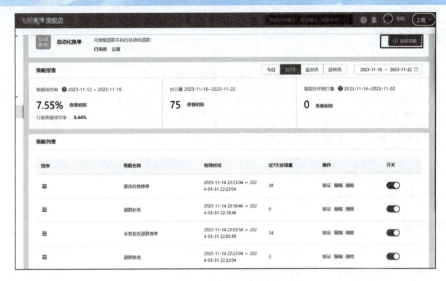

图 3-3-18　AG 挽单策略报表

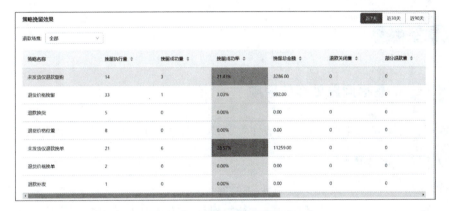

图 3-3-19　AG 策略挽留效果页面

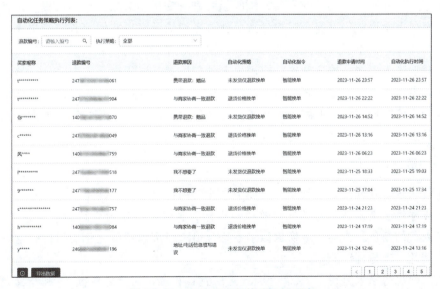

图 3-3-20　自动化任务策略执行列表

千牛售后服务（AG）是什么？

千牛售后服务（AG）是阿里巴巴集团推出的全链路一站式智能工作台，通过"岗位实践"的学习，我们已经了解到可以通过千牛后台搜索"AG"进入"千牛售后服务"页面。通过右上角"教学中心"或在千牛搜索栏中输入网址：https：//www.yuque.com/aligenius/help/welcome？spm＝a1z99.8076595.0.0.57fb705eHxC0kU，了解 AG 是什么。

千牛售后服务平台简称为千牛售后，英文名称是 AliGenius，简称 AG，你可以借助千牛商家工作台的查询功能，了解 AG 的售后自动化处理功能。想一想，AG 是如何实现较高成功率的自动化挽单的。

 一、售后问题处理的原则

售后问题处理方式既要考虑"经济性"又要考虑"道德性"，两者是融合、统一的。

（一）"经济性"原则

针对售后问题，客服人员要做到快速反应态度好，认真倾听表诚意；安抚解释有技巧，诚恳道歉求谅解；客户角度想问题，补救建议一定有；执行措施要及时，及时跟进求反馈。客服人员针对客户反映的商品瑕疵问题要进行安抚和道歉，在小瑕疵、污渍等不影响使用的情况下，道歉仍不能令客户满意，就要考虑给予客户赔偿，若赔偿仍不能令客户满意则考虑换货，仍不奏效最后再考虑退货，退货的成本较高，商家不但会损失运费、包装费，还会损失人工费、推广费等。应用以上处理原则，退货率会大大降低。客户对商品提出异议，客服人员可以引导客户自己留用，还可以引导其进行转让或馈赠亲朋好友，也可以推荐新品给客户，最后的解决方案才是退换货，所以售后问题的解决方案需建立在成本核算的基础上，这就是售后问题处理的"经济性"原则。

（二）"道德性"原则

退换货的售后处理方式，确实是增加了企业的销售成本，消耗了一部分社会资源。另外，退换货率还会纳入客服人员的绩效考核指标。客服人员作为商品销售活动的实施者，即"经济人"的角色，为客户退换货似乎不符合追求经济利益最大化的目标，这就涉及售后问题处理的"道德性"原则。

我国宋朝思想家朱熹说："义者，天理之所宜；利者，人情之所欲。"利与义是人们在物质和精神两方面的追求。中国的古老商训告诉我们"斯商，不以见利为利，以诚为利。"

中国近代的商业伦理也将"维护民族利益，实业救国"和"义在利先"放在首位。此外，著名经济学家亚当·斯密在《道德情操论》中阐述了人性不同于"经济人"的另外三个方面：同情心、正义感（合宜感）、行为的利他主义倾向。亚当·斯密的这种伦理思想后来被发展成"道德人"理论。《道德情操论》中有这样一段话：人们不应该把自己看成某一离群索居的、孤立的个人，而应该把自己看成世界中的一个公民，是自然界巨大国民总体中的一员。不仅如此，为了这个大团体的利益，人人应当随时心甘情愿地牺牲自己的微小利益。

可见，"经济性"原则不能凌驾于"道德性"原则之上，互联网销售活动除了依赖于客服人员的专业能力、依赖于科学技术和法律制度外，合乎理性的伦理精神和价值观念也是互联网销售发展的精神动力。在处理售后问题时，客服人员首先要秉持"道德性"原则，与客户协商好售后问题的处理方案，做好客户的权益保障，提升客户的消费体验，让客户体会到网络消费带来的安全感、获得感和幸福感，这才是互联网销售发展的根基，同时也是客服人员职业发展的根基。

 二、 售后问题处理的方式

按照售后问题订单的状态分三种情况：客户已付款，商家未发货；客户已付款，商家已发货，客户未签收；客户已签收但对商品不满意。前两种情况客户均可以申请退款，最后一种情况可以采用换货或退货退款的处理方式。

（一）换货操作

对于客户有意向换货的情况，处理方式有以下两种：

第一种方式，对于多次购买过商品的老客户，可以引导客户申请退货的同时重新拍下一件想要换的商品，商家可及时发出客户所换商品，等客户寄回要退的产品后确认退款。通过这种方式，客户可在最短的时间内收到合适的商品，避免因时间过长而使客户改变购买意向。

第二种方式，客服在订单中备注换货，指导客户寄出收到的商品，并在退货包裹里放入"换货信息卡"，"换货信息卡"上注明客户ID、订单编号和换货明细（即原货名称和规格型号、换货名称和规格型号）。商家收到退货后，由仓库发货员做换货登记，并且发出要换的货品。仓库发货员发货后，需要把对应的换货信息和物流运单号反馈到客服部门，由客服将新发出的单号留言告知客户。待客户收到商品后，客服需要及时跟进，明确没有问题后，引导客户给予好评，从而完成换货的整个服务流程。

换货过程中，应注意两点内容：对于库存紧张的商品，客服需查明库存后再答复客户能否换货，避免因库存不足而无法给客户换货；若换货时间较长，客服可适当延长客户的收货时间，避免客户因收货时间即将到达而产生交易恐慌。

换货流程如图3-3-21所示。

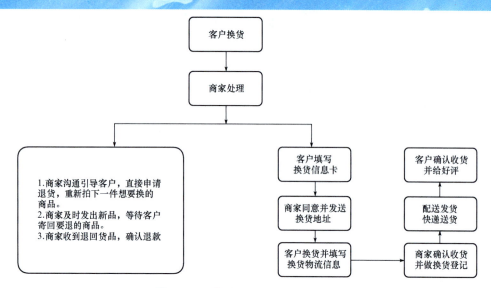

图 3-3-21　售后问题处理—换货流程

（二）退货操作

对于已经产生的退货退款申请，客服一般有两种处理结果：一是同意退货退款，给客户解决方案，并且处理对应的退货退款申请；二是拒绝退货退款。当然，在拒绝时一定要提前联系客户进行协商，避免产生不必要的麻烦。

客户在后台发起退货退款申请，自申请之时开始，客服应该在一段时间内（可根据平台具体时效要求）在店铺后台做出相应的处理，但为了提升店铺服务水平，客服的处理速度越快越好。售后客服可以在同意退货订单的备注位置或通过千牛联系客户，告知客户退货可以使用的快递，从而避免选择成本较高的快递导致退货成本增加。

淘宝店铺的退货退款申请需经商家同意后发送退货地址、天猫店铺的退货退款由系统自动发出退货地址。售后客服需要提醒客户，退货物流单号在后台没有自动生成的情况下，需由客户自己填写对应退货物流单号上传。商品退回商家后，仓储部签收验货，确认商品不影响二次销售的情况下，客服就可以在后台操作已经收到退货，同意退款给客户。

在整个退货过程中，客服要提示客户避免使用商品退回运费到付的方式，导致退货运费成本增加。提示客户把退货交给快递公司后，务必保留好相关凭证（纸质、电子版皆可）。保存快递底单的目的，一是用来填写退货运单号，二是凭快递单号可以及时和快递公司联系获取物流信息。此外，若客户漏填退货运单号，只要客服人员确认收到退回的货物，就可以在后台进行退款操作。

在退货环节中，商家和客户经常就谁来承担退回运费产生纠纷，为售后工作增添了很多不必要的麻烦。为避免由此引发的纠纷，针对七天无理由退货的商品，通常由商家赠送或客户购买退货运费险。当发生退货时，在退款完结后 72 小时内，保险公司将按约定对客户的退货运费进行赔付。目前大多数电商平台均可使用此项服务，运费险为交易双方节省了退回运费。

（三）退款操作

引起退款的原因一般是少发、漏发、快递中途丢件、产品有损坏、未收到货物，以及有价差等。作为商家，不管哪种原因引起的退款，都需要第一时间和客户沟通，明确原因，并给出解决方案。

如需退款，客户需要在后台申请退款，客服在确认金额及退款原因无误后即可同意退款，这里需要区分全额退款和部分退款两种情况。

1. 部分退款

部分退款多发生于少发、漏发、产品有损坏，以及产生差价的情况。这种情况需要客户在申请退款时，选择已经收到货物，申请部分退款，并且应该是客户与客服协商一致的金额。

2. 全额退款

全额退款发生于客户未在约定时间内收到货物，或货物在运输过程中遗失，商家又不具备补发条件的情况。客户在申请全额退款时，需要选择未收到货物，申请退款，售后客服在后台确认无误即可同意退款，款项到达客户账户。

3. 仅退款

目前，"仅退款"是被多家电商平台采用的售后服务机制。如淘宝基于平台大数据分析，对商家近期的投诉数量、产品质量等进行综合评定，以此作为实施"仅退款"措施的依据。再如抖音的《商家售后服务管理规范》更新了"仅退款"规则，抖音商家的商品好评率低于70％，平台有权对该商品交易订单的售后申请采取支持消费者仅退款、退货退款包运费的措施，商品好评率连续7天恢复到70％以上可解除。

很多客户在申请退款时没有和客服取得联系，而是直接在后台申请退款，申请退款订单中也没有说明原因，这种情况下，售后客服需要及时与客户取得联系，不要随意拒绝客户的退款申请。如果联系不上客户，售后客服可以在拒绝时填写原因，并且注明客户需要配合的方式，表明处理态度，并上传对应的凭证，再点击拒绝退款。

需要注意的是，一旦商家拒绝退款，客户就有权要求电商平台客服介入，平台介入后若判定为商家责任，就会计入店铺纠纷退款率，这对店铺考核和绩效的影响是很大的，售后客服人员应该避免纠纷退款事件的发生。

退货退款流程如图3-3-22所示。

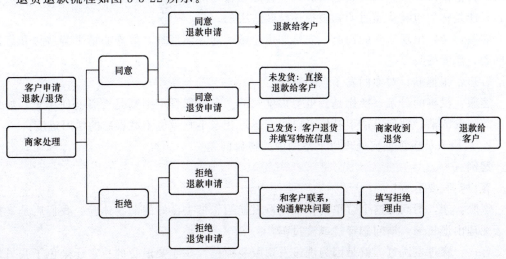

图 3-3-22　售后问题处理－退货退款流程

三、 退换货操作注意事项

售后客服在网店后台进行退货操作时，要注意把控好操作细节，从而减少该环节出现的问题和损失，通常要把握以下两点注意事项：

（一）退回商品不影响二次销售

在退货前和客户确认，退回的商品是否影响二次销售，包括但不限于是否剪标、洗过、已经使用等，可根据商品本身的特点来确定。对不影响二次销售的商品，可以直接走退货退款流程，在收到退货后，需要检查商品的完整性，在确认商品不影响二次销售的前提下实施退款。

（二）退回商品影响二次销售情形下的处理

客户退货前经确认发现商品状态已影响二次销售，不能进行退货，此时售后客服要注意安抚客户情绪，讲清处理缘由，尽可能地满足客户需求，提出处理意见。坚持实事求是的原则，做到特殊事件特殊处理，如果确实是商品的问题，则应该按照店铺特殊情况处理方法给予特殊处理，目的是提升客户对店铺服务的满意度，同时也是为了弥补客户的损失。

当售后客服和客户核实好以上退货注意事项后，需要继续确定物流相关问题，例如，谁来承担退货运费的问题、快递公司的选择问题。一般情况下，客服会给出推荐物流及基础运费提示，如果需要商家承担退货运费，就要在沟通时做好客户垫付运费的相关提示，避免因退货问题而引发客户不满。

练一练

1. 试分析以下案例中客服人员应用了哪些售后问题处理的原则。

案例

客户：虽然在中午用餐时间打扰你，我很抱歉，但是，请你解答一下为什么这本书会破损，其他都没破损，包装袋也没破损，排除在快递的过程中被挤压或个别原因导致的破损，只能是你们包装快递时明知破损还包装进去的。

客服：亲，出现这样的情况，先给您道个歉，您先消消气，等您心情平静些再和您协商问题，您看好吗？

客户：很抱歉，对你们发了点小脾气。

客服：没事的，亲，换作是我也会很生气的。亲，您看下书籍是否影响使用了，如果还能勉强看的话，帮您申请下补偿可以吗？尽量让亲不吃亏也不耽误您的学习进度。

2. 客服人员应该如何处理以下案例中的售后问题？

案例

客户：我要退货！

客服：亲，请问是这个订单吗？很抱歉没能给您带去良好的购物体验。我们店是支持七天无理由退货的，请问您穿过或洗过吗？

客户：穿过也洗过，就是因为洗过发现服装掉色，我才要退货的！它还染色了我另外一件衬衣，我需要赔偿！

考一考

项目三任务三
自我检测

课后任务

一、问答题

1. 简述售后问题处理的原则。

2. 请画出换货流程图和退货退款流程图。

二、岗位训练

1. 请参照岗位实践操作步骤，依托企业店铺子账号完成"退货退款操作与自动化处理"业务实践，整理每一步骤完成后的截图，或记录岗位实践相关内容，撰写实践报告。

2. 作为网店客服人员，根据以下情境设计有效处理售后问题的个性化话术。

场景：售后问题有效处理。

问题情境/问题描述	话术设计
这条裤子尺码不合适，我需要换大一码	
这个柜子到货以后感觉太小了，我要退货，运费怎么算？	
这个包有些掉色，但是我标签已经拆了，还能退货吗？	

"经济人"与"道德人"的统一

（摘选自章金萍主编《商业文化伦理》专题一"道德冲突与道德选择"）

经济活动的本质决定了经济与道德是内在融合在一起的。这是因为经济是主体通过供给实现增值的活动，只有有利于他人和社会的供给，才能满足他人和社会的需要，从而实现增值的目的。经济活动中，利己和利他应该是内在统一的，利己的"经济人"和利他的"道德人"是紧密结合在一起的，而不是相互分离的。

"经济人"从自利原则出发，为整个社会创造物质财富，同时为"道德人"提供发挥调控功能的空间；"道德人"为"经济人"的活动提供导向和伦理支持，而利益则是两者互相作用的支撑点。"经济人"和"道德人"合则两利，使经济得以繁荣，社会走向进步；分则两损，使经济停滞或衰退，社会倒退。因此，我们应在共同利益的基础上，将"经济人"与"道德人"的角色融合统一，推进经济社会的可持续发展。

在商业领域，市场经济承认经济主体追求最大化利益的合理性，但同时要求经济主体的求利行为具有合理性。为防止经济主体在追求最大化利益时侵害他人利益或公共利益，除了依靠市场经济的各种法规维护公平竞争外，"经济人"在经济活动中也要遵循商业道德。因此，经济主体的经济活动，不仅是追逐利润的经济行为，也是一种自觉正当获利的道德行为，这体现的是"经济人"和"道德人"的统一。

行业之窗

阅读以下资料或自行查阅相关资料，谈一谈你对企业树立服务社会的道德价值观的理解。

树立服务社会的道德价值观—德国巴斯夫公司之借鉴

网购 App "长辈版"应用前景广阔

智能客服做到真正"智能"才是发展之道

任务四　不断跟进反馈

 **学习目标**

知识目标

1. 了解订单跟进与反馈的工作意义。
2. 掌握订单跟进操作要点。
3. 掌握订单跟进处理方法。
4. 了解用户回访工作的意义。
5. 掌握用户回访工作方法。

技能目标

1. 能够在店铺后台应用订单管理相关软件把售后问题进行归类。
2. 能够在店铺后台应用订单管理相关软件按售后问题类别进行业务登记和处理。
3. 能够完成跨部门业务协作，高效沟通解决客户售后问题，确保售后问题圆满解决。

素质目标

1. 培养并不断强化学生的责任心与专业服务意识，确保订单全程跟进。
2. 培养学生严谨、细致的工作作风，应用规范的订单跟进工作方法精准服务客户。
3. 培养学生良好的工作沟通与业务协作能力，在沟通协作中妥善处理各种售后问题。

 **岗位实践**

通过"赤兔交易"跟进售后问题

在客户对一笔订单付款之后，客服需要跟踪商品是否正常出库发货，对订单进行跟踪与查询。售后服务阶段除监控订单与物流状态外，重点还要对发货后的物流异常情况进行跟踪处理，对客户的售后服务需求进行跟进解决。

售后服务阶段查询订单及物流动态信息的相关操作见项目三任务一主动咨询服务"岗位实践"篇，对订单异常物流信息的跟踪操

通过"赤兔交易"
跟进售后问题（视频）

作见项目三任务二及时核实问题"岗位实践"篇，退款、退换货订单操作见项目三任务三问题有效处理"岗位实践"篇。本任务依托千牛商家工作台，以返现、退换货、补发赠品为例，重点介绍售后问题的跟进处理方法。

　　步骤 1　进入千牛商家工作台接待中心右侧信息栏，首先在该栏右上方的"＋"号处安装"赤兔交易"的插件，即可看到"订单"选项卡，进入"订单"页面，单击"新建任务"按钮，或进入订单详情页面单击"新建任务"按钮，如图 3-4-1 所示，进入"新建任务"页面，如图 3-4-2 所示，在登记类型下拉菜单中选择拟要登记的跟进问题类型即可。

图 3-4-1　接待中心信息栏"订单"选项卡　　　图 3-4-2　"新建任务"页面选择"登记类型"

　　步骤 2　当选择"退换货登记问题"选项时，在页面标题栏登记出现的问题，在描述栏填写商品出现问题的具体位置，上传商品照片，需要时指派某人完成，如图 3-4-3 所示；当选择"返现登记"选项时，在页面标题栏登记返现原因，在描述栏输入支付宝账号，填写返现金额，需要时指派某人完成，如图 3-4-4 所示；当选择"补发赠品登记"选项时，在页面标题栏登记补发赠品字样，在描述栏填写补发原因，需要时指派某人完成，如图 3-4-5 所示。以上操作，若不指派他人完成均默认自行跟进完成。

图 3-4-3　退换货登记页面　　　　　图 3-4-4　返现登记页面

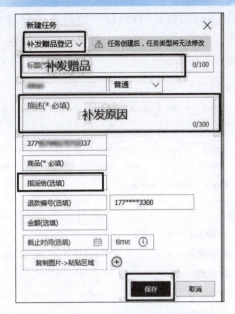

图 3-4-5 补发赠品登记页面

步骤 3 对以上"新建任务"的跟进处理可以通过"赤兔交易"软件来实现。在千牛商家工作台"我的应用"模块，选择"更多应用"选项，可以看到店铺在服务市场订购的服务插件，如图 3-4-6 所示。找到"赤兔交易"软件，双击进入赤兔交易主页面，选择"任务协同"，然后单击"所有任务"和"更多"按钮，能够看到店铺登记的所有需要跟进解决的问题列表，如图 3-4-7 所示。在左侧"所有任务"菜单栏中，显示有已发货仅退款、未完结售后、未下单需交接等诸多任务事项，这也就意味着对这些工作均能够进行后续跟进或工作交接。

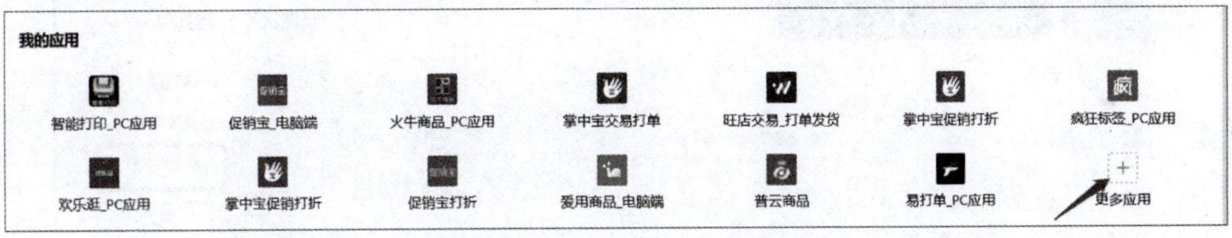

图 3-4-6 选择工作台"我的应用"中赤兔交易软件

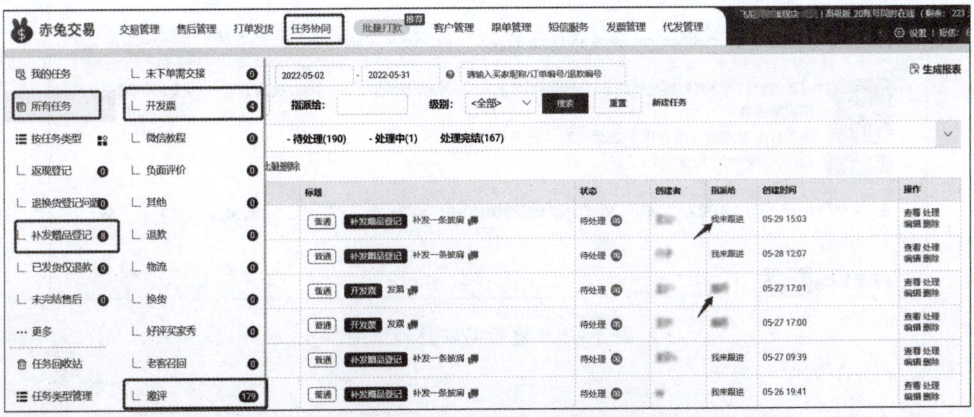

图 3-4-7 赤兔交易任务协同页面售后问题跟进列表

步骤 4 在"任务协同"页面找到"待处理"的订单，单击"处理"按钮，可在弹出的页面中进行相应任务操作，如图 3-4-8 所示。完成操作后可在"当前状态"中选择"处理完结"结束任务，如图 3-4-9 所示。

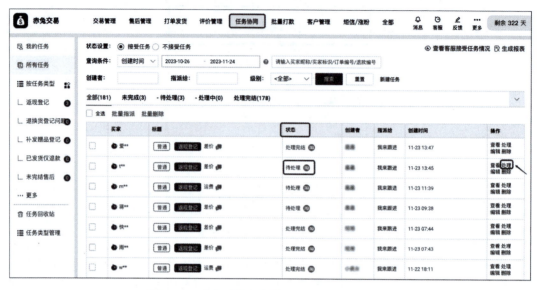

图 3-4-8 赤兔交易任务协同页面售后问题处理

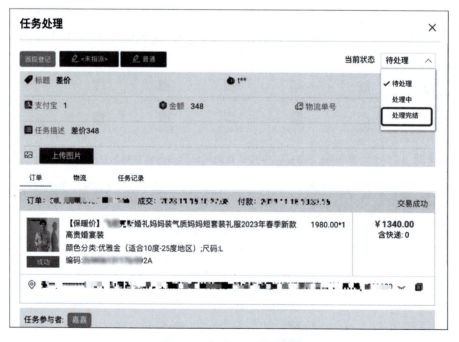

图 3-4-9 售后问题处理页面

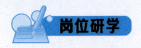

岗位研学

订单的售后问题如何跟进解决?

阿诚在岗位实践中发现,在客服与客户沟通跟进售后问题时,应注意不要引导客户退货退款,而应以解决问题为目的提供给客户可供选择的解决方案。客服在处理订单跟进业务时,为完美地完成一笔订单,需做好以下三点工作:做好订单备注及信息备案;在问题处理的过程中及时告知客户处理进程;在问题处理之后做好相关表格登记,便于后续跟踪问题处理情况。

订单跟进具体
操作(视频)

信息备案有助于售后问题的及时处理和查阅,提高工作对接的流畅性,确保作业环节责任落实到人。在做订单备注与信息备案时,需要做好以下三个步骤:

第一步,明确服务对象,标注客户 ID 等信息资料。

第二步,明确问题内容,如物流查件问题、拦截件问题、产品问题、客服问题、评价问题等,参照项目二任务六岗位实践篇的"步骤 5-2 工作交接"部分,进行订单信息备案的相关操作。

第三步,订单同步备注,如在千牛商家工作台插旗备注,需做到格式统一、内容清晰,参照项目二任务六岗位实践篇的"步骤 2 订单备注与修改"部分,进行订单备注的相关操作。

跟踪订单的情况要在备注中详细说明,可规定备注的规范格式,如日期(时间节点)、内容(问题说明)和负责人(客服名字),详细注明订单退货状态。已退回由仓库签收则立即退款给客户,保证客服问题处理及时,在后台每日更新处理情况,从而提升客户对售后服务的满意度。

在做问题跟进登记表格时,可统计服务订单的客户 ID、物流公司/运单号、状态和日期等信息,问题说明(状态)栏目要有"已退款、拦截中"或"未签收,快递核实中"等动态信息的完整记录。还可以做专项问题登记表格并进行专项统计,如拦截件跟踪表、待查异常物流问题件登记表、退货数据表、退货签收表等,既便于问题批量处理提高工作效率,也便于售后问题的统计分析与工作改进。

想一想

客服人员为什么要制作订单跟进情况登记表?请在售后客服岗位的你将订单跟进情况记录在表 3-4-1 中。

表 3-4-1 订单跟进情况登记表

序号	客户 ID	物流公司/运单号	问题说明(状态)	2021 年 11 月
1	××××	××××	未签收,快递核实中	15 日 10:00
			已签收	16 日 15:30
2				
3				

 **理论知识**

 一、 售后服务跟进反馈的意义

在订单处理过程中，客服人员不断跟进反馈、与客户互通信息、拉近与客户的距离、及时告知客户处理进程，可以提升客户对商家的满意度，建立起客户的信任感，防止不必要的订单损失。

 二、 订单的物流跟进处理方法

在订单跟进过程中，各种与物流相关的问题仍会高频发生，针对不同的问题可以使用不同的处理方法。

（一）快递显示已经签收，但并非本人签收情形下的处理方法

对于快递显示已经签收，但并非本人签收的情况，有可能是快递送到了快递柜或驿站那里，也可能是由于收件人在快递派送的时间无法签收而由其他人代签收了。当碰到这种情况，客户向在线售后客服咨询时，在线售后客服首先需要表明负责的态度，然后积极地联系快递公司，查询实际收件人，并向客户做出反馈。短时间内未处理完毕的话，可以用表格记录，并持续跟进或交由早班或晚班同事继续跟进。

订单跟进
处理方法（视频）

（二）疑难件无法派送情形下的处理方法

在快递派送过程中，由于联系不到客户、地址错误等，会导致没有办法将快递派送至客户手中，而客户由于长时间收不到商品或查看物流状态显示为疑难件，便会咨询客服。这种情况下，客服要注意及时收取客户的更新信息，如确认手机号码、核准收件地址，以及明确可收快递时间等，并及时反馈给快递公司，督促其及时送件。

（三）超区件无法送达情形下的处理方法

有些客户所在地相对偏远，没有设置物流配送服务网点，未开通快递送货上门服务，就会出现超区件无法送达的情况。针对这种情况，有两种处理方式可供选择：第一种，是否可以加钱送货或转其他快递，如果可以，为了提高客户的满意度，可以选择这种方法解决问题；第二种，客户是否可以自提，在路途不远的情况下，客服可以和客户协商解决。值得一提的是，在做售前服务时，客服必要注意核对快递是否可以到达邮寄地址。

（四）发生自然灾害等不可抗力情形下的处理方法

洪水、暴雪等气候原因造成的特殊情况属于不可抗力情况，当出现这种非人为因素造成不能及时派送快递的情况时，客服一方面要密切关注事态的发展，另一方面应当及时和收件人取得联系、说明原因，并把最新动态共享给客户。如果确实是非商家能解决的，客服就应该努力寻求客户谅解，并跟进协商出最终的解决方案。

（五）节假日及特殊活动导致派件时间延长的处理方法

在"购物节"或"节日"期间，如"双十一""双十二"等规模较大的促销活动期间，在短时间内会产生大量的商品交易，经常有快递爆仓现象发生，通常会适当延长客户的收货时间。针对节假日及特殊活动导致派件时间延长的情况，客服应该如实回答其中原因，但同时也要注意，售前客服在节假日及特殊活动期间提醒客户可能会出现超时收货的情况，有利于降低售后服务的压力。

（六）快递丢失或破损的处理方法

快递公司或第三方不可控因素导致快递在运送过程中丢失和破损也是经常遇到的情况。客户在遇到上述情况找客服进行咨询时，容易出现急躁不满情绪。这时客服需要先安抚客户的情绪，倾听客户阐述，然后及时核实问题，若是快递公司或第三方责任，商家需先行赔付客户商品或损失之后再找快递公司索赔。

（七）跟进处理话术

售后客服在进行订单跟进时，要应用好项目三任务三问题有效处理"理论知识"篇中学到的"售后问题处理的原则"，做好话术设计，可参考以下话术示例：

1. "丢件"跟进话术

亲，非常抱歉出现这种情况，现在我已经叫××快递尽快追回这个件了，如果是丢件了，我们会让快递公司赔付，如果两天之后还没有任何物流信息，仓库有现货的话我们一定会给您重发的哈。

2. "无物流信息显示"跟进话术

亲，真的很抱歉我们的服务没能让您满意，我们都是用 ERP 系统发货的哈，可能系统把单号弄错了哟，其实货是发出去的哈，亲再耐心等待几天，我会继续跟进哒，如有任何情况，我都会第一时间电话通知到您的哈。

三、客户回访跟进

（一）客户回访的重要性

对已购物客户的回访，有助于沉淀客户，为后续客户关系管理做好铺垫，还有助于收集商品优点和缺点，挖掘客户的需求，便于商品的改进、升级换代。

（二）客户回访技巧

1. 回访内容

客户回访可涉及服务问题、商品使用和评价引导三个方面的内容。服务问题方面如物流问题、退款处理进度等的跟踪回访。商品使用方面如询问客户商品是否满意及改进商品相关性能的建议。评价引导方面如引导客户给出好评，对于给出差评或负面评价的客户在没有进行追加评价的情况下，客服可以打电话与客户沟通，促进问题的解决，进而引导客户追加评价。

2. 回访沟通技巧

在客服回访客户的过程中，要注意礼貌用语的使用，语言简练，沟通时间段要根据客户群体的特征合理选择，沟通目的和内容要清晰明确。

3. 回访表格制作

针对商品使用方面的回访，可以制作客户回访记录表（表 3-4-2），如针对商品的外观或性能某一个点或几个点收集客户使用反馈意见，建立相关数据库，为商品优化与改进提供数据支撑。再如针对客服问题的回访记录，可从制作客服问题回访记录表（表 3-4-3）。

表 3-4-2　客户回访记录表

序号	客户 ID	性别	产品货号	使用感受或意见

表 3-4-3　客服问题回访记录表

序号	客户 ID	客服问题	处理进度	反馈情况
				（处理情况是否给客户反馈）

练一练

1. 试分析案例中客服人员做的是哪项工作，这项工作的意义是什么？

案例

客服：亲，已经在派件了呢。

客服：如果您需要的话，我们就拒绝您的退款了呢。

客户：好。

客服：您这边也帮忙撤销一下的哦。

客服：麻烦您了。

2. 试分析案例中的客服人员有哪些地方值得我们学习。

案例

客户：老板，你给我查一下，快递到哪了？

客户：我看到我们城市都 2 天了，还不给我派送。

客户：你们选的什么快递这么慢！

客服：亲，别着急哈，我来查一下，稍等。

客服：亲，看到确实到了一直没派送，我跟快递联系下，再给亲回复好吗？

客户：那你快点！

客服与快递核实完。

客服：亲，刚才联系了快递，这几天"618"活动，快递人手不够，所以耽误了配送。

客户：那什么时候送？

客服：我已经跟快递讲了，优先给亲送，最晚明天给您配送，亲注意手机保持通畅哈。

 考一考

项目三任务四
自我检测

 **课后任务**

一、问答题

1. 客服在处理订单跟进业务时，应做好哪几方面工作？

2. 订单商品在运输途中遭遇洪水、暴雪等不可抗力事件，致使物流信息出现异常，售后客服人员应该如何处理？

二、岗位训练

1. 请参照岗位实践操作步骤，依托企业店铺子账号完成"通过'赤兔交易'跟进售后问题"业务实践，整理每一步骤完成后的截图，或记录岗位实践相关内容，撰写实践报告。

2. 作为网店客服人员，请设计反馈跟进业务环节中常见问题及个性化话术。

场景：不断跟进反馈。

问题情境/问题描述	话术设计
快递丢件	
快递显示无物流信息	

职业素养

悟一悟，中国最牛超市胖东来为何被业界誉为"天花板"？这家超市的厉害之处在哪里？

中国最牛超市胖东来

（根据网络材料整理 https：//baijiahao. baidu. com/s？id＝1772454132223507947＆wfr＝spider＆for＝pc、https：//www. 163. com/dy/article/IH37NAMR0552ZPC5. html）

在中国有这样一家超市，它被誉为"天花板"，这就是胖东来。即使你从未去过这家超市，也一定听说过它的名字。胖东来为什么这么厉害呢？

为什么胖东来如此受欢迎呢？它之所以能吸引如此多的顾客，是因为它做到了细节决定成败、用爱感化顾客。在这里购物，不仅是一种消费行为，更是一种愉悦的体验。从进门开始，胖东来就给顾客们提供了七种不同功能和款式的购物车，以满足所有人群的需求，包括几个月大的婴儿和腿脚不利索的老年人。尤其是这里专门为老年人准备的购物车配备了放大镜，这样他们在挑选商品时就能更加清晰地看到上面的字。在购物车的后方，还有一个能够折叠的凳子，让老年人在逛累的时候可以随时坐下来休息。

该超市的每件商品都是明码标价，均标注产地和进货价，让顾客了解商品的利润情况，绝不欺瞒。水果如果切开 4 小时以上，则 8 折出售，6 小时 6 折，超过 8 小时则会下架处理。此外，他们还会现场打开榴莲等商品，让顾客验货，直到满意为止。即使是加称的水产，售货员也会在称重前帮你沥干每一滴多余的水，诸如此类的细节还有很多。

"做企业是为了回报社会"，胖东来从创立之初到今天始终坚持为社会做贡献。1996 年，胖东来超市刚走上正轨，创始人于东来就与哥哥拿着几万元现金，从许昌跑到北京中国航天基金会，只为捐钱帮国家造航母。2008 年汶川地震，胖东来先后捐款、捐物达 750 万元，并组织了一支 160 人的救援队，在第一时间赶往灾区支援。2021 年，河南多地出现暴雨水灾，胖东来首批捐款就达到了 1 000 万，同时宣布在此期间，胖东来超市的蔬菜将按成本价销售。

胖东来之所以能在激烈的市场竞争中脱颖而出，不断吸引顾客的关注，是因为他们对服务的用心和真诚。他们秉承"优秀的商业不是规模，而是传承幸福与品质"的理念，坚信付出一定有回报，注重人心、注重顾客体验。这家中国超市服务客户、善待员工、造福社会的经营理念深得人心，为同行企业树立了榜样。

🏢 行业之窗

阅读以下资料或自行查阅相关资料，谈一谈你对电商售后服务的认识，你认为电商企业做好售后服务的关键是什么？

高分售后能给
企业带来什么

提升消费者体验是
电商平台的发展之道

护航品牌，重构高端市场：
华为打造售后服务天花板

任务五　投诉纠纷处理

学习目标

知识目标

1. 了解投诉纠纷的定义及其对店铺的影响。
2. 掌握客户投诉和客服应诉的时效。
3. 掌握投诉纠纷的原因及预防措施。
4. 掌握处理投诉的基本原则。
5. 掌握处理投诉纠纷的工作流程。

技能目标

1. 能够使用客服工具软件开展日常投诉管理和申诉举证工作。
2. 能够分析投诉纠纷事件发生的原因。
3. 能够采用有效的措施预防投诉纠纷。
4. 能够按照投诉处理的基本原则和工作程序妥善处理投诉纠纷事件。

素质目标

1. 培养学生诚信的社会主义核心价值观，诚实无欺，讲求信用，内诚于心，外信于人。
2. 培养学生实事求是的工作作风，办事公道，化解电商业务矛盾纠纷。
3. 培养学生面对恶意投诉不妥协的意识，依法依规防范投诉纠纷所带来的经营风险。

岗位实践

及时查看投诉并合理申诉

客服主管每天来上班的第一件事就是查看是否有客户投诉事件，售后客服最重要的工作就是第一时间解决客户投诉，以免店铺面临处罚风险。售后客服查看投诉情况的操作如下：

步骤1　查看投诉情况。首先进入"千牛商家工作台"，在左侧列

查看投诉情况
并合理申诉（视频）

表中找到"交易"菜单，选择"我被投诉"子菜单，可以查看"违约投诉管理"页面，如图 3-5-1 所示，此页面可以查看被投诉订单的详细情况，查明投诉原因和投诉状态，可以看到有"投诉不成立""投诉成立""投诉已撤销"的不同投诉状态，如图 3-5-2 所示。单击某个订单的投诉状态就可以查到该笔订单的协商历史，如图 3-5-3 所示。

图 3-5-1　"违约投诉管理"页面

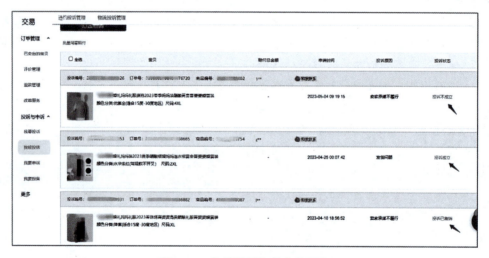

图 3-5-2　违约投诉订单查询页面

　　步骤 2　进行合理申诉。售后客服一方面要做好投诉管理，另一方面在与客户就售后问题产生分歧时，为应对客户申请平台介入而引发的纠纷事件，也要做好向平台方提起申诉的准备工作，操作方法如下：

　　进入千牛商家工作台，在左侧列表中选择"交易"菜单中的"我要申诉"子菜单，弹出申诉中心页面，如图 3-5-4 所示，可分别查询申诉数据和不同状态下的申诉订单。针对待申诉业务，单击右侧的"我要申诉"按钮，进入"发起申诉"窗口，可选择申诉场景，即进入"申诉详情"页面，如图 3-5-5 所示，该页面可以提交申诉凭证，进行凭证上传等操作，操作完毕后，确认提交即可。这项操作要注意，不同类型的申诉凭证要求是有差异的。

图 3-5-3 查看订单投诉协商历史

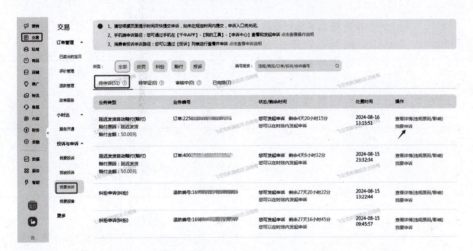

图 3-5-4 申诉中心页面

图 3-5-5 申诉详情页面

常见的投诉纠纷有哪些？什么原因引发了这些投诉纠纷事件？

阿诚发现，如果商家不能妥善处理客户异议，客户异议就有可能升级为投诉纠纷。那么，常见的投诉纠纷有哪些呢？引发这些投诉纠纷的原因又是什么呢？

请你通过千牛后台查阅店铺的投诉纠纷事件，或通过网络调研、典型案例访谈等手段收集电商投诉纠纷事件，整理常见的投诉纠纷类型，试分析引起投诉纠纷的原因，并填制表 3-5-1 投诉纠纷常见问题及原因分析表。

表 3-5-1　投诉纠纷常见问题及原因分析表

投诉纠纷常见问题	引发原因分析

理论知识

客户投诉是指客户对企业产品质量或服务不满意，发生的异议、抗议、索赔和要求解决问题的行为，通常采用书面或口头形式提出。客户在电商平台消费后，因商家原因、物流原因等引发不满，或客户与客服针对普通售后问题协商未果，向平台方投诉店铺，或向国家主管部门检举问题，要求得到相应补偿。

　　每个电商平台都有相应的规则和制度，涉及客户投诉和纠纷解决的具体步骤。本任务以天猫店铺为例，针对客户向平台方投诉店铺。作为直接面对客户的客服人员，首先要分析投诉的具体原因，同时要确认交易状态是否完结。如果交易未完结，客服需要通过与客户沟通，弄清楚原因，进而根据原因和客户协商具体的解决方式，客户可以申请退/换货或退款方式，客服人员按相应流程跟踪解决即可。如果交易已经完结，在交易完结之后的15天内，客户还是可以申请投诉，客服要在分析投诉原因的基础上，知道如何去预防投诉事件，出现投诉事件知道如何去处理解决，避免因处理不当使投诉事件升级为店铺纠纷事件。

　一、　投诉纠纷对店铺的影响

（一）投诉与应诉时效

　　通常，在交易完成后的15天内，客户可以申请售后服务和投诉，所以交易完成之后，客户的售后服务申请需要得到足够重视。客服人员应该主动与客户沟通，调查客户提出售后问题的原因，努力通过协商予以解决。除客户直接投诉情况外，应该避免因售后问题协商未果而引发客户投诉店铺。

　　就天猫店铺而言，一旦客户投诉店铺，客户通常是在48小时内进行举证，客户提交凭证后，会给商家24小时的时间确认客户的凭证。如果商家的客服人员未及时操作，系统会自动进入人工处理，平台客服会在1～3个工作日内介入审核凭证。所以，客服人员要争取在24小时内让客户撤销投诉，执行半小时跟进制度，以最快速度解决店铺投诉问题。若解决不成功，平台客服介入，投诉事件就会升级为投诉纠纷，会给店铺带来诸多不良影响。

（二）投诉纠纷对店铺的影响

　　投诉纠纷对店铺具有显著的负面影响。以天猫平台为例，纠纷不仅会直接导致商品在搜索结果中的排名下降，影响潜在消费者的购买意愿，还会作为重要的评估指标，降低店铺综合体验分。店铺综合体验分综合考量了商品质量反馈、发货物流的顺畅度，以及客户是否频繁向平台求助等关键因素，直接关系到店铺的曝光机会和业务增长潜力。高体验分意味着更多的展示机会，会为店铺带来更多的流量和销售转化可能。同时，它也是参与平台营销活动、进行广告投放及获得首页商品推荐等宝贵资源的必要条件。此外，优秀的店铺综合体验分还能赋予企业更多的售后自主权，提升客户满意度和忠诚度，形成良性循环。因此，电商平台上的商家必须高度重视客户投诉与纠纷的处理，通过优化商品质量、提升物流效率、加强客户服务等方式，努力减少投诉纠纷，维护并提升店铺的综合体验分，以便在激烈的市场竞争中保持优势地位。

　　天猫店铺的纠纷体验考核包括平台判责率和平台求助率。平台判责率主要来源于纠纷退款和投诉成立两项，纠纷退款一般是指客户申请退款，商家拒绝退款，然后客户申请平台客服介入，平台判定商家责任，商家完成退款。投诉成立是指因为商家、物流等原因引发客户投诉，客服人员没有在规定时间内妥善处理投诉问题，或部分客户联系平台协助处理，并向商家发起工单，客服人员没有在24小时内将工单处理完毕，两种情况平台都会介入，若判定投诉成立则计入平台判责率。

纠纷退款率＝最近30天纠纷退款笔数/最近30天支付宝成交笔数。

平台判责率＝［近30天（售中＋售后）判定为商家责任且生效的退款笔数＋近30天投诉介入判定成立投诉笔数＋近30天平台介入后判定为商家责任且生效的平台售后任务笔数］/近30天支付成交订单笔数（近30天统计周期：T－37至T－8）。

平台求助率＝（近30天内纠纷发起笔数＋投诉发起笔数）/近30天支付成交订单笔数（近30天统计周期：T－30至T－1）。纠纷发起笔数包括全部消费者发起的纠纷笔数和商家拒绝退款之后平台发起的纠纷笔数。投诉发起笔数为近30天消费者发起的投诉笔数。

可见，平台对店铺的纠纷体验考核，要求客服人员及时响应客户的退款申请，妥善处理客户的投诉问题，避免一般性的售后问题升级为平台介入商家判责的投诉纠纷事件，即便发生投诉纠纷事件，也要及时处理、举证，在规范经营的基础上保护店铺合法权益。

 二、 投诉纠纷原因分析与预防

投诉纠纷事件的引发原因可概括为物流原因和商家原因两方面，每一方面原因又分若干具体情况，需要针对具体情况采取必要措施加以预防。

投诉纠纷原因
分析与预防（视频）

（一）物流原因

售前客服将商品成功销售给客户后，商品便进入了物流环节，交由售后部门或仓储部门打包装箱，并通知物流公司揽收。商品揽收以后物流公司的操作是不受商家控制的，由此便会引发因物流问题而造成的投诉和纠纷，如发货延迟、物流速度太慢、货物破损、没有及时更新物流信息、快递签收无保障、快递员服务态度差等，致使客户可能不与客服沟通就直接向平台投诉。

针对物流原因引发的投诉，商家一方面要优选网点覆盖广、货物破损率低、业务管理规范的物流快递公司；另一方面，售后客服要监控发货的及时性和物流异常的订单，发现物流异常情况要主动服务、跟踪处理、积极给客户反馈，不仅能预防售后问题的发生，还能够预防纠纷与投诉事件的发生。

（二）商家原因

客户对商家服务不满意，如商家未按约定时间发货，出现少发、漏发、错发货物，运送方式、交易价格、支付方式、赠品、包装等方面的承诺未履行，商品质量达不到客户预期，出现恶意骚扰客户的事件等，使得客户对商家服务的体验较差，从而引发投诉商家的行为。

1. 违背承诺

（1）违背约定发货时间。违背约定发货时间是指店铺商品详情页中写明发货时间，或客服与客户约定了发货时间，但是在约定时间内没有发货。为了避免未按约定时间发货的情况，商家需要特别注意，在设置运费模板时要根据实际情况设定发货时间，如果有例外的情况，需要在商品页面及店铺的页面中进行明示，且在客户咨询或拍下商品后，客服应主动向客户说明，避免在后期交易过程中因为发货时间而导致客户发起投诉。

（2）违背约定物流运送方式。在交易订立过程中，商家自行承诺或与客户约定特定的运送方式、特定的运送快递公司，但实际未遵从相关承诺或约定。这就需要售前客服与售后客服甚至是发货部门人员做好工作衔接，将快递公司的约定情况做好插旗备注，养成严谨的工作习惯，不出纰漏，信守承诺。

（3）违背约定交易价格。这种情况多发生于客户拍下商品，而商家告知客户需要补钱才能发货，违背了约定的交易价格。所以，在设置店铺交易价格时，需要核算清楚再设置商品价格，避免后期因为商品成交价而被客户投诉。

值得一提的是，如果客户购买的商品突然降价，而且降价幅度还很大，客户肯定会不满，觉得店铺不够诚信，要求补差价，严重者还会投诉店铺。所以当客户有意向购买商品时，客服要如实告知店铺的最新活动，让客户选择适宜的购买时间，预防因价格造成的投诉。

（4）违背约定支付方式。商家开通"信用卡支付"服务，但店铺声明或客服提示，客户使用信用卡付款需交1%的手续费，即构成了在支付方式方面商家违约的行为。因为商家开通"信用卡支付"服务后，客户使用信用卡支付时，商家需要支付交易金额（包括运费）的1%作为交易手续费，而客户只需支付交易金额即可。此外，没有按平台要求的支付方式进行交易，如要求客户通过银行转账或扫描二维码等其他方式支付，都是违背约定支付方式的行为，商家应避免违反平台交易流程的行为。

除上述商家违背承诺的行为外，还要注意避免出现少发、漏发、错发货物的情况，避免因发票、赠品、包装等约定未履行而引发客户投诉。

2. 商品质量

产生商品质量方面投诉的主要原因包括外观质量、使用质量和主观不满三个方面。

（1）外观质量主要表现为商品的光洁度、造型、颜色等方面，是客户在收到商品后通过肉眼进行感官识别的，所以在仓库发货前要仔细检查商品的外观质量。

（2）使用质量是商品使用过程中表现出来的质量问题。高质量的商品应该使用方便、可靠性高、使用效果好，所以货源选择方面或生产制造环节要严把质量关。同时，客服要具备丰富的商品相关知识，能够专业地介绍商品的使用方法，避免因客户使用不当而影响商品的使用效果。

（3）客户主观不满，主要缘于客户对商品的心理预期与拿到商品以后对商品的感知价值之间存在较大差距。商家通过店铺所提供的商品、图片等信息使客户建立起对商品的期待，所以商品的图片信息及页面描述要合理准确、真实客观，给予客户适当的心理预期，避免客户因心理落差过大而对商品不满引发投诉。

此外，商家要杜绝销售假货，选择赠品要慎重，赠品的质量也可能引起投诉和纠纷。

3. 骚扰他人

若以给了中差评为由每天给客户打电话，一天内频繁联系客户或在休息时段与客户沟通，要求客户改成好评，这种行为就构成了骚扰他人的违规行为。客服人员要避免通过电话、短信、聊天工具、邮件等方式频繁联系客户，影响客户的正常生活，否则客户也是可以发起投诉的。

总之，店铺只有做好产品和服务才能从根本上杜绝店铺投诉纠纷事件，实现长期的良好经营。

三、 投诉纠纷的处理

处理客户投诉纠纷是技巧性比较强的工作，需要长时间的经验积累。尤其是对交易纠纷的处理，能够最大限度锻炼售后客服的心理承受能力和应变能力。

（一）投诉处理的基本原则

当店铺被投诉时，采取积极主动的态度来处理，可以使得问题迅速被解决，并且还能获得客户的赞誉。处理投诉的过程中以维护店铺品牌形象、挽救客户的满意度为前提，要有换位思考的意识。服务过程中应坚持"及时安抚，语言得当，避免升级，合理调解"的原则。

投诉纠纷
处理操作（视频）

（二）投诉纠纷处理的流程

售后客服在处理店铺投诉事件时，要耐心倾听，对产生问题的原因进行分析，进而解决问题，并对情况进行记录，直至跟踪解决完毕。

1. 耐心倾听

当客户收到盼望已久的商品，却发现商品和自己的心理预期相距甚远时，会找到客服抱怨对商品的不满。此时，售后客服要耐心倾听客户的抱怨，给予客户发泄的机会。在客户抱怨之后，首先道歉，安抚客户的情绪，营造轻松融洽的对话氛围，让客户知道你已经了解了他的问题，适当地做出解释，请求客户的理解，保持心平气和地沟通是售后客服人员的必备素养。

2. 理性分析

售后客服认真倾听客户的抱怨之后，应对客户所抱怨的内容进行理性分析，理清头绪，找出客户抱怨的真正原因，是商家方面的原因还是物流方面的原因，其中具体原因又是什么？前文已经讲述，此处不再赘述。

3. 投诉解决或申诉举证

（1）解决。售后客服在对客户投诉事件认真分析后，需判断具体的责任方，针对不同的责任方提出不同的解决方案。

①商家的责任。由于店铺或客服在销售商品或服务环节的疏忽而造成客户在精神方面和财产方面的损失，店铺应该主动承担责任，诚挚地道歉，主动退换货，并承担来回运费；然后给予客户一定的补偿，如赠送优惠券、升级 VIP 等。

②物流公司的责任。客服要帮助客户主动联系快递公司，弄清楚快件在运输过程中出现的问题，要求快递公司进行赔偿，并向客户赔礼道歉。

③客户的责任。如果是客户操作不当、恶意损坏、期望值过高等原因引起的投诉，客服要帮助客户认清问题，认清自己所要承担的主要责任，同时还要调整店铺页面，图文描述要与实物相符，使得客户的期望值维持在合理区间。所以，售后客服在处理与客户之间的投诉问题时，坚持有理、有节和有情是相当重要的。

（2）申诉。售后客服在投诉处理阶段若没有与客户达成一致意见，客户往往会要求平台介入，交易就会进入纠纷处理阶段。此阶段接到客户投诉，售后客服首先要收集证据，收集的证据包括沟通工具中与客户的对话截图、沟通的电话录音、发货和退货快递单据、快递公司出具的盖章证明等，图片、单据、语音等证据需清晰、完整。接下来需要做好自检，检查是否有违背相关法律法规或交易规则的行为，以便为接下来的申诉操作做好准备。申诉操作过程需要编写申诉文案，文案内容需简洁明了，上传证据并跟进申诉过程。申诉工作程序如图 3-5-6 所示。

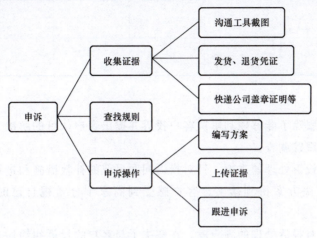

图 3-5-6　申诉工作程序

不管是客户在收到货物时发现有少发或漏发的情况，还是商家收到的客户退回货物有破损、被调包或空盒子的情况，都可以在收到问题商品的时候，根据验货情况向快递公司申请出具盖章的证明文件，该证明文件可以作为证据使用，如图 3-5-7 所示。

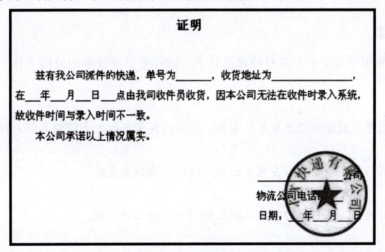

图 3-5-7　快递公司出具的盖章证明文件

4. 过程记录

在售后客服与客户就投诉事宜达成一致后，还要对情况进行记录，总结客户抱怨的原因、责任认定情况、解决的方案等。这些情况记录不仅可以为售后客服积累处理投诉案例的经验，还可以帮助企业各个部门根据客户抱怨的问题检查自身工作是否到位，以及存在的不足之处，有利于公司整体工作的改进与优化。记录客户投诉问题处理表见表 3-5-2。

表 3-5-2　　记录客户投诉问题处理表

客户昵称	处理时间	购买商品	抱怨原因	责任认定	处理方案	客户满意度

5. 跟踪与调查

优秀的售后客服除了能够顺利解决客户投诉并提出客户认可的解决方案外，还需要对投诉处理情况进行跟踪调查。

（1）告知客户投诉处理的进度。针对投诉问题采取的补救措施和进展情况都应该及时告知客户。只有解决方案得到落实，客户感受到商家十分重视自己时才会放心并信任店铺。

（2）了解客户对投诉处理的满意度。在解决了与客户的投诉纠纷后，还应该进一步询问客户对解决方案是否满意、对方案的执行速度是否满意，通过这些弥补性的行为，让客户感受到店铺的诚心和责任心，用售后客服的实际行动去感动客户，让客户淡忘本次不愉快的购物体验。

练一练

1. 以下案例中均发生了客户的投诉行为，试分析引发投诉的原因是什么，责任在哪一方？

案例 1

客户看到物流跟踪信息上显示已签收，但自己并未签收也未授权其他人代签收。

案例 2

客户购买的是羽绒服，但发现衣服里面的填充物是太空棉。

案例 3

店铺详情页中写明三天内发货，但是超过三天仍没有发货。

案例 4

客户购买的是定制化商品，但店铺客服人员说需要先通过银行汇款才可以发最终定制商品。

案例 5

客户买一块蜜蜡，拍下成交价为 588 元，而商家告知需要补 100 元才能发货。

案例 6

商家开通"信用卡支付"服务，天猫店铺中明确写出，如使用信用卡付款，需交 1% 的手续费。

案例 7

店铺详情页注明或客服人员答应附送赠品，实际却没有给。

案例 8

客户购买了一双鞋子，收到后发现鞋子有问题，商家不但不解决，还威胁客户说如果给了中差评，就每天打电话给他，直到他改成好评。

2. 阅读以下案例，这起售后事件已然升级为投诉纠纷事件，如果你是这位客服人员，会如何处理这起售后事件？

案例

客户：在不在？我收到的衣服怎么少了一件呢？

客服：亲，我们发货都有专人操作呢！怎么会少件呢，您再仔细看看。

客户：我签收后，回家一看，数量根本就不对，我仔细看了几遍了。你们也太坑人了呀！

客服：亲，那您有没有验货呢？如果有验货的话，您当时可以拒签，拒签后我们可以找快递公司索赔的。现在您签收了，我们也无法确定当时的情况，没有办法同意您退款的申请呢。

客户：明明就是少发了，怎么还能把责任推到物流和我身上？那我申请客服介入吧！

 **考一考**

项目三任务五
自我检测

 **课后任务**

一、问答题

1. 若投诉事件升级为投诉纠纷，而且平台判定是商家的责任，会给店铺带来哪些影响？

2. 简述投诉纠纷处理的工作流程。

二、岗位训练

1. 请参照岗位实践操作步骤，依托企业店铺子账号完成"及时查看投诉并合理申诉"业务实践，整理每一步骤完成后的截图，或记录岗位实践相关内容，撰写实践报告。

2. 作为网店客服人员，设计投诉纠纷业务处理的个性化话术。

场景：投诉纠纷处理。

问题情境/问题描述	问题处理措施、反馈客户话术
客户看到物流跟踪信息上显示已签收，但自己并未签收也未授权其他人代签收，客户投诉店铺	
店铺详情页注明或客服人员答应附送赠品，但客户迟迟没有收到，客户投诉店铺	
店铺详情页中写明 48 小时发货，但是超过 48 小时却还没有发货，客户投诉店铺	

职业素养

悟一悟，中华传统文化对商业文化价值观的影响，谈一谈在客服岗位上如何做到诚实守信。

诚实守信——传承中国商业文化的价值观

(整理自章金萍主编《商业文化伦理》专题二"中国传统文化与商业伦理")

我国的商帮文化是最古老、最具中国特色的区域企业文化。商帮的兴起，说明了区域文化对从事商业活动的个人及群体的影响，不同的区域文化孕育了不同的经济形态和相应的经济人格——商人的不同理念和行为所形成的独有商业气质。带有各自地域特征的中国商帮，作为受中华传统文化深刻影响的商业集团，具有共同的价值观和文化特征。

大部分商帮出自自然条件恶劣的地区，经过艰苦奋斗，白手起家，日积月累，最终做大做强，因此，他们养成了艰苦创业的精神。他们在中国传统文化的影响下都秉承了一些共同的价值观和经营理念，如诚实守信、敬业勤劳、群体精神、勇于创新、灵活经营、不断进取等精神，而这些精神恰恰体现了中国传统文化中的儒家思想。在表 3-5-3 中，列出了中国明清时期十大商帮的地域分布及经商特点，可以看出诚实守信占据了商业文化核心价值观的突出地位。

　　不仅如此，诚信也是社会主义核心价值观公民层面的核心内容之一。诚信就是诚实无欺、讲求信用、内诚于心、外信于人。这要求我们做老实人、说老实话、办老实事，用诚实获取合法利益；以信立业，讲信誉、重合同、守诺言，平等竞争，以质取胜。

表 3-5-3　　中国明清时期十大商帮的地域分布及经商特点

商帮名称	所在地域	经商特点
山西商帮	山西	以诚信著称，崇尚"管鲍遗风"
徽州商帮	徽州（今安徽黄山地区）	以诚待人、以信接物、以义为利
陕西商帮	陕西	善捕商机、敢作敢为
洞庭商帮	今苏州市西南太湖中洞庭东山和西山	善于更新观念、重视依托家乡
江西商帮	江西	积极活跃、不避艰险
山东商帮	山东	仗义、吃苦耐劳、稳重实干
广东商帮	广东	胆大务实、精明灵活、擅长贸易
福建商帮	福建	诚实信用、善用关系
宁波商帮	宁波	勇于冒险、以信为本
龙游商帮	浙江中部	诚实守信、亦贾亦儒

行业之窗

　　阅读以下资料或自行查阅相关资料，谈一谈如何行之有效地预防、处理投诉纠纷事件。

直播带货成消费
投诉重灾区

3·15 大调查：线上
纠纷占近八成

商家谨防不法分子的
恶意索赔

任务六 评价管理

 学习目标

知识目标

1. 掌握评价管理工作的意义。
2. 掌握好评的处理方法。
3. 掌握中、差评（负面评价）的原因分析及处理方法。
4. 掌握与客户通过电话沟通售后评价问题的注意事项。
5. 了解淘宝、天猫评价体系。

技能目标

1. 能够进行日常评价管理，设计评价回复解释话术，树立良好的店铺形象。
2. 能够使用千牛工作台对恶意评价进行投诉举证，维护店铺声誉。
3. 能够进行中、差评（负面评价）的原因分析及处理。
4. 能够通过电话与客户沟通，妥善处理中、差评（负面评价）问题。

素质目标

1. 培养并强化学生诚信的社会主义核心价值观，坚持真实评价，维护公平竞争的电商生态。
2. 培养学生在售后评价管理中，理性面对负面评价，从负面评价中找到产品和服务改进、优化的方向，维系好买卖双方间的和谐关系。
3. 培养学生面对不公评价做到有礼有节、依法依规进行投诉的素养，维护店铺良好声誉。

 岗位实践

评价管理与维护

客户对商品的评论直接影响着其他客户的购买，不良评价也会导致商品排名的下降，因此商家必须重视对客户评价的管理，店铺的评价管理的后台操作如下：

评价管理
与维护（视频）

步骤1　日常评价管理。首先进入千牛商家工作台，在左侧列表中找到"交易"菜单，选择"评价管理"子菜单中的"评价管理"选项卡，如图3-6-1所示，在这里可以对客户评价做出解释回复。单击"问大家"选项卡，进入"问大家"问题维护页面，如图3-6-2所示。

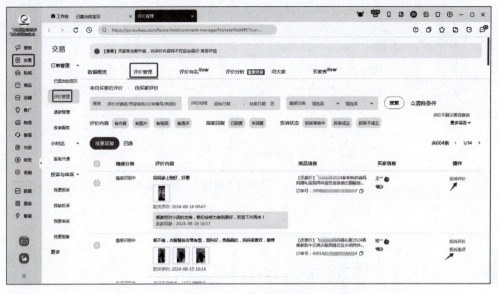

图 3-6-1　评价中心页面

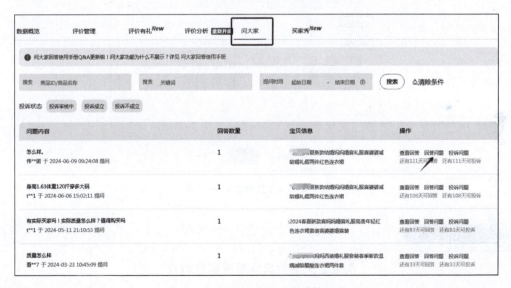

图 3-6-2　"问大家"问题维护页面

步骤2　负面评价维护。首先进入千牛商家工作台，在"交易"菜单中，选择"投诉与申诉"子菜单中的"我要投诉"选项，进入"恶意行为投诉"页面，如图3-6-3所示，选择"异常评价"的投诉类型，提交相关凭证，如图3-6-4所示。在"恶意行为投诉"页面，可查询到投诉订单、订单的投诉类型、投诉时间、投诉结果及投诉详情。

图 3-6-3 "恶意行为投诉"页面

图 3-6-4 提交相关凭证页面

 岗位研学

 淘宝、天猫评价体系有哪些内容？

一、淘宝评价体系

淘宝网的评价包括店铺评分和信用评价。店铺评分（即店铺 DSR 评分）由买家对卖家进行评价，包括商品或服务的质量、服务态度、物流三项评分指标，每项指标得分为连续六个月内所有评分的算术平均值。淘宝会员在淘宝网每使用支付宝成功交易一次，就可以对交易对象作一次信用评价，信用评价由买卖双方互评，包括信用积分和评论内容，根据买家给的好、中和差评赋予信用积分，评论内容包括交易商品或服务相关的文字、图片等信息。那么，淘宝是如何规定评价时间、评价构成和信用积分的呢？

（1）评价时间。买卖双方在交易成功后 15 天内发布与交易商品或服务相关的信息。

（2）追加评论。自交易成功之日起 180 天（含）内，买家可在作出信用评价后追加一次评论，内容不得修改，不涉及好、中、差评及店铺动态评分，也不影响卖家信用积分。

（3）评价解释。被评价人在评价人作出评论内容或追评内容之时起的 30 天内作出解释。

（4）评价修改。评价人可在作出中、差评后的 30 天内，对不良的信用评价进行一次修改或删除，但不能向下改。

想一想

通过学习，你已经对淘宝网的评价体系有了初步了解，在实际应用中它是怎样运行的呢？请查看《淘宝网评价规范》（路径如图 3-6-5 所示），通过查阅关于信用积分的规定，补齐以下填空。

1. 卖家/买家得到好评，信用积分 _____，卖家/买家得到中评，信用积分 _____，卖家/买家得到差评，信用积分 _____。

2. 15 天内双方均未评价，卖家/买家信用积分 _____。

3. 卖家给予买家好评，而买家在 15 天内未给卖家评价，则 _____ 信用积分加 1 分。

4. 卖家/买家任意 14 天内就同一商品多笔交易得到的多个好评，卖家/买家信用积分 _____，多个差评卖家/买家信用积分 _____。

5. 每个自然月，相同买、卖家之间交易，卖家/买家增加或扣减的信用积分不超过 _____ 分。

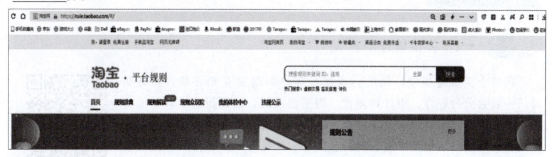

图 3-6-5　查看《淘宝网评价规范》路径

二、天猫评价体系

针对天猫商家而言，天猫评价包括店铺评分和评论内容，评论内容包括文字评论和图片评论。店铺 DSR 评分是客户针对单笔交易对商家描述相符、服务态度、物流服务三项进行评分。商家的每项店铺评分均为动态指标，是此前连续六个月内所有评分的算术平均值。可以通过查阅《天猫评价管理规范》了解天猫评价体系。

 想一想

同样作为电商平台，淘宝评价体系和天猫评价体系有什么区别呢？请查看《天猫评价管理规范》（路径如图 3-6-6 所示），通过与《淘宝网评价规范》进行比较，了解两者的异同点，并回答以下问题。

（1）两者在评价时间、追加评论和评价解释方面是否相同？

（2）天猫店铺的客户针对交易做出的评分一旦做出能否修改？

（3）天猫商家是否有评价客户的权限？

（4）客户若完成对天猫商家店铺评分中描述相符一项的评分，则客户信用积分_____。

（5）每个自然月，同一交易双方之间发生的交易，商家店铺评分仅计取前_____次评分。

（6）客户购买商品，每完成一笔"交易成功"的交易，客户信用积分_____。

图 3-6-6　查看《天猫评价管理规范》路径

 理论知识

 一、 评价管理的意义

在整个交易过程中，最后一步就是客户和商家互相评价。在评价时，一般会分为好评、中评和差评。因平台不同，即便没有中评、差评的选项，但是如果客户对商家的服务、产品、物流等不满，也会给商家作出负面评价。店铺的 DSR 评分与信用等级越高，店铺与产品排位会越靠前，橱窗广告位会越多，产品越容易被客户发现，客户的评价内容被公开展示出来，也是对店铺及产品最有效的宣传。

评价管理（视频）

不良评价会导致店铺权重下降，产品搜索排名靠后，不良的评论内容更会降低进店访客的转化率。很多客户在购买商品时，会首先关注店铺 DSR 评分与信用等级，两者分数比较低，或长期低于同行平均水平，客户跳出页面的概率会比较大。同时，不良评价也会拉低产品质量分，直通车的 ROI（即直通车广告投放所获得的投资回报率，或者说是直通车的投入产出比）也会降低。

总之，好的评价是店铺的必备利器，能够促进店铺的订单成交；反之，中、差评（负面评价）如果未处理好，则会把客户"吓跑"。尽管负面评价对店铺经营不利，但商家也应该自觉自律诚信经营，不在评价上弄虚作假，真实的客户反馈，有利于商家改进其商品

及服务。《中华人民共和国电子商务法》明确指出，电子商务经营者不得以虚构交易、编造用户评价等方式进行虚假或者引人误解的商业宣传，欺骗、误导消费者。所以，评价管理的核心要义是维系买卖双方间的和谐关系，直面中、差评（负面评价），从工作的问题分析与改进角度，做好售后服务中的评价管理，有勇气、有方法让客户重新树立对店铺的信心。

 ## 二、好评的处理

商家提供优质的产品和用心的服务，客户一般都会给商家好评，但商家收获好评并不意味着这个订单完美收尾。一条评价在页面中展示，其他客户除了能看到这条评价外，还能在客户评价下方看到商家回复的评价解释（匿名评价除外）。因此，合理又有创意的评价回复解释不仅可以维护店铺的客户黏度，还可以让店铺充满人情味，维系买卖双方之间的和谐关系，提升客户对店铺的好感，对客户的复购、店铺的形象和口碑传播都非常重要。

好评的评价解释示例：

客户评价：凉席质量很好很舒服，软软的，不开空调都很凉快，开了空调更是爽歪歪，舒服得很。

掌柜回复：亲，从甄选材料品质，到贴心接待，辛勤发货，我们始终坚持，怀着一颗爱的心，尽全力做好每一个细节，给亲最好的体验。感谢您的支持，祝生活愉快！

三、中、差评（负面评价）的处理

（一）中、差评（负面评价）的原因分析

一般来说，导致中、差评（负面评价）的原因主要有以下几种：

（1）商品的问题。客户收到的货少了、破了、有色差、有气味、有线头、质量不好、怀疑不是正品等会导致中、差评（负面评价），这种情况约占中、差评（负面评价）总数的一半。

（2）客户主观感受问题。客户觉得尺码不标准、买贵了、收到后不想要了、没有想象中的好等感受不好也会导致中、差评（负面评价）。

（3）服务相关问题。售前服务和售后服务态度反差大、回复不及时、退货和退款无法达成共识产生纠纷等售后服务问题也会导致中、差评（负面评价）。

（4）恶意中、差评（负面评价）。与交易无关的同行恶性竞争或想要勒索钱财而给的中、差评（负面评价）。

（二）中、差评（负面评价）的处理

1. 处理中、差评（负面评价）的方法

（1）处理流程。评价管理作为售后工作的其中一个环节，与其他售后问题的处理思路是一样的，处理流程为联系客户，询问原因，认真倾听，安抚道歉，协商解决和跟进处理。客服人员在处理中、差评（负面评价）的过程中，在无法解决的情况下可以报告给部门主管协调解决，达成解决方案后跟进实施，最后再与客户沟通，告知其处理结果。

（2）处理方法。

①商品问题而导致的中、差评（负面评价），客服要联系客户核实商品的具体问题，

根据商品问题的严重程度和客户意向，采用退换货、部分退款或其他补偿措施。

②客户主观感受而导致的中、差评（负面评价），客户认为收到的货物没有预期好，不符合自己买单的价值，商家一方面需要自省商品描述及图片是否与实物相符，另一方面可以联系客户进行补偿，如通过店铺优惠券、店铺红包来弥补客户的心理落差。

③服务问题而导致的中、差评（负面评价），首先要确定是快递服务还是店铺客服服务的原因，如果是快递原因，客服首先要对客户表示歉意，同时对接合作快递公司采取补救措施；若是客服原因，客服一定要及时针对客服问题做出改进，从而杜绝类似问题的发生。

④对于恶意的中、差评（负面评价），如评价中出现不合理要求、同行恶意评价、第三方敲诈、在评论中泄露别人信息等，可以先收集有力证据（如评论截图、沟通记录等），向平台投诉，由平台工作人员处理。投诉成立后，对应的中、差评（负面评价）会被删除。

2. 中、差评（负面评价）的评价解释

店铺里总会有部分中、差评（负面评价）是无法修改或删除的，这可能是联系不上客户或者和客户协商不一致导致的，这时候评价解释就更为重要。客服回复的评价解释是给其他客户看的，通过中、差评（负面评价）解释，可以争取到其他客户的理解与同情。通过对负面评价的回复解释，让客户感受到客服人员的大度谦和，店铺应勇于承担责任，树立专业的形象，在遵守相关法律与平台规则的前提下，做到有礼有节，维护好店铺声誉。

案例 1

客户评价：这个碗太小了。

掌柜回复：亲，这是米饭碗，这个是市面上比较通用的规格，作为米饭碗很合适，但是每个家庭对餐具的要求有所不同，请大家在购物前仔细看尺寸，然后拿一把尺子在自家餐具上量一下，那样选购的时候会更加准确哦。

案例 2

客户评价：和图片描述相符，但有瑕疵，杯底有一块突出来了，感觉有点碎了。

掌柜回复：杯底是流釉的，这个产品链接里面有非常明确的图片和文字说明，请大家在选购之前仔细看页面介绍哈，以免产生对工艺的误解。杯子下面不是破损或碎了，陶瓷产品放置在烤板上入炉烤制，会在烤板上发生小的粘连，造成小范围不平整，这是陶瓷工艺的正常痕迹，不是质量问题。有任何问题欢迎联系线上客服进行问询。亲，请放心使用哈，感谢您的惠顾！

四、 电话沟通技巧

在收到中、差评（负面评价）之后，通过在线沟通工具联系不上客户时，客服就可以采用最直接的方法——打电话沟通，那么客服打电话沟通应注意哪些方面呢？

首先，打电话要掌握时机，避免在吃饭、休息的时间段与客户联系。打电话之前做好充足的准备工作，把自己想说的内容梳理清晰，包括客户的相关信息、沟通的主题等先列在纸条上，避免因紧张而表述不清。电话接通之后，开场白要主动表明自己的身份和目的，礼貌地征询客户此时是否方便接听电话。在与客户交流的过程中，客服要把握好声音、语气、态度和说话的逻辑性，给客户留下一个好印象；同时要注意保持一个轻松愉快的心情，微笑地进行沟通，让客户感受到你的真诚；认真倾听客户的问题，适时地回答，不要

打断对方；客户说完问题后，客服要分析客户给出中、差评（负面评价）的主要原因，并跟客户确认这个原因是否就是令他不满意的地方；不管是谁的过错，客服首先要致歉，然后与客户协商出一个双方都认可的解决方案。客服要根据店铺的具体情况给客户做出一个保证，如商品质量的保证、具体物流时间的保证、选礼品和优惠券的保证等，让客户对店铺重新树立信心，从而引导客户追加好评，对店铺来说，追加评价的价值远大于客户初评。

电话沟通话术示例：

客服：亲，您好，我是××平台××店铺的售后客服，之前您在我们店买了一件裙子，您还记得吗？看到您给我们的留言了，真的非常抱歉裙子有开线的地方，我们的产品没能让您满意，您反映的问题我们已经做了工作改进，非常感谢您的反馈意见，我们将返现 30 元给您做修复补偿，您看可以吗？如果您对我们服务改进认可的话，可以为我们追加评价哦，我们会努力把所有的客户都服务好哒。

练一练

根据你的购物体验，和同学们一起讨论一下，以下哪些评价会排名靠前。

1. 评价字数越多的评价。
2. 评价时间越近的评价。
3. 买家账号等级越高的评价。
4. 有晒图的评价。
5. 没有晒图的评价。
6. 其他买家点击"有用"次数多的评价。
7. 含有产品关键词的评价。
8. 不含产品关键词的评价。
9. 复制粘贴同样内容的评价。

考一考

项目三任务六
自我检测

课后任务

一、问答题

1. 简述评价管理的意义。

2. 简述中、差评（负面评价）的处理方法。

二、岗位训练

1. 请参照岗位实践操作步骤，依托企业店铺子账号完成"评价管理与维护"业务实践，整理每一步骤完成后的截图，或记录岗位实践相关内容，撰写实践报告。

2. 作为网店客服人员，设计中、差评（负面评价）环节中常见问题及评价解释话术。

场景：评价管理。

问题情境/问题描述	话术设计
台灯的质量很差，用了几次就坏了！	
衬衣颜色有色差	
快递员服务态度太差了！没有打电话就给我放门口，差点丢了！	

职业素养

悟一悟，电商人如何为健全完善电商信用评价体系贡献自己的力量？

健全完善电商信用评价体系

（来源：人民日报海外网）

"每次下单前都会先看看评价，希望每一个评价都真实可信。"网上的一则留言道出不少网购爱好者的心声。2021年10月，商务部、中央网信办、发展改革委发布《"十四五"电子商务发展规划》，提出加强电子商务监管治理协同，推进数字化、网络化和平台化监管，构建可信交易环境，保障市场公平竞争；督促电子商务平台经营者加强对平台内经营者管理，探索建立"互联网＋信用"的新监管模式，引导电子商务直播带货平台建立信用评价机制。

网购在人们的生活中越来越普及，各类电商平台用户发表的商品评价，往往成为消费者衡量商品服务品质的重要辅助参考。对于卖家而言，"好评"有助于吸引客源，带来大量交易机会和潜在经济效益。

电商平台设计评价体系是基于买卖双方公平立场、维护行业发展的一项开拓性措施，相当一段时间内起到了良好作用。然而，在利益驱动下，部分商家想方设法增加"好评"数量，导致信用评价体系逐渐变味。国家市场监管总局曾发布《2021年度重点领域反不正当竞争执法典型案例——网络虚假宣传篇》，对一些商家虚构评价、"刷单炒信"问题进行曝光。

虚假评价数据扭曲了平台评价机制的初衷，使其可信度大打折扣，在一定程度上扰乱了正常的网购秩序。除了市场监管部门加大失信惩治力度外，电子商务平台经营者应当建立健全信用评价制度，公示信用评价规则，消费者也应该理性评价，电商平台、商家和消费者应携手同行、凝聚合力，营造良好的电商信用评价体系。电商平台要切实履行主体责任，改进审核机制，以更高效精准的方式打击虚假好评，力挺真正的"好评商家"，让虚假评价没有生存空间。此外，还要健全完善信用评价体系，制定评价依据、细化评价标准，保障消费者的知情权和选择权。

"刷来的好评"终究抵不过货真价实的力量。商家要自觉自律诚信经营，不在评价上弄虚作假。真实的顾客反馈，有利于商家改进其商品及服务。对于消费者而言，应在购物消费时理性客观评价。

信任机制是网购成交的基石，商品评价体系是平台信任机制的重要组成部分。依法实施信用监管是规范电商市场秩序、改善市场信用环境的关键举措，更是推动电商行业高质量发展的必由之路。相信好评失真的问题解决后，评价体系的多元内容能为消费者的决策提供更全面的辅助参考，助力平台经济健康有序发展。

🏭 行业之窗

阅读以下资料或自行查阅相关资料，谈一谈企业如何为电商筑牢诚信之基，营造公平竞争的生态环境。

为直播电商筑牢诚信之基

"明码标价"的消费点评谁敢信

拒绝落入"刷单"陷阱

项目三　学习过程性评价标准

考核项目	考核内容	考核形式	评价标准	单项得分	评价占比	合计得分
售后客户服务	**知识点：** 售后客服常用话术，售后服务工作内容、服务时效、处理原则与程序，售后问题的原因与预防措施，退换货等操作规范与注意事项，订单跟进操作要点与处理方法，处理投诉的基本原则与工作流程，投诉纠纷的原因及预防措施，负面评价的原因分析及处理方法。 **技能点：** 售后问题处理的规范操作及 AG 自动化挽单操作，灵活运用售后沟通话术解决客户售后诉求，应用售后问题的处理原则与客户协商售后问题解决方式，完成部门间的业务协作，有效实施订单跟进管理，能够分析投诉纠纷事件发生的原因，按照投诉处理的基本原则和工作程序妥善处理投诉纠纷事件，开展日常评价管理。 **素质点：** 体现在话术设计中的人本经营理念、客户服务意识与守法意识；体现在岗位实践报告中解决棘手售后问题的沟通素养，及诚实守信与实事求是的工作原则	1. 岗位实践岗位训练实践报告	企业/学校教师评价：【六个任务平均成绩】 1. 岗位实践报告记录完整，有过程性截图（80%）。 2. 开展岗位实战业务，有真实业务实战数据或记录，并体现一定实战绩效（20%）		30%	
		2. 岗位研学小组或个人汇报研学任务	组间评价：【六个任务平均成绩】 1. 小组针对特定问题采用研究性拓展学习，并进行总结归纳，体现团队分工与协作精神（50%）。 2. 组间共享学习成果，能回答其他组质疑（50%）		20%	
		3. 理论知识客观题检测 1 次/任务	自我评价：【六个任务平均成绩】 智慧职教 MOOC 学院项目三中六个任务均设置"考一考"，或纸质教材的"考一考"作答，以客观题形式完成自我检测		50%	
		4. 课程资源自主学习，职业素养和行业之窗案例讨论	智慧职教 MOOC 学院"互联网销售"课程平台统计： 项目三课程资源同步在智慧职教 MOOC 学院开放，基于课程平台明确学生自主学习的评价要素及比例，如课程资源学习进度、作业、主题讨论等，平台统计每位学生的自主学习情况，终期汇总百分制成绩			

课程考核详见附件。

项目四　客服数据指标分析

学徒场景

学徒阿诚上岗记——客服销售数据不容小觑

阿诚在客服部工作出色，成为网店的店长助理，协助店长管理店铺。近一个月，店铺的销售业绩平平，除了节假日的促销活动能稍微提升一下网店的销量外，还呈现一点下滑的趋势，阿诚请教师傅倩倩该如何管理店铺。

师傅告诉阿诚，作为店长不能只看订单量这个单方面的数据，还应该查看询单转化率、客单价、客服响应时间、客服退款率等客服数据，可以在"卖家中心"的子账号管理功能查看客服的聊天记录，也可以用专门的绩效监控软件来查看这些客服数据。

你快跟阿诚一起查看这些被忽视了的数据吧。

学徒阿诚上岗记
—客服销售数据
不容小觑（动画）

想一想

1. 在哪里能查看到店铺数据？
2. 分析这些数据有助于提升店铺绩效吗？为什么？

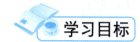

任务一 客服数据指标统计

学习目标

知识目标

1. 掌握客服数据指标监控的意义。
2. 掌握客服数据指标分类。
3. 掌握各项售前客服数据指标和售后客服数据指标。

技能目标

1. 学会用专业化软件如"生意参谋""赤兔名品"进行数据采集与监控。
2. 能够梳理、分析相关客服数据。
3. 能够用客服数据指标考核客服岗位绩效。

素质目标

1. 培养学生对数据的敏感度，善于从数据出发优化客服岗位工作。
2. 强化培养学生互联网经营的守法意识，自觉学习并遵守《中华人民共和国数据安全法》。
3. 培养学生保护客户数据安全的工作责任意识。

 **岗位实践**

客服数据指标质量监控

通过观察、分析客服数据来了解客服工作能力与状态，挖掘客服工作问题，是管理客服工作的关键。那么，要了解哪些客服数据？这些数据又可以从哪里查到呢？以天猫、淘宝店铺为例，客服工作情况可通过查找聊天记录来了解，客服工作数据可通过后台的"生意参谋"和"赤兔名品"等专业化软件进行采集，项目四任务二"岗位实践篇"会学到"赤兔名品"的客服数据查找方法。

 一、查看"聊天记录" 质检客服工作情况

步骤 1 进入千牛卖家工作台，在左侧导航栏通过"我的应用"进入"赤兔名品"页面。单击顶端"绩效明细"选项卡，执行左侧"服务

客服工作
情况监控（视频）

满意度"菜单中的"服务评价明细"命令，在弹出的页面中选择需要查询的时间，可以查看客户对客服的评价，如图 4-1-1 所示。

图 4-1-1 "服务评价明细"页面

步骤 2 在"服务评价明细"页面，选择需要查看的评价，单击"在线"按钮，即可查看该客服的聊天详情，如图 4-1-2 所示。通过抽检、查看客服人员的聊天记录，就可以查找客服工作中的不足之处，一方面有利于工作改进，另一方面也可以将质检情况纳入客服人员的岗位绩效考核，如图 4-1-3 所示。

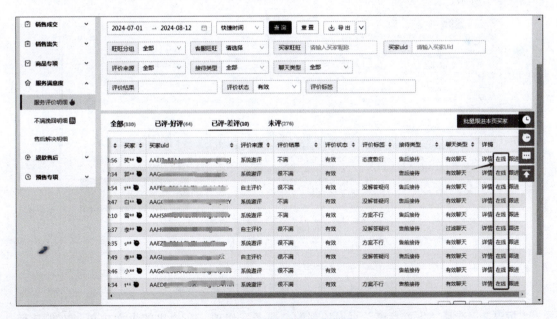

图 4-1-2 查询服务评价页面

图 4-1-3　客服人员的"聊天记录"页面

二、使用"生意参谋"进行数据监控

步骤 1　进入千牛卖家工作台，通过左侧导航栏"数据"菜单进入"生意参谋"页面，如图 4-1-4 所示。

图 4-1-4　千牛工作台导航栏"数据"菜单

步骤 2　选择"生意参谋"页面顶部的"服务"选项，在弹出的页面中单击左侧导航栏中"核心监控"按钮，在选择查看数据的时间后，可以看到客服团队在这段时间内的整体销售数据概览，如图 4-1-5 所示。

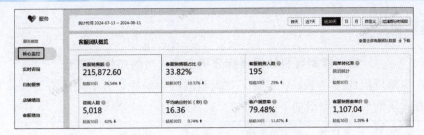

图 4-1-5　客服团队整体销售数据概览

步骤 3　在"服务"选项页面，执行左侧导航栏"服务绩效"菜单中的"店铺绩效"命令，选取数据提取时间如周、月、季或年，单击"店铺""客服""静默"三个选项中任一按钮，即进入相应页面，分别可以获取整体店铺、客服销售和静默销售的相关绩效明细表，如图 4-1-6所示。还可以单击"下载"按钮进行报表下载与查看。

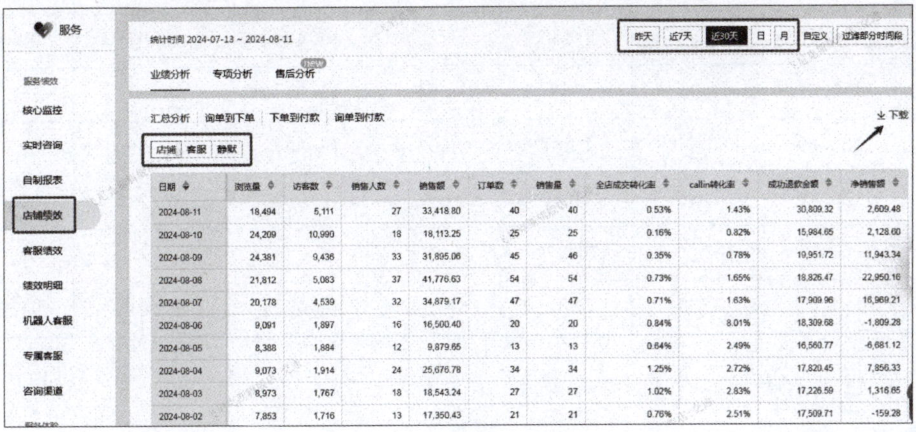

图 4-1-6　店铺绩效明细表

步骤 4　还可以执行左侧导航栏"服务绩效"菜单中的"客服绩效"命令，选取数据提取时间如周、月、季或年，查看每位客服人员的绩效明细表，如图 4-1-7 所示。

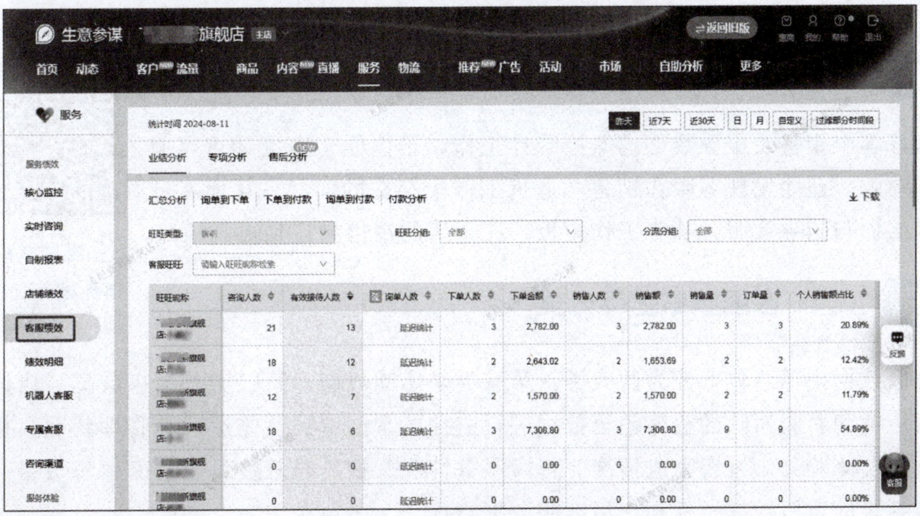

图 4-1-7　客服人员绩效明细表

 **岗位研学**

如何根据客服数据指标分析客服人员的工作状态？

阿诚在师傅倩倩的指导下，认识到了数据检测的重要性，并下定决心要认真检测客服数据。他查看店铺后台，导出如下数据。

旺旺	客单价/元	客件数	询单人数	销售人数	转化率	平均响应时间	客户满意比
依依	120.91	1.53	1 454	683	46.97%	21.52	88.21%
乐乐	111.12	1.51	1 503	685	45.58%	41.57	95.15%
青青	127.25	1.79	1 533	726	47.36%	25.83	92.91%
小美	122.43	1.67	1 431	655	45.77%	34.21	93.52%
圆圆	119.18	1.55	1 485	735	49.49%	42.91	92.98%
娜娜	153.61	1.91	768	354	46.09%	74.31	89.96%
姗姗	121.89	1.64	1 287	603	46.85%	45.69	86.65%
乐乐	120.00	1.56	1 410	607	43.05%	33.21	90.54%
汇总			10 871	5 048			
均值	124.55	1.65	1 358.88	631.00	46.00%	39.91	91.24%

 想一想

请分析客服人员的销售指标情况，剖析客服人员的岗位工作状态和工作能力。

 理论知识

 一、 客服数据指标监控的意义

做好客服销售及服务数据的监控统计工作，不但便于商家计算客服的工作绩效，还能发现客服在销售、退货工作中存在的问题，从而有针对性地培训与指导客服，补齐工作短板，让全店的销售量得到提高。

客服数据
指标统计（视频）

 二、 客服数据指标分类

客服数据指标总体上分为两大类，第一类是店铺数据，第二类是销售数据。店铺数据通过对店铺和客服团队的整体销售数据进行监控，掌握店铺整体运营和管理状况，指标包括店铺综合体验分、销售完成情况、售后服务情况、物流异常数量和负面评价数量。销售数据包括售前客服数据指标和售后客服数据指标。

售前客服数据指标主要有询单人数、回复率、询单转化率、答问比、客单价、客件数、响应时间和平均响应时长，数据指标定义如下：

（1）询单人数：客服接待询单人数，是真正有意向购买商品的人数。

（2）回复率：回复过的客户数除以接待人数（一个自然日一统计，自然日为 0 点到 24 点）。

（3）询单转化率：下单并付款人数除以接待询单人数。

（4）答问比：客服回复次数除以咨询客服次数。

（5）客单价：客服个人销售额除以客服销售人数。

（6）客件数：客服销售量除以客服销售人数。

（7）首次响应时长：客服对客户第一次回复用时的平均值。

（8）平均响应时长：客服对客户每次回复用时的平均值。

售后客服数据指标主要有退款率、纠纷退款率、介入率、投诉成立率、品质退款率、仅退款自主完结时长和退货退款自主完结时长。

（1）退款率：可以从订单笔数、商品数量和销售金额三种角度计算该指标。从订单笔数角度计算，退款率是一定期限内，卖家售后成功退款笔数占总成交笔数的比率。从商品数量角度计算，退款率是一定期限内，退款商品数量占销售商品数量的比率。从销售金额角度计算，退款率是一定期限内，退款商品总金额占销售商品总金额的比率。

（2）纠纷退款率：在一定期限内（通常为 30 天），纠纷退款笔数除以支付总成交笔数。

（3）介入率：在一定期限内，介入发起笔数占支付订单数的比率，卖家发起、买家发起、电商平台介入笔数均计入介入发起笔数。

（4）投诉成立率：投诉成立量除以支付总成交量。

（5）品质退款率：品质退款指买家因商品质量问题发起的退款，即买家在发起退款时选择与商品质量相关的退款原因（如材质不符、做工瑕疵、描述不符及其他质量问题等），买家个人原因申请的退款（如效果不好、不喜欢、不合适等）理由不计入品质退款。

（6）仅退款自主完结时长：在一定期限内，仅退款自主完结（含售中、售后业务环节）总时长除以仅退款自主完结总笔数。

（7）退货退款自主完结时长：在一定期限内，退货退款自主完结（含售中、售后业务环节）总时长除以退货退款自主完结总笔数。

这些客服数据指标都能透漏出一些潜在的意义，对数据进行合理区分，有助于分析或发现客服人员或客服业务本身的问题，也有助于提升客服团队整体绩效。

三、客服绩效考核指标

（一）售前客服绩效考核指标

售前客服数据指标是售前岗位绩效考核的基础，可覆盖日常工作、绩效考核等。售前客服岗位绩效考核侧重工作状态、服务评价和销售能力三个维度。

接待人数、回复比率、响应时长、接待时长能反映出售前客服的工作状态。客户满意度、售前中差评数等指标可以反映出售前客服的服务态度。销售额、客件数、客单价、付款人数和转化率可以反映出售前客服的销售能力。客户满意度和售前中差评数指标释义如下：

（1）客户满意度：收到满意数占发出评价数的比例。

例：某售前客服当月收到评价 500 次，非常满意和比较满意共 400 次，故此客服当月客户满意度为 80%。

（2）售前中差评数：统计时间内售前客服收到点名的中、差评（负面评价）的数量，考核指标可设置为 0 或几个以下，该指标越低越好。

（二）售后客服绩效考核指标

售后客服岗位绩效考核同样侧重在工作状态、服务效果和售后指标三个维度。在工作状态和服务态度考核中，具体指标与售前客服绩效考核指标是一致的，但售后岗位绩效考核的售后指标主要是退款完结时长、纠纷退款率、投诉率、退款自主完结率和售后费用。其中，售后费用指的是处理售后产生的总费用。

例：某店铺收到退款总笔数为 100 笔，售后客服自主处理退款 98 笔，因此售后客服退款自主完结率为 98%。

练一练

请连线匹配以下售前客服数据指标的名称和解释。

询单人数　　　　　　　　平均每个客户购买商品的数量

客单价　　　　　　　　　客服对客户第一次回复用时的平均值

回复率　　　　　　　　　客服对客户每次回复用时的平均值

平均响应时长　　　　　　客服回复次数除以咨询客服次数

询单转化率　　　　　　　客服接待的询单人数，真正有意向购买商品的询单人数

答问比　　　　　　　　　下单并付款人数除以接待询单人数

首次响应时长　　　　　　收到满意数占发出评价数的比例

客件数　　　　　　　　　每位下单客户的平均交易额

客户满意度　　　　　　　回复过的客户数除以接待人数

售前中差评数　　　　　　售前客服收到点名的中、差评（负面评价）的数量

考一考

项目四任务四
自我检测

课后任务

一、问答题

1. 售前客服数据指标和售后客服数据指标各有哪些？

2. 售前和售后的客服岗位绩效考核维度有哪些异同点？

二、岗位训练

1. 请参照岗位实践操作指导，依托企业店铺子账号完成"客服数据指标质量监控"业务实践，整理每一步骤完成后的截图，或记录岗位实践相关内容，撰写实训报告。

2. 表 4-1-1 是从"赤兔名品"软件中提取的店铺客服数据，请根据你对店铺数据的理解与分析，将有问号的空白处补充完整。

表 4-1-1　"赤兔名品"客服数据统计表

日期	店铺销售额	店铺销售人数	浏览量（PV）	访客数（UV）	全店成交转化率	Callin转化率
2019－08－17	￥66,939.60	?	119 674	13 887	?%	?%
客服销售额	客服销售占比	客服销售人数	客服销售量	客服客单价	咨询人数	接待人数
￥24,523.90	?%	80	126	?￥	444	315

续表

询单转化率	首次响应/秒	平均响应/秒	服务质量DSR	客服退款金额	客服退款件数/件	静默销售额
37.76%	0.29	10.88	4.9	¥10,381.99	65	? ¥
静默销售人数	静默转化率					
141	?%					

说明：Callin转化率＝咨询人数除以访客数。

职业素养

悟一悟，阅读《中华人民共和国数据安全法》的法条，谈一谈你对数据安全的认识。

中华人民共和国数据安全法（节选）

（2021年6月10日第十三届全国人民代表大会常务委员会第二十九次会议通过，自2021年9月1日起施行）

第一章　总则

第一条　为了规范数据处理活动，保障数据安全，促进数据开发利用，保护个人、组织的合法权益，维护国家主权、安全和发展利益，制定本法。

第二条　在中华人民共和国境内开展数据处理活动及其安全监管，适用本法。

在中华人民共和国境外开展数据处理活动，损害中华人民共和国国家安全、公共利益或者公民、组织合法权益的，依法追究法律责任。

第四条　维护数据安全，应当坚持总体国家安全观，建立健全数据安全治理体系，提高数据安全保障能力。

第七条　国家保护个人、组织与数据有关的权益，鼓励数据依法合理有效利用，保障数据依法有序自由流动，促进以数据为关键要素的数字经济发展。

第二章　数据安全与发展

第十三条　国家统筹发展和安全，坚持以数据开发利用和产业发展促进数据安全，以数据安全保障数据开发利用和产业发展。

第十四条　国家实施大数据战略，推进数据基础设施建设，鼓励和支持数据在各行业、各领域的创新应用。

省级以上人民政府应当将数字经济发展纳入本级国民经济和社会发展规划，并根据需要制定数字经济发展规划。

第十九条　国家建立健全数据交易管理制度，规范数据交易行为，培育数据交易市场。

第三章 数据安全制度

第二十一条 国家建立数据分类分级保护制度，根据数据在经济社会发展中的重要程度，以及一旦遭到篡改、破坏、泄露或者非法获取、非法利用，对国家安全、公共利益或者个人、组织合法权益造成的危害程度，对数据实行分类分级保护。国家数据安全工作协调机制统筹协调有关部门制定重要数据目录，加强对重要数据的保护。

关系国家安全、国民经济命脉、重要民生、重大公共利益等数据属于国家核心数据，实行更加严格的管理制度。

各地区、各部门应当按照数据分类分级保护制度，确定本地区、本部门以及相关行业、领域的重要数据具体目录，对列入目录的数据进行重点保护。

第二十三条 国家建立数据安全应急处置机制。发生数据安全事件，有关主管部门应当依法启动应急预案，采取相应的应急处置措施，防止危害扩大，消除安全隐患，并及时向社会发布与公众有关的警示信息。

第四章 数据安全保护义务

第二十七条 开展数据处理活动应当依照法律、法规的规定，建立健全全流程数据安全管理制度，组织开展数据安全教育培训，采取相应的技术措施和其他必要措施，保障数据安全。利用互联网等信息网络开展数据处理活动，应当在网络安全等级保护制度的基础上，履行上述数据安全保护义务。

重要数据的处理者应当明确数据安全负责人和管理机构，落实数据安全保护责任。

第三十二条 任何组织、个人收集数据，应当采取合法、正当的方式，不得窃取或者以其他非法方式获取数据。

法律、行政法规对收集、使用数据的目的、范围有规定的，应当在法律、行政法规规定的目的和范围内收集、使用数据。

行业之窗

阅读以下资料或自行查阅相关资料，谈一谈你对企业客户数据安全保护工作的认识。

数据处理者所处理数据
具有公共安全属性

数据全生命周期
安全保护义务

任务二　客服数据指标提升

学习目标

知识目标

1. 掌握客服数据指标的分析方法，客服数据指标包括客服销售量、询单转化率、客单价、退款率等。

2. 掌握提升或改进客服数据指标的策略与方法。

技能目标

1. 学会进行销售量、询单转化率、客单价、退款率与响应速度的指标分析，通过指标分析找出客服工作存在的问题。

2. 能够在指标分析的基础上，做出客服工作的优化调整方案，实施工作改进。

素质目标

1. 培养并强化学生的数据化思维，以及科学严谨的工作态度。

2. 培养学生对工作不断优化和精进的职业品质。

3. 培养并强化学生互联网经营的规则意识，自觉维护大数据产业健康、有序发展。

岗位实践

使用"赤兔名品"软件进行数据监控

步骤 1　进入千牛卖家工作台，点击导航栏"服务"菜单中的"服务中心"子菜单，打开"服务中心"窗口，如图 4-2-1 所示，即可找到"赤兔名品"软件。

步骤 2　进入"赤兔名品"软件首页，其中包括"店铺绩效""客服绩效""绩效明细"等多个模块。选择"客服绩效"选项，在左侧"销售成交"菜单中单击"成功率分析"按钮进入"成功率分析"页面，获取询单转化率数据，如图 4-2-2 所示。

使用"赤兔名品"软件
进行数据监控（视频）

步骤 3　在"接待服务"菜单中单击"工作量分析"按钮进入"工作量分析"页面，获取答问比数据，如图 4-2-3 所示。还可以获取回复率、首次响应时长、平均响应时长等数据，如图 4-2-4 所示。

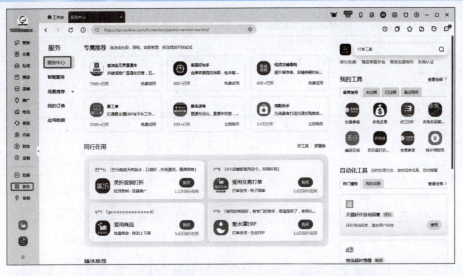

图 4-2-1　在软件"服务"菜单中打开"服务中心"子菜单

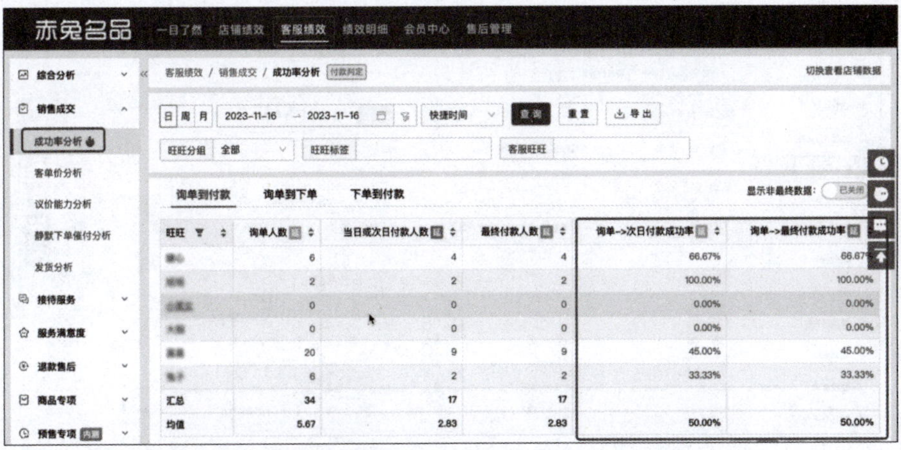

图 4-2-2　"赤兔名品"中"成功率分析"页面

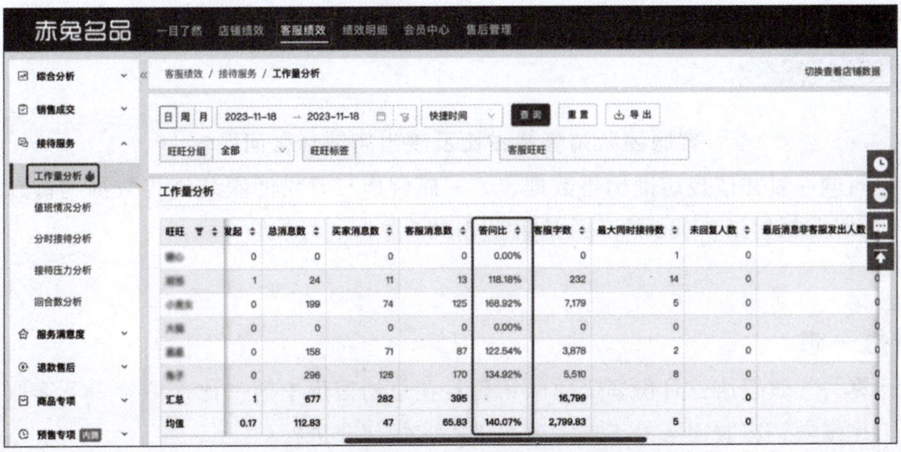

图 4-2-3　"工作量分析"页面显示答问比数据

图 4-2-4 "工作量分析"页面显示回复率、首次响应时长等数据

步骤 4 在"销售成交"菜单中单击"客单价分析"按钮进入"客单价分析"页面，进行客服相关绩效数据的查询和分析，如图 4-2-5 所示。

图 4-2-5 "客单价分析"页面显示客服绩效数据

岗位研学

客服团队销售量占比反映出店铺什么问题？

学徒阿诚一直在监控店铺销售数据。××旗舰店三月份的服装销售数据为静默销售量 3 983 件，客服销售量 3 005 件，总销售量 6 988 件。

想一想

请计算××旗舰店三月份客服团队销售量在总销售量中的占比，评价一下客服团队三月份的工作绩效，客服团队的工作需要改进吗？如何改进？

××旗舰店七月份的服装销售数据为静默销售量 3 183 件，客服销售量 4 932 件，总销售量 8 115 件。

 **想一想**

请计算××旗舰店七月份客服团队销售量在总销售量中的占比，评价一下客服团队七月份的工作绩效，针对店铺七月份的销售情况，你觉得店铺工作需要改进吗？如果需要，又该如何改进？

 **理论知识**

做好客服的销售统计数据分析，不但方便商家计算客服的工作绩效，还能发现客服在销售、退货工作中存在的问题，从而有针对性地培训与指导客服，提高工作效率和全店的销售量。

 一、 客服销售量指标提升

客服销售量既可以是整个客服团队的销售量，也可以是具体某个客服的销售量。统计客服销售量，有利于直观地考核客服的业绩。通过横向对比客服之间的销售量，可以找到业绩不佳的客服，帮助客服人员分析自身不足，提高业务水平。

（一）客服销售量与总销售量占比

一个店铺的商品总销售量由客服销售量和静默销售量两部分组成。客服销售量在总销售量中的占比与店铺的规模和品牌有一定关系，店铺做得越大，商品详情页相对做得越专业，提供的信息越准确，视觉效果也越好，好评率也越高，不咨询客服直接下单的客户就越多；越是知名品牌，客户对商品的忠诚度就越高，客户越容易直接下单，所以店铺客服销售量在总销售量中的占比相对较小。通常情况下，客服销售量占店铺总销售量的60%左右是正常水平。

（二）客服之间销售量横向分析与处理方法

横向对比客服的销售量、销售金额等指标，指标高的客服工作效率相对高，工作态度相对好。关联销售技巧用得好的客服销售量和销售金额相对高，有些客服虽然销售量不是很高，但善于推荐价格高的商品，销售金额也会相对高。

 二、 询单转化率指标提升

询单转化率是考查客服营销能力的一个重要指标。进店咨询的客户是有购买意向的，无论客户有没有确定的购买目标，客服都应该有技巧地引导客户，尽量促成交易。一般来说，一名成熟的客服可将60%以上的询单客户转化为购买客户，即其询单转化率高于60%。

如何提高询单转化率呢？对客服而言，需要熟练掌握商品的专业知识，能够快速、清晰地回答客户问题，面对不熟悉的客户问题时，及时跟团队人员或主管请教，并快速地反馈给客户，不要敷衍了事；熟悉店铺促销活动，客户犹豫时，找准时机抛出店铺促销信息，促进客户下单；灵活运用销售技巧，如掌握客户异议的处理方法和价格异议的应对方法，有针对性地引导客户下单；具有良好的服务态度，让客户体验到客服认真、热情的接待，对店铺产生信任感，提高客户下单的可能性。

通常情况下，询单转化率高的客服营销能力相对强，但也要认识到询单转化率是一个比值，体现不了询单客户与付款客户的具体数量。在考核客服询单转化率时，将询单人数也纳入考核才能比较全面地看问题。

案例：某天猫店铺"双11"客服团队询单转化率分析

某天猫店铺对"双11"活动期间的客服数据进行统计、排序，发现店内12名客服中，有4名客服的询单转化率低于平均值。经调查，4名客服询单转化率较低的原因各有不同，客服主管带领客服团队分析了其中的原因，制定了相应的对策，作为后期客服工作改进的依据，见表4-2-1。客服主管应不定期分析客服的询单转化率，并找出客服询单转化率低的原因，制定有效对策。

表 4-2-1　四名客服询单转化率低的原因和对策

客服	询单转化率低的原因	制定的对策
甲	在与客户交流中，过于细致入微，未处理好细节与工作效率的平衡关系，虽然在解决客户问题方面获得了很多好评，但响应速度跟不上，尤其是大促期间更加明显	甲客服的细心决定了她很少使用统一设置的自动回复，故引导其将平时使用较多的问答语设置为子账号的自动回复，以提高响应速度
乙	新手客服，言辞方面欠缺经验，偶尔会得到客户差评	在老客服的指导下，提高沟通技能
丙	喜欢用自动回复来解答客户，基本与客户一问一答，工作态度不积极	引导丙客服，在响应速度快的同时，保持积极、热情的态度与客户交流，将工作态度纳入岗位绩效考核
丁	注重解决客户的问题，但没有销售技巧	让询单转化率较高的资深客服对其进行工作指导，传授相应的销售技巧

从表4-2-1中可以看出，同样是询单转化率低的问题，其原因可能是多种多样的，客服主管要仔细调查原因，有针对性地解决问题。此外，店铺的客户分流设置要合理，避免客服组间分流或组内分流差异过大，分配的客户数量长期相差太大，不利于客服团队整体服务水平的提升。若一名客服人员平均接待时间过长，就要看她是对商品的细节了解和记忆得不够，还是话术库准备不充分，抑或是没有平衡好细心、耐心的服务与工作效率的关系，针对最后一种情况的客服，要进行针对性的沟通技巧训练，使其有足够的沟通技巧来应对"唠叨型"客户，从而提升接待效率。

三、客单价指标提升

当客服之间的销售量和销售额相差不大时，比较不同客服的客单价才有意义。例如，某店铺一位客服的月销售量仅有100件，客单价为85元，其他客服的月销售量均为150件，客单价为60元左右，虽然这位客服的客单价比其他客服都高，但她的销售量和销售额都不高，还有很大的提升空间。

客单价包括店铺客单价和客服客单价两种。客服客单价是衡量客服关联销售能力的一个指标。如何提高客单价呢？提高客单价的方法包括店铺设置搭配套餐、根据客户需求灵活搭配商品、为客户推荐系列产品（如个人护理系列等）、主动提示客户店铺的促销活动等，巧妙运用关联销售的推荐技巧，是提高客服客单价的关键。

（一）店铺客单价和客服客单价的分析

店铺客单价为店铺在一段时间内的总销售额除以总下单客户数。其中，下单客户包括静默客户和询单客户。如果通过客服服务所带来的客单价没有静默客单价高，那么说明客服在销售上没有起到引导客户购物的作用。所以，一个店铺的理想状态应该是客服客单价高于静默客单价，同时也高于店铺客单价。正常情况下，客服客单价应高出店铺客单价的15％～30％，见表4-2-2。

案例：某店铺客服销售情况统计分析

表4-2-2　某店铺三名客服销售情况统计表

客服	4月销售额/元	下单客户数/名	客单价/元
甲	13 412.56	301	44.56
乙	14 899.50	315	47.30
丙	15 153.6	308	49.20
店铺	57 440	1 436	40.00

该店铺客单价是40元，那么客服客单价至少要达到46元才算是基本合格，甲客服的客单价低于此标准，说明甲客服的关联销售技能还有待提升，应进行针对性的培训和训练。

（二）客服之间客单价的对比分析

通过横向对比客服之间的客单价，可以直观地反映出客服的销售水平，客单价高的客服更善于关联销售。

案例：日用品店铺客单价横向对比分析

在淘宝平台，某日用品店铺7－12月的平均客单价为57元，店铺五名客服的客单价统计表见表4-2-3，正常情况下，客服客单价会高出店铺客单价的15％～30％，也就是至少达到65.55元才算是基本合格。请对店铺五名客服的客单价进行对比分析，并以此为基础提交一份客服工作改进计划。

表4-2-3　某日用品店铺五名客服7－12月的客单价统计明细　　　　　　　　元

客服	7月	8月	9月	10月	11月	12月	平均
佳佳	58	63	65	70	71	75	67
欣欣	58	60	63	67	70	77	65.83
小天	65	66	64	67	67	68	66.17
飞路	65	75	55	56	60	75	64.33
尼尼	70	74	72	70	74	73	72.17

案例分析

客服佳佳和客服欣欣是刚入职的新员工，在实习期间，客单价稳步递增，平均客单价均超过了 65.55 元。客服小天 6 个月的客单价变化不大，并且 6 个月的平均客单价也超过了 65.55 元，销售稳定性非常强。客服飞路在 6 个月中，客单价低至 55 元，高至 75 元，创下了店内客单价的最低和最高纪录，但平均客单价为 64.33 元，未达到 65.55 元，属于工作亟待改进的客服。客服尼尼 6 个月的客单价变化不大，在稳定性强的同时，还创造了平均客单价的最高值，为重点培养客服。

根据以上五名客服的客单价对比分析，制订客服团队工作改进计划如下：新客服正在持续进步中，肯定新客服的成绩，激励其创造更好的业绩；客服小天和尼尼则属于业务稳定型客服，是店铺客服的中坚力量，多让小天和尼尼分享销售技巧和经验；客服飞路的客单价忽高忽低，可单独与飞路分析背后的原因，是情绪与服务态度问题还是销售技巧或话术问题等，分析出客单价不稳定的原因，指导其进行工作改进。另外，可以提升客服尼尼为客服组长，组织客服团队进行销售技巧交流分享，帮助团队成员成长，提升店铺整体服务水平和业务绩效。

 四、 退款率指标改进

店铺退款分为两种情况，一种是静默退款，另一种是与客服交流后产生的退款，所以就会有店铺退款率、静默退款率和客服退款率之分。横向对比客服间的退款率，可以找出退款率高于客服团队退款率，或高于店铺退款率的客服人员，帮其分析退款沟通技巧欠佳的原因，安排售后沟通技巧培训，充分准备售后问题解决方案和适宜话术，从而提高退款沟通效果，降低客服团队退款率及店铺整体退款率。

通常情况下，客服退款量占店铺总退款量的 20％左右是正常水平，如果比例过大，就要分析客服团队工作中存在哪些问题。

案例

请你从某裤装店铺 1 月店铺总退款量和客服退款量的统计数据（表 4-2-4）中，分析客服团队的售后退款服务是否到位？店铺是否存在问题？存在哪些问题？

表 4-2-4　某裤装店铺 1 月店铺总退款量和客服退款量的统计数据表　　　　　　件

统计指标	统计数据
店铺总销售量	2 033
店铺总退款量	468
客服销售量	1 179
客服退款量	43

案例分析

店铺的总退款率 =（468÷2 033）×100％=23.02％

客服退款率 =（43÷1 179）×100％=3.65％

静默退款率 =（468－43）÷（2 033－1 179）=49.77％

客服退款量占店铺总退款量的比率 =（43÷468）×100％=9.19％

通过以上分析计算，可以看出店铺的总退款率为 23.02%，退款率较高，说明客户不满意的比例较高。客服退款量占店铺总退款量的 9.19%，低于 20%，说明静默退款量较高，静默退款率高达 49.77% 也说明了这一点，大大超出了店铺的总退款率，很多客户不询问客服直接就申请退款了，需要自查店铺的详情页描述与商品实际是否相符，商品质量或使用方面是否有较严重的问题，店铺后期应该大力调研客户不满意的原因，并进行相关工作改进。

客服退款率为 3.65%，远低于店铺总退款率 23.02%，这说明客服团队的工作是卓有成效的，因为经过客服的工作，很多本来想退款的客户都改变了主意。如果不是这样，说明客服劝说客户不退货的工作没有做到位，需要寻找原因，有针对性地进行二次培训，以期改进退款率指标。

 五、　响应速度指标改进

在项目二任务一及时迎接客户的任务中学习过，为提高客户体验，人工首次响应时间通常掌握在 3～6 秒为宜，避免客户因等待时间过长而失去耐心，选择去其他店铺咨询。那么，影响客服响应速度的因素有哪些呢？主要包括服务意识、业务知识储备、打字速度和快捷回复设置四方面因素。

客服人员的服务意识体现在客户至上的服务理念，用心服务、激情乐观的服务心态，积极主动的服务行为三方面。业务知识储备包括业务流程、业务工具、业务方法和业务话术的熟练掌握，商品知识和店铺活动的熟悉，如客户问及商品的尺寸、材质、使用方法等，客服能够熟记并快速地做出反应。打字速度保持在每分钟 65 字以上是客服的合格标准，可以通过打字测试软件定期测试打字速度和错误率来训练岗位基本功。设置关联问题的自动回复，使关联问题能够涵盖大部分常见问题，客户点击任意关联问题就可以弹出相关答复，或熟练使用聊天工具的快捷回复功能，都可以有效地提升客服响应速度。

 练一练

案例分析

案例 1

客服甲一周内接待询单客户 900 人，其中付款客户有 720 人；客服乙一周内接待询单客户 800 人，其中付款客户有 640 人，如果你是团队主管，试分析其中的原因及应对措施。

案例 2

某店铺三名客服 1～6 月的客单价统计明细见表 4-2-5，试对店铺三名客服的客单价进行对比分析并提出改进意见。

案例 3

一家在微店平台主营日用品的店铺客服主管在对店内客服进行考核时发现，当月所有商品的静默销售量为 2 250 单，客服销售量为 1 500 单，总销售量为 3 750 单。客服销售量占总销售量的百分比为 40%（1 500÷3 750×100%）。客服销售量不如静默销售量好。在调查店内几名客服的销售量后，发现当月甲、乙两人的销售量最低，分别为 321 单和 335 单。

如果你是客服主管，试分析客服销售量低的原因，并提出优化店铺的销售方案（如设置包邮门槛、新增老带新制度等）。

表 4-2-5　某店铺三名客服 1～6 月的客单价统计明细　　　　　　　　元

客服	1 月	2 月	3 月	4 月	5 月	6 月
甲	131	135	140	156	163	163
乙	156	153	155	158	155	154
丙	140	155	133	118	155	128

 考一考

项目四任务二
自我检测

 课后任务

一、问答题

1. 如何提升客服客单价指标？

2. 如何提升询单转化率指标？

二、岗位训练

请参照岗位实践操作指导，依托企业店铺子账号完成"使用'赤兔名品'工具分析店铺服务满意度"业务实践，整理每一步骤完成后的截图，或者记录岗位实践相关内容，撰写实训报告。

> **职业素养**
>
> 悟一悟，在电商刷单黑灰产业链面前，电商从业者应该如何维护电商产业的健康、有序发展？

坚决抵制 10 万＋网文背后的"一条龙"式黑灰产业链

（整理自网易财经文章 https：//weibo.com/ttarticle/p/show？id＝2309404405846992879778）

第一财经 1℃记者近日调查了多款名为"手机群控"的软件，并现场见证了其操作全程。不少网络"爆款"正是借助于这样的工具，仅需点击一下按钮，少则几十部，多则几百部手机就可以同时完成诸如点赞、增粉、转发等操作，各种数据流量造假在瞬间完成。

1 ℃记者先后找到多家从事"手机群控"软件生产经营的企业。这些企业的客服将其产品的功能基本表述为"移动互联营销"，其实就是刷数据流量。这些群控软件产品的价格各不相同，以一款可控制 30 部手机的软件为例，连同 USB 集线器，总报价为 2.88 万元，"控制的手机数量越多，价格越高"。值得注意的是，"手机群控"软件只是近年来不断被曝光的互联网流量数据造假及其相关黑灰产业的一小部分。

作为普通的网络用户可能并不知道，他们看到的公众号 10 万＋文章、超级网红博主、微博千万级转发等"网红""爆款"，可能很多都是靠"手机群控"软件刷出来的。而这类软件使用和操作的简单程度，普通用户很难想象。

8 月初，广东某市的一间实验室内，实验桌上的一台计算机接通电源后开机，一整套的"手机群控"软件已经在计算机上安装就绪。在它的旁边，一台三层的铁架子上摆放着 30 部手机，这些手机都是千元以内的低价机型，仅安装有微信、微博等常用软件。手机通过数据线与数据盒连接，数据盒再连接到计算机上。

点击进入这款软件，发现其操作界面布局似乎并没有太多特殊之处。界面上方有 QQ、微信、微博等多个社交软件的按钮，点击进入后，可以看到这些社交软件的主要数据流量功能。如点击微信后，可以看到群加好友、一键点赞、一键转发等十多个功能。

30 部手机开机后，实验人员将 30 个账号一一输入到这些手机里。登录完毕，实验人员随意搜索到一个博主，点击了一下"一键关注"。仅仅一两秒钟，这 30 个账号便同时成为博主的粉丝。博主名下的视频密密麻麻，随意点开一个，同样仅需点击一下按钮，几十个点赞就已经实现。"30 部手机是最基础的型号，还有 50 部、100 部的型号。"实验人员介绍，比如一款名为"通路云"的软件系统，最高可支持 120 部左右的手机搭载在同一个计算机上。也就是说，只需要点击一下按钮，仅仅眨眼之间，一个博主就多了少则 30，多则上百甚至数百个新粉丝。实验人员随即又操作了其他一些功能，所有操作的过程完全一致，仅需点击一下按钮，数据和流量想要多少就有多少，"如果购买多台承载百部手机的型号，一键就是几百个粉丝"。

中国社会科学院大学互联网法治研究中心执行主任刘晓春告诉 1 ℃记者，"手机群控"软件肯定违反了相关平台的使用规则。对于平台企业来说，这款软件的出现无疑破坏了计算机系统的正常运营，增加了平台的运营成本和技术对抗成本。对于用户来说，这样的软件显然也在危害用户，例如微商使用这款软件，很可能会欺骗用户，给用户带来损失。对社会和产业发展来说，数据流量造假会形成一个不健康的产业链和生态链，违背诚实信用原则。

🏢 行业之窗

阅读以下资料或自行查阅相关资料，在从事互联网销售数据方面的工作时，企业如何做到不侵权？从业者如何做到不侵犯企业的商业秘密？

数据产品的法律属性及权益保护　　　直播数据构成商业秘密——杭州
——大数据产品不正当竞争纠纷案　　某科技公司与汪某商业秘密纠纷案

项目四　学习过程性评价标准

考核项目	考核内容	考核形式	评价标准	单项得分	评价占比	合计得分
客服数据指标分析	知识点： 客服数据指标监控的意义，客服数据指标分类，售前客服数据指标和售后客服数据指标的含义、分析方法、提升或改进策略与方法。 技能点： 学会进行数据采集与监控，梳理、分析相关客服数据，能够用客服数据指标考核客服岗位绩效，通过指标分析找出客服工作存在的问题，能够在指标分析基础上，做出客服工作的优化调整方案，实施工作改进。 素质点： 体现在岗位实践报告中的保护客户数据安全的工作责任意识、数据化思维及科学严谨的工作态度	1. 岗位实践岗位训练实践报告	企业/学校教师评价：【两个任务平均成绩】 1. 岗位实践报告记录完整，有过程性截图（80％）。 2. 开展岗位实战业务，有真实业务实战数据或记录，并体现一定实战绩效（20％）		30％	
		2. 岗位研学小组或个人汇报研学任务	组间评价：【两个任务平均成绩】 1. 小组针对特定问题采用研究性拓展学习，并进行总结归纳，体现团队分工与协作精神（50％）。 2. 组间共享学习成果，能回答其他组的质疑（50％）		20％	
		3. 理论知识客观题检测1次/任务	自我评价：【两个任务平均成绩】 智慧职教 MOOC 学院项目四中两个任务均设置"考一考"，或纸质教材的"考一考"作答，以客观题形式完成自我检测		50％	
		4. 课程资源自主学习，职业素养和行业之窗案例讨论	智慧职教 MOOC 学院"互联网销售"课程平台统计： 项目四课程资源同步在智慧职教 MOOC 学院开放，基于课程平台明确学生自主学习的评价要素及比例，如课程资源学习进度、作业、主题讨论等，平台统计每位学生的自主学习情况，终期汇总百分制成绩			

课程考核详见附件。

项目五　客户关系管理

 **学徒场景**

学徒阿诚上岗记——探索客户管理之法

今天是 2023 年 1 月 4 日，阿诚在××服装有限责任公司电子商务部的业务实践已经一年了，随着店铺口碑和服务质量的不断提升，再加上过硬的产品质量，店铺的订单不断攀升，客户数量也急剧增加。阿诚一方面为店铺的业绩感到高兴，另一方面也感到客户管理工作是一个大难题。看着一堆店铺的会员数据，客户的拍单时间、会员代码、支付金额……感觉不同的客户消费差异还是挺大的，对店铺的价值也不尽相同，阿诚认为维系好店铺会员的关键是对其进行合理分类，针对不同类型的客户实施不同的关怀措施和营销策略很重要。2023 年公司用于客户关系管理的预算费用是 50 万元，企业会员目前有八千余人，除去拓展新会员的成本，用在维系老会员方面的资源是有限的，使有限的资源发挥更大的价值，让更多的客户满意是个难题。接下来，阿诚该如何对店铺会员进行分类呢……

学徒阿诚上岗记—探索客户管理之法（视频）

师傅对阿诚的努力表示赞赏，同时也提示阿诚工作方法很重要，你想知道师傅让阿诚使用什么秘密武器来解决店铺会员分类这个棘手难题吗？

 想一想

1. 企业为什么要实施客户分类管理？
2. 企业如何通过分析客户数据信息对客户进行分类？
3. 对客户实施分类后，如何针对不同类型的客户实施维护措施和营销活动呢？

 **任务一　认识客户关系管理**

学习目标

知识目标

1. 熟悉数字时代下客户关系管理的特点。

2. 掌握客户关系管理的概念。

3. 熟悉客户关系管理的意义。

4. 掌握客户关系管理的工作思路，包括五种客户状态的识别，目标客户的选择，客户的开发，客户群组维护的目标、定位、维护方式、维护周期、注意事项等。

技能目标

1. 通过电子商务师三级"社群管理"和"客户关系管理"两个模块的技能训练，建立对客户关系管理实践业务的整体认知。

2. 能根据企业或用户需求，完成社群的定位。

3. 能根据营销规划创建不同类型的营销社群。

4. 能根据用户行为、订单数据等信息进行用户画像分析。

5. 能根据不同用户画像，邀请客户进入合适的社群。

6. 能完成店铺日常运营，维持社群良好的交流。

7. 能制定合理的运营策略，提高社群成员的活跃度。

8. 能根据营销目标，进行客户活动策划。

9. 能通过不同的宣传渠道，吸引更多用户加入社群参与活动。

10. 能完成社群建立、社群邀新、社群运营及客户活动运营。

素质目标

1. 树立正确的客户观，理解企业和客户之间的伙伴关系和利益共同体关系。

2. 培养职业大局观，企业客户关系的发展与国家经济发展紧密相连，正确认识数字时代下构建客户关系的方式。

3. 培养学生的逻辑思维与分析判断能力。

客户关系管理职业技能训练（电子商务师三级）。

步骤1　电子商务师三级实训系统平台登录。在网页打开电子商务师三级实训系统，输入账号及密码，如图 5-1-1 所示。

**客户关系管理职业
技能训练（视频）**

图 5-1-1　电子商务师三级实训系统用户登录页面

　　步骤2　完成模块任务。登录实训平台后，选择"职业功能四：网络客户服务"—"工作内容一：社群管理"中的"社群建立"选项，单击右侧"开始任务"按钮，如图 5-1-2 所示。开始任务后，显示店铺后台界面，可单击列表中"我管理的群"条目后的"加号"进行社群建立，如图 5-1-3 所示，可选择创建外部群或创建普通群。单击页面左上角"店铺信息"按钮，可查看店铺背景资料及店铺数据，如图 5-1-4 所示。返回店铺操作主页面，单击左上角"任务说明"按钮，可查看社群建立实训任务的任务目标、任务背景、任务分析及任务操作，如图 5-1-5 所示。基于店铺背景资料和任务目标，创建正确的社群，设置群头像、群名称、群介绍，设置恰当的成员上限和入群条件，全部设置完成后，单击"提交"按钮，如图 5-1-6 所示。完成实训任务后，单击右上角"结束任务"按钮，即可回到任务列表。

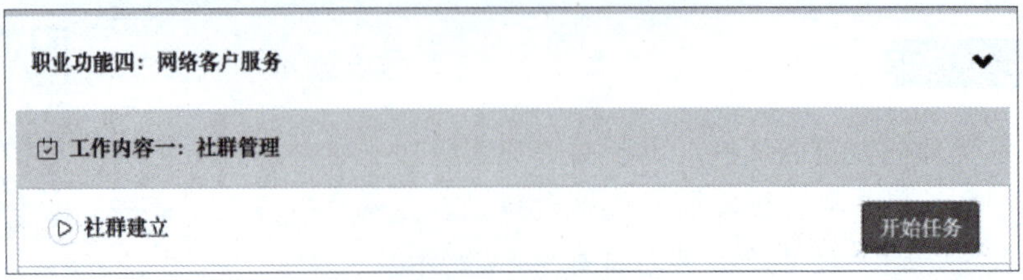

职业功能四：网络客户服务

工作内容一：社群管理

社群建立   开始任务

图 5-1-2   模块任务列表

图 5-1-3   店铺后台操作页面

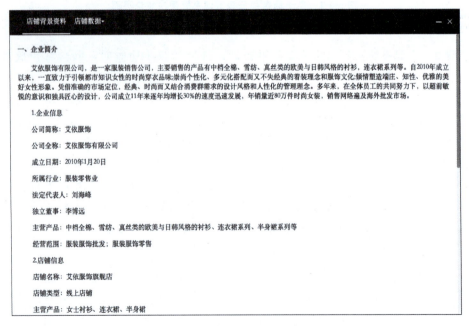

图 5-1-4   店铺背景资料及店铺数据

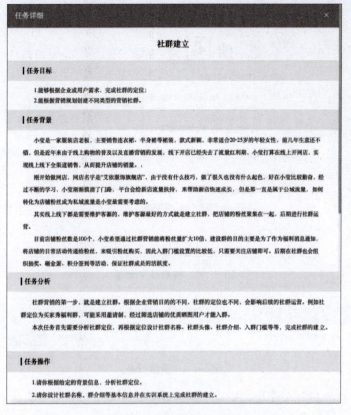

图 5-1-5　社群建立任务说明

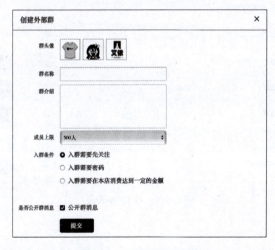

图 5-1-6　创建社群界面

步骤 3　查看任务结果并重置任务。单击右侧"任务结果"按钮，可查看实训操作是否正确，标为绿色代表正确，标为红色则代表错误，标为棕色代表有待进一步完善加强，如图 5-1-7 所示。返回任务列表，单击左侧"重置任务"按钮，可重置实训得分，重新开始任务，进一步准确建设相应社群，如图 5-1-8 所示。

图 5-1-7　查看任务结果

图 5-1-8　重置任务

步骤 4　依次完成其余模块。完成"社群建立"子任务后，依次完成"社群邀新""社群运营""客户活动运营"三个子任务，如图 5-1-9 所示。

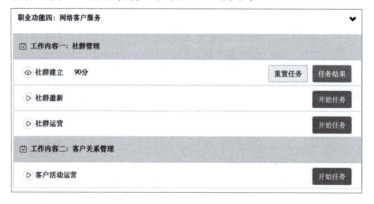

图 5-1-9　子任务列表

岗位研学

沃尔沃集团如何构建数字时代下的客户关系？

阿诚想知道客户关系到底是什么呢？你和阿诚一起了解一下沃尔沃这家企业吧，看看这家企业在数字时代下是如何构建客户关系的？

沃尔沃汽车公司成立于瑞典哥德堡，于 2010 年被中国吉利汽车收购。目前，沃尔沃集团的主要业务不仅有汽车生产，还涉及卡车制造及其他工业用品的制造。

沃尔沃虽然是一家传统的制造业企业，但是一直走在时代的前端，积极进行数字化转型，用数字化赋能简化销售过程，借助微信的生态平台加强与客户的联系。在疫情防控期间，由于人们的出行受到了限制，线下活动不能正常进行，沃尔沃借助线上平台，通过数字化技术开展线上活动，帮助客户通过视频、直播、VR等形式进行选择、消费，了解产品性能及型号，为消费者提供了更多形式的服务。沃尔沃运用数字化技术完善了服务形式和服务流程，与客户建立了新形式的联系，建立了新的服务窗口，借助微信平台与客户保持紧密的联系，与客户进行情感上的交流，让客户感受到沃尔沃是一个有温度的品牌，从浅层次的利益关系变为深层次的合作关系。新型客户关系的一个重要因素就是企业与客户之间建立情感联结，这种新型客户关系不仅有利于企业也有利于客户，企业可以通过客户黏性来提升业绩，客户可以享受更加优质的服务。

互联网的迅速发展，促使企业的数字化转型不仅局限于企业内部结构的数字化转型，同时还要扩展到企业外部，由内而外地进行数字化转型是主流趋势，而客户需求是产生这种趋势的重要原因。在汽车行业，客户需求是推动行业转型的重要因素之一。客户对于服务越来越需要个性化、多元化的因素，充分地满足客户的需求对于企业来说是一个挑战。因此，在当下的时代背景中，构建新型的客户关系尤其重要。沃尔沃作为一家全球化的公司，已经建立了完备的IT系统，与微信共建平台能够使企业与客户的距离更进一步，微信生态的打造，能够为企业带来一站式的服务，同时还潜藏着发展机会，打造更多既能满足客户需要又有利于企业发展的产品或功能。

想一想

请与同学们讨论客户关系是什么？数字时代下企业如何构建客户关系？

理论知识

客户关系是企业赖以生存的重要资源，在互联网销售中全面了解客户关系管理（Customer Relationship Management，CRM）的相关知识尤为重要。在客户关系管理学中，客户是指愿意购买商品或服务的个人或组织。客户关系是指企业和客户之间的相互影响和相互作用，强调企业和客户之间的相互联系。企业和客户之间不仅仅是买卖关系，同时还强调其中的利益关系和伙伴关系。客户对企业来说既是利益相关者，也是企业的合作者。客户通过购买行为来增加企业的利润，同时企业使客户获得价值，两者是一种互利共赢的利益共同体关系，这是使交易持续下去的基础，需要不断地维系和发展，只有不断提高客户满意度和忠诚度，才能夯实店铺的经营基础。

 一、什么是客户关系管理

客户关系管理既是一种可以在企业中推行的管理理念，也是一种可以操作的管理机制，它需要管理软件和信息技术等的支持，才能实现吸引新客户、保留老客户，将已有客户转化为忠实客户，并通过创建和谐美好的客户关系，实现提高企业销售业绩的目标。

CRM是一种管理理念。CRM的核心思想是将企业的客户作为最重

认识客户关系
管理（视频）

要的资源，而不是传统地把商品或市场作为中心。现代企业经营的最终目标是从向消费者推销产品转向与客户维持亲密友好的客户关系上，进而掌握这个客户的终身消费行为，与之建立"黏着度"。

CRM 是一种改善企业和客户关系的管理机制，需要管理软件、信息技术等的支持。CRM 将商业实践与数据挖掘、数据库等信息技术整合在 CRM 软件中，尤其是针对企业战略客户（2B）的关系营销与管理，能够实现企业资源规划、供应链管理、财务等系统的集成，从根本上改革企业的管理方式和业务流程，让所有与业务相关的人员甚至所有企业员工都参与到相关活动中，包括一线销售管理人员、企业管理者、营销人员、财务、人事等，使更多的员工及时了解企业所处的内部、外部环境，促进企业内部业务的沟通与合作，有效提升工作效率。

 二、 客户关系管理在电子商务中的重要性

客户关系管理起源于 20 世纪 80 年代的"接触管理"，其宗旨是收集整理客户信息，分析客户喜好和需求，为客户提供更好的商品与服务，以此提升企业的经营效益。针对网店而言，客户关系管理的作用体现在以下几个方面。

（一）降低客户开发、维护成本

客户关系管理有利于增强老客户对店铺商品的信任感，通过情感维护，维持老客户在店内消费的习惯，节省向老客户进行宣传、促销的费用。同时，好的客户关系能促使老客户自主地分享店内商品，通过口碑效应，降低开发新客户的成本。

（二）缩短交易流程，降低交易成本

当客户和店铺形成稳定的伙伴关系和信用关系后，由于客户熟悉店内购物流程，如商品发货时间、常用快递等信息，客户可不再向客服人员询问，很多老客户会采用静默下单方式，不仅缩短了交易流程，也降低了交易的人工成本。

（三）促进购买量和交叉购买

客户关系管理可增加客户对店铺的信任度，因而购买的商品金额和数量可能更大，如批量采购用来馈赠亲朋好友，或为集体进行采购。客户关系管理还可能促使客户交叉购买，如某客户长期在店内购买上衣，当他需要购买裤子时，可能优先考虑来店内看看裤子。

（四）给店铺带来更多利润

客户关系管理使店铺有相对稳定的客户群体，能稳定销售，降低退换货率和经营风险。另外，好的客户关系会使客户充分信任店铺，从而降低对商品价格或服务价格的敏感度，使店铺获得更多利润。

 三、 客户关系管理的工作思路

客户关系管理是一个系统工程，通过不断提高产品质量，增加客户满意度和忠诚度，与客户之间保持长久的、稳定的、信任的合作关系，从而使企业不断地吸引新客户，维系与老客户的关系，提升企业效益以及在市场上的竞争优势。具体的客户关系管理工作思路，主要围绕客户关系的建立、客户关系的维护、客户关系的破裂与恢复这三方面展开。

（一）客户关系的建立

客户关系的建立需要经过客户的识别、客户的选择和客户的开发三个环节。

1. 客户的识别与选择

客户的识别包括识别客户的价值和客户的状态，客户的价值是指客户购买行为为企业带来的直接利润和其他利润，客户的状态通常分为潜在客户、目标客户、现实客户、流失客户和非客户。不同状态的客户可以相互转换，潜在客户可以成为目标客户，潜在客户和目标客户都有可能成为现实客户，现实客户也有可能成为流失客户，甚至是非客户。

（1）潜在客户是指有可能购买但是还没有购买产品的客户。

（2）目标客户是指企业选择的尚未发生购买行为的客户。

（3）现实客户是指已经购买了企业产品或服务的客户，包括初次购买客户、复购客户和忠诚客户。

（4）流失客户是指曾经是企业的客户，但由于种种原因，现在不再购买企业产品或服务的客户。

（5）非客户是指那些与企业产品或服务无关，或者对企业有敌意，不可能购买企业产品或服务的人群。

企业的资源是有限的，并不是市场上的所有客户都是目标客户。在识别客户的基础上，企业在潜在客户中有针对性地选择所要面对的客户，通常选择出有良好信誉并对价格的敏感程度相对低，服务成本相对低，需求变化相对小，乐意与企业建立长期合作关系的客户，即精准选择目标客户。

2. 客户的开发

把目标客户发展成为现实客户的过程就是客户开发。客户开发的策略有两种：以营销为导向的客户开发和以推销为导向的客户开发，前者是通过为客户提供令人满意的产品或服务，以营销渠道和促销手段吸引目标客户的开发策略；后者主要是通过人员的引导和劝说促进客户购买的开发策略。

（二）客户关系的维护

1. 客户关系维护的重要性

客户关系的维护包括掌握客户基本信息，对客户信息进行分类，分析关键指标并衡量不同客户对企业的价值和重要程度，将客户分为不同等级，从而使企业更好地调配资源，制定更加合适的营销策略。此外，建立企业和客户之间的信息交流渠道，不仅能将产品和服务信息传递给客户，还能收集客户的评价意见，减少客户的流失。打造客户的满意度和忠诚度是客户关系维护的核心，也是企业长期发展的基础。

2. 客户群组的维护

建立客户群组是维护客户关系很重要的一种手段。在建立客户群组之初，就需要明确建立客户群组的目标，如产品信息分享、客户服务支持、客户间交流互动等；然后进行群组定位，根据客户的兴趣、需求、购买行为等特征进行分组，实现精准营销和服务，提高客户满意度和忠诚度。客户群组可以从三方面进行维护，一是定期内容推送，发布有价值的信息，如行业动态、产品更新、使用技巧等，保持客户群组的活跃度；二是互动活动策划，组织线上活动，如问答、抽奖、话题讨论等，增加客户参与感和归属感；三是个性化关怀，关注客户个人动态，适时送上节日祝福、生日惊喜等，让客户感受到特别关怀。客户群组维护有三种周期方式，第一种是短期快速响应，对于客户的咨询和投诉，应迅速响应并及时处理，避免问题积压；第二种是中期持续跟进，定期回顾客户反馈，评估维护效果，及时调整维护策略；第三种是长期规划发展，根据市场变化和客户需求，不断优化群组设置和内容规划，确保群组长期健康发展。

维护客户群组须特别注意三个问题，首先是客户群组规则的制定与执行，明确群内行为规范，如禁止广告、辱骂等，对违规行为及时进行处理，维护良好的群内秩序；其次是客户的情绪管理，关注客户情绪变化，对于不满情绪及时进行安抚和引导，避免负面情绪扩散；最后是危机应对，制定危机应对预案，一旦发生突发事件或负面舆情，能够迅速响应并妥善处理，保护品牌形象和客户利益。

（三）客户关系的破裂与恢复

客户长期未回购就意味着客户与企业关系的破裂，同质化的市场使客户的转换成本降低，很容易出现客户流失的现象。面对这种现象，首先要了解客户流失的原因，再根据原因制订对策是客户关系恢复的必要策略。

练一练

1. 案例讨论

如果你的店铺经营的产品是冲锋衣，其中有几款冲锋衣的目标人群是 30～40 岁的中年男性，这几款冲锋衣不仅滞销而且很少有回头客，请你应用客户关系管理的工作思路，看看接下来该做些什么工作。

2. 请将"客户转换示意图"中问号处补充完整，如图 5-1-10 所示。

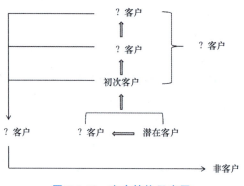

图 5-1-10　客户转换示意图

　考一考

项目五任务一
自我检测

课后任务

一、问答题

1. 简述客户关系管理的工作思路。

2. 互联网销售人员在收集客户信息阶段，通常会收集到如下客户信息。这些信息杂乱无章，请你试着把这些客户数据信息进行梳理并分类，试着按基本数据、消费数据、行为数据和营销数据这四类对客户信息进行具体划分。

优惠券使用概率、性别、联系方式、客单价、货单价、静默下单次数、最后购买时间、店铺会员优惠次数、退款率、姓名、最后登录时间、店铺签到次数、兑换积分情况、收藏店铺情况、生日、职业、好评率、活动参与度、免邮次数、地区、礼品赠送情况、购买金额、购买商品数量、会员等级。

二、职业技能实训

请参照客户关系管理职业技能训练（电子商务师三级）操作步骤，撰写职业技能实训报告，报告包括操作要领总结、实训心得体会等。

职业素养

悟一悟，华为在构建客户关系时如何实现企业业务发展与国家经济发展的联结？

让客户感知华为感知中国

华为是全球最大的电信网络设备制造商，也是全球第二大智能手机制造商。华为的营销是真正的战略营销。华为"以客户为中心"的价值理念，发轫于踏实真诚服务客户的营销实战，致力于构建战略客户（2B）关系，核心在于动态、理性地选择目标客户，有组织有计划地深耕客户关系，最终形成了战略性的客户关系策略与管理的完整流程和规范运作。

一、解决客户的痛点，用真诚打动客户

任正非认为，强化客户关系的关键在于找到客户需求的关键点，即痛点。聚焦客户痛点，才能真正打动客户，但痛点往往藏于客户需求体系的最深处，如何才能挖掘出来呢？主要反映在以下两个方面：

一是客户最在乎生意的持续增长，这是客户最核心的痛点。

华为战略的关系营销从一开始就创造条件，建立双方高层定期会晤机制，共同探讨双方未来战略实现，将商务与技术交流提升至经营与管理层面，帮助客户提升格局，扩展视野，看到自己的未来，进而认同华为的整体经营与运营方案，与客户在战略上同频共振，助力客户经营上的升级与跨越。

二是帮助客户应对困难和危险，这是客户最深层次的痛点。

截至2023年，华为在全球170多个国家和地区设有服务机构，当客户遇到问题时，华为总能以最快的速度，第一时间赶到现场，解决问题。四川汶川地震、日本福岛核事故、印度尼西亚的海啸和地震、中东和非洲的乱局……救灾最需要通信保障，华为的员工不顾生命危险，纷纷请缨前往现场抢修基站。在2011年的日本福岛核泄漏事故中，华为加派人手前往现场，一天之内协助客户抢通300多个基站。客户异常惊讶，备受感动。华为人总是出现在客户最困难、最需要的时候，奋不顾身，甚至愿意付出生命代价，患难见真情，华为与客户建立起一种心灵深处的强大信任。任正非说："其实华为的成功很简单，没有什么复杂的道理，我们就是要真诚地为客户服务。"

二、让客户在考察中感知华为感知中国

华为把客户关系管理概括为"一五一工程"，即打造一支营销队伍，采用五种方式，包括参观样板点、参观展览会、技术交流、管理和经营研究、参观公司等，建立一个资料库。华为设立营销管理委员会，下设的客户关系管理部专门负责研究、评估并督促客户关系的建立和改善，与有实力、有价值的战略客户和伙伴客户创建新型的关系，在实践的摸索中，使客户关系管理逐步系统化、科学化、标准化、规范化、流程化。

如为了增强战略客户的感知，华为会热情邀请客户到华为考察，整个考察过程都流程规范、细心周到。在客户考察前两天，华为客户工程部的工作人员会先与客户电话沟通考察的安排，并征求客户的意见，了解需求，必要时调整接待内容。在当天的考察活动中，华为会派出礼宾车提前在车站、机场等处接待，全程陪同，对礼宾车司机从驾驶技术、形象气质、着装礼仪等，都进行精心挑选和培训。第一站一般先带领客户参观产品展厅和企业展厅，厅内设有欢迎的电子标识牌，专业人员讲解产品与服务，现场设有互动和体验项目，增进客户对华为的感性认知，并安排全体来访人员合影。在客户离开展厅前往别的区域参观时，每名来访人员都会收到合影的相框。然后，华为会安排客户参观立体物流基地、华为大学、华为百草园等处，每处都有专业人员给予讲解。整个接待流程规范、专业，拉近了与客户的关系和感情，细节周到，让客户印象深刻。

尤其对于国外的客户，华为不仅让其近距离感知华为公司，还安排了感知中国的行程，一般设计两条线路，一条是北京—上海—深圳—香港；另一条是香港—深圳—上海—北京，整个参观考察过程规范有序，以此增进客户对公司乃至所处中国环境的全方位感性认知，让国外客户目睹中国的经济发展，感知企业雄厚的发展实力。

🏭 行业之窗

阅读以下资料或自行查阅相关资料，谈一谈你对客户关系及关系营销的理解。

中国建设银行：
人工智能赋能客户服务

海尔扎根客户关系

优质的客户服务使
企业脱颖而出

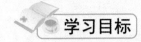

任务二　客户分级管理

学习目标

知识目标

1. 了解客户信息管理的过程。
2. 掌握客户数据分析方法。
3. 掌握针对不同等级客户的管理策略。
4. 掌握挽回流失客户的意义。
5. 掌握客户流失原因和挽回策略。

技能目标

1. 能够利用第三方平台的 CRM 管理工具对客户数据进行收集与分析。
2. 学会应用 Excel 数据透视表，对 RFM 分析法的客户数据进行统计，应用统计结果对客户进行分类、分级管理。
3. 能够针对不同等级的客户设计不同的关怀项目，实施客户的分级管理。
4. 学会分析客户流失的原因。
5. 能针对不同的客户流失原因及客户流失类型，采取不同的客户挽回策略。

素质目标

1. 培养学生尊重客户个体差异的职业素质，树立"以客户为中心"的服务意识，处理好客户关系中的"利他"性与企业业务发展的关系。
2. 强化学生的数据化思维及数据安全意识，防止客户个人信息泄露。
3. 培养学生的团队协作能力和沟通能力。

岗位实践

应用 RFM 分析法实施客户分类

RFM 分析法是一种常用的客户价值分析方法。在实际工作中，客户原始数据库虽有不同，但 RFM 分析法的应用是相同的，要注意根据业务的实际情况标识客户的分类标签。

步骤 1 处理客户原始数据。用 Excel 软件打开 "商家中心" 导出的客户购买记录表，显示客户的 "拍单日期" "客户代码" "支付金额"，如图 5-2-1 所示。另插入一列，命名为 "购买间隔天数"，任意选一个空格输入统计日期，如 G2 中输入 "2023 年 1 月 1 日"，用统计日期减去客户的拍单日期，在 E2 中输入 "＝＄G＄2－B2"，得到 c7989 这位客户的拍单日期与统计日期的间隔天数，用统计日期依次减去客户的拍单日期，即固定单元格 G2，光标放置 E2 单元格右下角并向下拖曳得到完整数据列，得到所有客户的购买间隔天数。另加 F 列，命名为 "购买频次"，整列每个空格预先输入 1，操作完成后得到初步的客户数据统计表，如图 5-2-2 所示。

应用 RFM 分析法对
企业客户进行分类
（视频）

序号	拍单日期	客户代码	支付金额
1	2022年01月03日	c7989	389
2	2022年01月07日	Ozdu18xD93+B	416
3	2022年01月19日	目所不能及	513
4	2022年02月08日	孙荪孙荪孙荪	129
5	2022年02月18日	目所不能及	335
6	2022年03月11日	6zZoa0ENYmVF	249
7	2022年03月19日	饕餮万吞	646
8	2022年03月28日	CkkKQr7svGgY	529
9	2022年04月03日	xinweimzz	323
10	2022年04月15日	小于姚	394
11	2022年04月21日	孔孔孔孔111111	122
12	2022年05月06日	孔孔孔孔111111	125
13	2022年05月09日	饕餮万吞	343
14	2022年06月20日	透过了你的眼	459
15	2022年06月27日	windytamyy	319
16	2022年07月03日	koplustil	529
17	2022年07月09日	IJmqs3GWKrCU	659
18	2022年07月18日	qwVl84GJ79ll	459
19	2022年07月22日	海苔姣	759
20	2022年08月05日	沐哩姐姐～	323
21	2022年08月18日	听说名字改不了	187
22	2022年08月21日	透过了你的眼	159
23	2022年08月22日	小于姚	360
24	2022年09月13日	6zZoa0ENYmVF	229
25	2022年09月27日	小于姚	427
26	2022年10月14日	Ozdu18xD93+B	512
27	2022年10月17日	小于姚	160
28	2022年10月24日	83386	785
29	2022年11月01日	IJmqs3GWKrCU	216
30	2022年11月11日	最爱悟空	101
31	2022年12月02日	小于姚	718
32	2022年12月12日	沐哩姐姐～	127
33	2022年02月15日	听风	578
34	2022年03月21日	小蜜蜂	356
35	2022年06月20日	最爱悟空	137
36	2022年07月27日	小于姚	621
37	2022年08月03日	孙荪孙荪孙荪	309
38	2022年09月09日	透过了你的眼	412
39	2022年10月18日	目所不能及	723
40	2022年11月22日	透过了你的眼	562

图 5-2-1 客户购买记录表

序号	拍单日期	客户代码	支付金额	购买间隔天数	购买频次	统计时间
1	2022年01月03日	c7989	389	363	1	2023年1月1日
2	2022年01月07日	Ozdu18xD93+B	416	359	1	
3	2022年01月19日	目所不能及	513	347	1	
4	2022年02月08日	孙苏孙苏孙苏	129	327	1	
5	2022年02月18日	目所不能及	335	317	1	
6	2022年03月11日	6zZoa0ENYmVF	249	296	1	
7	2022年03月19日	鬃鬃万吞	646	288	1	
8	2022年03月28日	CkkKQr7svGgY	529	279	1	
9	2022年04月03日	xinweimzz	323	273	1	
10	2022年04月15日	小于姚	394	261	1	
11	2022年04月21日	孔孔孔孔111111	422	255	1	
12	2022年05月06日	83386	625	240	1	
13	2022年05月09日	鬃鬃万吞	343	237	1	
14	2022年06月20日	透过了你的眼	459	195	1	
15	2022年06月27日	windytamyy	319	188	1	
16	2022年07月03日	koplustil	529	182	1	
17	2022年07月09日	IJmqs3GWKrCU	659	176	1	
18	2022年07月18日	qwVl84GJ79II	459	167	1	
19	2022年07月22日	海苔炆	759	163	1	
20	2022年08月05日	沐哩姐姐～	323	149	1	
21	2022年08月18日	听说名字改不了	187	136	1	
22	2022年08月21日	透过了你的眼	159	133	1	
23	2022年08月22日	小于姚	360	132	1	
24	2022年09月13日	6zZoa0ENYmVF	229	110	1	
25	2022年09月27日	小于姚	427	96	1	
26	2022年10月14日	Ozdu18xD93+B	512	79	1	
27	2022年10月17日	小于姚	160	76	1	
28	2022年10月24日	83386	226	69	1	
29	2022年11月01日	IJmqs3GWKrCU	216	61	1	
30	2022年11月11日	CkkKQr7svGgY	623	51	1	
31	2022年12月02日	小于姚	718	30	1	
32	2022年12月12日	沐哩姐姐～	127	20	1	
33	2022年02月15日	听风	578	320	1	
34	2022年03月21日	小蜜蜂	356	286	1	
35	2022年06月20日	最爱悟空	137	195	1	
36	2022年07月27日	小于姚	621	158	1	
37	2022年08月03日	孙苏孙苏孙苏	309	151	1	
38	2022年09月09日	透过了你的眼	412	114	1	
39	2022年10月18日	目所不能及	723	75	1	
40	2022年11月22日	透过了你的眼	562	40	1	

图 5-2-2　客户数据统计表

步骤 2　分析客户原始数据。将鼠标光标放置于店铺客户数据统计表内任一单元格，插入数据透视表，选择"客户代码""购买间隔天数""购买频次"和"支付金额"，点击生成的数据透视表会弹出设置菜单，其中"行"设置为会员代码，"列"设置为汇总数值，"值字段设置"分别选取购买间隔天数的最小值项、购买频次的求和项、支付金额的求和项，就可以统计出每位客户的 R（最小值项：购买间隔天数）、F（求和项：购买频次）、M（求和项：支付金额）值，如图 5-2-3 所示。

步骤 3　客户分类管理。在 E 列新增一列，命名为"R"，在 E3 输入公式"＝IF（B3＞AVERAGE（＄B＄3：＄B＄24），"低""高"）"，计算当 B3 数据大于最近购买间隔天数的平均值时，标为"低"，反之标为"高"，完成 E 列数据计算。在 F 列新增一列，命名为"F"，在 F3 输入公式"＝IF（C3＞AVERAGE（＄C＄3：＄C＄24），"高""低"）"，计算当 C3 数据大于购买频次的平均值时，标为"高"，反之标为"低"，完成 F 列数据计算。在 G 列新增一列，命名为"M"，在 G3 输入公式"＝IF（D3＞AVERAGE（＄D＄3：＄D＄24），"高""低"）"，计算当 D3 数据大于支付金额平均值时，标为"高"，反之标为"低"，完成 G 列数据计算。在 H 列新增一列，命名为"RFM 标签"，在 H3 输入公式"＝E2&F2&G2"，即显示一名客户的 RFM 标签，完成 H 列数据计算，如图 5-2-4 所示。

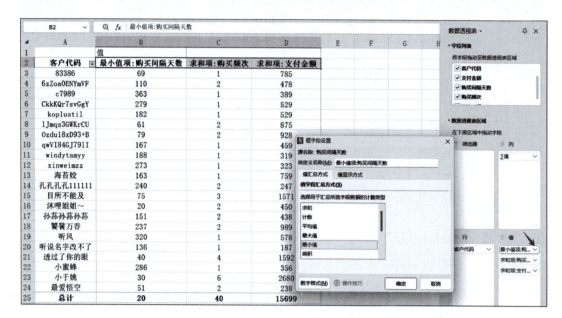

图 5-2-3　客户 RFM 数值统计表

客户代码	小值项:购买间隔天	求和项:购买频次	求和项:支付金额	R	F	M	RFM标签
83386	69	1	785	高	低	高	高低高
6zZoa0ENYmVF	110	2	478	高	高	低	高高低
c7989	363	1	389	低	低	低	低低低
CkkKQr7svGgY	279	1	529	低	低	低	低低低
koplusti1	182	1	529	低	低	低	低低低
1Jmqs3GWKrCU	61	2	875	高	高	高	高高高
Ozdu18xD93+B	79	2	928	高	高	高	高高高
qwVI84GJ791I	167	1	459	低	低	低	低低低
windytamyy	188	1	319	低	低	低	低低低
xinweimzz	273	1	323	低	低	低	低低低
海苔姣	163	1	759	低	低	高	低低高
孔孔孔孔111111	240	2	247	低	高	低	低高低
目所不能及	75	3	1571	高	高	高	高高高
沐哩姐姐～	20	2	450	高	高	低	高高低
孙荪孙荪孙荪	151	2	438	高	高	低	高高低
饕餮万吞	237	2	989	低	高	高	低高高
听风	320	1	578	低	低	高	低低高
听说名字改不了	136	1	187	高	低	低	高低低
透过了你的眼	40	4	1592	高	高	高	高高高
小蜜蜂	286	1	356	低	低	低	低低低
小于姚	30	6	2680	高	高	高	高高高
最爱悟空	51	2	238	高	高	低	高高低
总计	20	40	15699				

图 5-2-4　客户 RFM 标签分析表

　　步骤 4　整理客户类型。整理客户的 RFM 标签，呈现"高高高""高低高""高高低""高低低""低低低""低低高""低高低""低高高"一共八种客户类型标签，统计每类客户群体数量，可在客户分类基础上再进行客户的分级管理，客户分级在本任务理论知识部分将继续学习。

 **岗位研学**

对一个企业来说，区分不同价值的客户有何意义？

经过阿诚和公司电商团队的共同努力，公司的业务不断拓展，现在阿诚做起了店长助理。随着业务的发展，老客户越来越多，店铺知名度也越来越高，新客户还在不断增加。一时间，公司上上下下忙得不亦乐乎，可是还是有些重要客户抱怨店铺的响应太慢、服务不及时，致使公司利润流失了不少。为此，阿诚提出建议，建议加大投入，招聘更多的店铺销售人员，来应对忙碌的业务，店长跟公司领导汇报了阿诚的建议，还真被采纳了！

一年辛苦下来，阿诚和团队成员都以为利润会不错，可公司财务经理给出的年终核算报告显示，利润居然比去年还少！经过阿诚和团队成员的仔细分析，终于发现了其中的症结所在：店铺虽然不断有新的客户出现，但是他们带来的销售额并不大，而这些客户带来的销售和服务工作量却不小，甚至部分新客户退货退款现象频发。与此同时，一些对利润率贡献比较大的老客户，因在忙乱中无暇顾及，已经悄悄流失。

为此，阿诚所在的电商团队改进了工作方法：首先梳理客户资料，按照销售额、销售量、购买频次、最近购买时间、购买周期等多角度对数据进行测量，从中选出20％的优质客户；针对这20％的客户制定特殊的服务制度，进行重点跟踪和培育，确保他们的满意度。同时，针对已经流失的重点客户，采用为其提供个性化的营销活动和服务保障方案等手段，尽量争取客户回归；针对多数的普通客户，采用标准化的服务流程，降低服务成本。

经过半年的时间，在财务经理再次给出的半年核算报告中，利润额有了大幅回升。

 想一想

1. 阿诚所在电商团队原来的工作方法为什么效果不好？

2. 当公司利润下滑以后，电商团队是如何改进工作方法的？为什么这样的改进能够使公司利润迅速回升？

3. 对一个企业来说，区分不同价值的客户有何意义？

 理论知识

要做好客户关系管理，首先应建立客户信息档案库，将客户信息进行分类管理，在客户信息分析的基础上实施客户分级，再按照客户分级分别制定营销策略，合理配置企业有限的服务资源，让客户产生更多的效益。基于对客户数据的分析，确定客户流失类型并制定相应的客户挽回策略。

一、 客户信息管理过程

客户信息自身特点不同，客户信息管理是信息加工、信息挖掘、信息提取和信息再利用的过程。通过客户信息管理，可以实现客户信息利用的最大化和最优化。客户信息管理是对客户信息进行收集、抽取和迁移、存储和集成、设计、分析和实现的全过程。

（一）客户信息的收集

客户信息的收集可以广泛利用各种渠道和手段，最有效的是互联网销售渠道所获取的大量信息，但也不能忽视传统的信息收集方式，如电话咨询、面对面交谈等，客户数据收集渠道如下：

1. 互联网销售渠道获取客户信息

营销活动发布后，一些潜在客户或目标客户会发生领券、进店浏览等行为，当客户有所回应时，企业就可以把他们的信息添加到客户数据库中。

2. 互联网销售服务过程中获取客户信息

在服务过程中，客户通常能够直接讲述自己对产品的看法和预期，对服务的评价和要求。

3. 在调查中获取客户信息

在调查中获取客户信息，通过问卷调查、电话调查等方法得到第一手的客户资料。

（二）客户信息的抽取和迁移

客户信息的抽取和迁移也是对客户信息的收集，但并不直接面对客户，而是利用已有的信息进行一定的加工。当然，若不同行业企业推行一套客户信息通用标准，会提高信息处理效率。基于两个企业之间客户信息数据的相似性，从共性出发，可以实现信息的抽取。而信息的迁移机制则是从客户信息的整体角度出发，在不同企业之间实现客户信息的共享。

（三）客户信息的存储和集成

客户信息的存储和处理技术是客户信息管理的核心技术，可采用大型的关系型数据库管理系统，客户信息的集成是指将客户信息数据按照时间或空间的序列保存，并进行一定层次的划分后存储在数据库中。企业在查询、统计中都使用集成后的数据，以提高使用效率。

（四）客户信息数据库的设计

客户信息数据库是以企业或个人为单位的计算机信息处理数据库。针对不同的行业有不同的数据单元，而且客户信息数据库的更新频率较高，数据处理量逐步增大。

（五）客户信息的分析和实现

客户信息的分析是客户信息数据库的落脚点，是企业进行一系列工作决策的基础。客户信息的分析是指从大量的数据中提取有用的信息，该信息主要可以分为直接信息和间接信息。直接信息可以从数据中直接取得，价值较小，使用范围较小。而间接信息是经过加工而获得的有一定价值的信息。分析过程主要包括基本信息分析、统计分析、趋势分析、关联分析等。基本信息分析是利用客户的基本情况信息，分析本企业或产品主要客户的特点，包括年龄、性别、职业、收入、学历、地理位置等；统计分析是利用所有信息的统计结果，既分析企业或产品的销售额、利润额、成本等经济指标，也包括大客户分析和业务流量分析；趋势分析是利用本企业的信息和同行业其他企业的信息，并结合国民经济的整体运行状况，对长期和短期的业务状况进行预测；关联分析是利用客户信息对产品信息、市场信息、企业信息进行分析，综合评价企业的运行状况和产品的供需比例。在互联网销售的日常工作中，基本信息分析和统计分析被大量使用。

例如，互联网销售通常会把客户信息划分为四类，即客户的基本数据信息、消费数据信息、行为数据信息和营销数据信息，通过信息分类，便于掌握客户的基本情况、店铺消费情况、网购行为偏好和营销活动的参与情况。

（1）基本数据信息。基本数据包括客户的姓名、性别、职业、地区、生日、联系方式、会员等级等信息。

（2）消费数据信息。消费数据包括客单价、货单价、购买商品数量、购买金额、最后购买时间等信息。

（3）行为数据信息。行为数据包括退款率、好评率、最后登录时间、店铺签到次数、兑换积分情况、收藏店铺情况、静默下单次数等数据信息。

（4）营销数据信息。营销数据包括活动参与度、免邮次数、优惠券使用概率、店铺会员优惠次数、礼品赠送情况等数据信息。

客户数据分析工具有付费工具，如阿里系的集客 CRM、多卖 CRM、赤兔 CRM 会员管理，京东系的数据赢家、客道 CRM 工具等。

 ## 二、　客户数据分析方法

在客户关系管理中，细分客户价值的方法主要有 RFM 分析法和 ABC 分析法。

（一）RFM 分析法

RFM 分析法是由美国数据库营销研究所的 Arthur Hughes 提出的基于客户消费行为数据的一种客户细分方法，即将最近购买日（Recency）、消费频率（Frequency）和消费金额（Monetary）作为重要的指标来分析和细分客户。

最近购买日是维护客户关系的重要指标，离上一次购买时间越近的客户越容易维护，对提供及时的商品或是服务越可能有反应。反之，离上一次购买时间较远的客户是需要被"唤醒"的客户，维护起来难度较大。消费频率是客户在限定的期间内购买的次数，最常购买的消费者忠诚度也最高。消费金额是客户在一定时间内购买企业产品的总额，客户的购买金额越高，客户为企业创造的价值就越多。

了解这三个指标的含义后，可以根据交易数据中的买家客户 ID、买家下单时间、消费金额等建立 RFM 模型，算出一段时间，比如一年内客户数据库中 R、F、M 的均值。将每一个客户的这三个指标与均值进行比较，就可以判断出客户的 R、F、M 的高与低了。最近购买日这个指标可以用最近购买日与统计日期之间的间隔天数来计算均值，小于均值的指标意味着 R 值是"高"的，某位客户的 F 与 M 值若高于均值可判定为"高"，反之则为"低"，以此来划分客户类型。

按照每位客户 R、F、M 三个指标的高、低情况，可以划分出八种客户类型。首先按消费金额分，消费金额高的客户为重要客户，消费金额低的客户为一般客户；最近购买日和消费频率均高的客户为价值客户，这部分客户对店铺的利润贡献大；最近购买日和消费频率均低的客户为已流失或潜在流失的客户，需要根据具体情况实施挽留策略；最近购买日高、消费频率低的客户为发展客户，引导这部分客户向上一级客户发展；最近购买日低、消费频率高的客户则是需要召回并保持客户关系的客户，所以八种客户类型分别为重要价值客户、重要发展客户、重要保持客户、重要挽留客户、一般价值客户、一般发展客户、一般保持客户和一般挽留客户。根据八种客户类型及客户特征可以确定客户等级，并制定相应的客户维护策略。例如，可将重要价值客户和重要发展客户设计成至尊 VIP 等级，将重要保持客户和重要挽留客户设计成 VIP 会员等级，将一般价值客户和一般发展客户设计成高级会员等级，将一般保持客户和一般挽留客户设计成普通会员等级，企业可根据自身客户分类情况确定会员分级体系。表 5-2-1 给出了客户维护方向的建议。

表 5-2-1　客户价值区分与客户分类关系表

客户类型	最近购买日	消费频率	消费金额	客户特征	客户维护方向
重要价值客户	高	高	高	核心客户	保持现状
重要发展客户	高	低	高	高价值客户但购买频率低	提升购物频次
重要保持客户	低	高	高	潜在流失且忠诚的高价值客户	重点召回
重要挽留客户	低	低	高	流失的高价值客户	重点挽回
一般价值客户	高	高	低	忠诚客户，但消费金额低	刺激消费
一般发展客户	高	低	低	新客户	挖掘需求
一般保持客户	低	高	低	潜在流失且忠诚的低消费客户	一般召回
一般挽留客户	低	低	低	流失客户	部分挽回

例如，VIP 会员等级（重要保持客户、重要挽留客户），客户维护方向是重点召回或重点挽回。如何召回或挽回客户呢？客服人员首先应找到客户流失的原因，消除客户对商品的误解或对服务的不满，给予"老客户专享价""代金券"等奖励，让客户感到被重视，又有利益吸引，就自然愿意回购了。

（二）ABC 分析法

ABC 分析法基于二八法则。每个客户为店铺带来的价值（利润贡献）不同，店铺需要根据不同价值的客户分配不同的资源，根据客户为企业创造价值的大小，将客户分为关键客户、普通客户和小客户。

关键客户属于核心客户，数量在总客户中约占 20%，利润贡献率约占 50%，是重点维护对象。

普通客户属于重要客户，数量在总客户中约占 30%，利润贡献率约占 30%。这个群体数量较大，但购买力和忠诚度远不如关键客户，是次重点维护对象。

小客户属于一般客户，数量在总客户中约占 50%，利润贡献率约占 20%。这个群体购买量小，忠诚度低，关注度与维护程度可低于前两类客户。

 ### 三、 管理各级客户

不同等级的客户对店铺的利润贡献不同，可针对不同等级的客户设计不同的关怀项目。对于关键客户给予特殊关怀，提高这部分客户的满意度，维系他们对店铺的忠诚。对于普通客户提供适宜的服务，努力将这部分客户转化为关键客户。对于小客户，这是数量最大的一个群体，可针对具体情况考虑是否投入服务管理成本，以及投入服务管理成本的额度。

（一）关键客户管理

关键客户是店铺利润的主要来源，也是店铺发展的重要保障，可使用以下服务策略。

（1）成立专人服务组。有些店铺由客服主管或专门的客服小组为这部分客户提供服务，让关键客户感到被重视、被尊重，提高其忠诚度。

（2）给予优势资源服务。客服应准确预测关键客户的需求，把服务方案主动呈现给客户，提供售前、售中、售后的全面服务，满足关键客户的需求。

（3）以心换心地沟通、交流。想要真正地留住客户，就要淡化商业关系，让客户感受到彼此之间的友情，而非赤裸裸的交易关系。

（二）普通客户管理

根据普通客户为店铺创造的利润和群体数量，企业需要做的是提升客户级别并控制服务成本。

（1）努力培养其成为关键客户。对于有潜力升级为关键客户的普通客户，客服可以通过征询、引导、创造客户需求的方式，使其加大购买力度，提高对店铺的利润贡献率。

（2）降低服务成本，减少服务项目。针对完全没有升级潜力的普通客户，采取"维持"战略，不在这部分客户身上增加人力、财力、物力等费用投入，甚至可以减少促销，降低交易成本。

（三）小客户管理

小客户在利润贡献上是最小的一个群体，但也不能忽视对小客户的管理，应尽量提升小客户的集体贡献。

（1）努力提升客户等级。客服应筛选出有升级潜力的小客户，对其进行重点关心和照顾，挖掘其购买能力，将其提升为普通客户甚至关键客户。

（2）不要进行明显的差别对待。部分没有升级潜力的小客户，会被某些店铺差别对待，如一直用机器人回复客户消息，这种做法会让客户明显地感觉被差别对待，客户会在评论区或其他社交网络平台上对店铺进行不好的评价，这样反而得不偿失。小客户得到应有的尊重，也会形成店铺良好的口碑。

（3）降低服务成本。压缩、减少对小客户的服务时间，如对普通客户可以每周发一次慰问短信，而对小客户可以调整为每月一次，从而降低服务成本。

 ### 四、 挽回流失客户

客户的流失是指企业的客户由于某些原因，不再购买企业产品或服务，与企业终止业务关系的行为。客户流失也就意味着客户不再忠诚，放弃购买原企业的产品或服务，而转向购买其他企业的产品或服务。

（一）挽回流失客户的意义

在当前的电商市场环境中，商品和服务的差异日益减少，客户的选择面比较广，客户可以轻易找到替代的店铺和产品，导致客户流失变得越来越容易。重复购买的客户流失，为店铺带来的负面影响是极大的，不仅失去这位客户的利润、成交数和评价，还可能因为这位客户的负面评论而影响其他客户的购买欲望。

据统计，如果忽略对老客户的关注，大多数的企业在五年内将流失一半的客户；企业客户流失率降低5％，其利润率就能增加25％～85％；争取一个新客户的成本是保留老客户成本的5～10倍；而且60％的新客户来自老客户的推荐，所以面对产品同质化日益严重的市场环境，挽回流失客户在一定程度上就是留住老客户，从而促进老客户的市场价值提升，对于企业或店铺来说具有重要意义。

（二）流失客户挽回策略

客户流失虽然对店铺的发展不利，但有的流失是不可避免的，如因商品质量出现严重问题，这部分客户则不容易挽留，客服人员尚需调整好心态，将产品和工作改进建议积极地反馈给相关部门，并把精力花在能够挽留住的客户身上。一般来说，挽回客户流失需从分析客户流失的原因，区别对待流失客户，实施挽回措施三个方面着手工作。

1. 客户流失的原因

客户流失的原因有多种可能，可能是购物时间间隔太久而忘记店铺，也可能是对店铺或产品的满意度下降，抑或是竞品因素及价格因素导致，此外还存在着因企业产品升级而主动放弃了一部分原有客户群体的情况。从客户流失原因角度来看，流失客户主要有以下几种类型：

（1）被企业放弃的客户。企业由于某种原因，如技术更新、产品升级换代等，主动放弃原有的部分客户。

（2）客户主动离开。客户由于对企业产品或所提供的服务不再满意而主动离开，这类客户流失对企业的负面影响最大。

（3）被竞争对手吸引的客户。由于竞争对手推出功能更强和质量更高的产品或服务，本企业的客户被吸引过去。

（4）被迫离开的客户。往往因为商品价格问题而迫使客户离开，使客户不得不与企业终止业务往来。

2. 区别对待流失客户

（1）极力挽回关键客户。关键客户是企业的重点维护对象，一旦发现流失，一定要在第一时间找准流失原因，并给出解决方案，不能任其流向竞争对手。针对关键客户群体可采用诸多维护客户关系的措施，如建立微信群及与微信群主题相关的公众号，公众号每天进行内容维护和推送，在推送的内容中添加微信群的信息等。

（2）尽力挽回普通客户。普通客户群体数量较大且最有可能发展为关键客户，因此对普通客户要尽力挽回，让其继续到店购物。

（3）有限挽回小客户。小客户价值低、数量多且零散，维护这部分客户需要耗费巨大的人力、物力且为企业带来的利润有限，所以应该使用最小的人力、物力去挽回。

（4）彻底放弃劣质客户。面对无理取闹且需要超过了合理限度的客户，可选择直接放弃这部分客户。

3. 实施挽回措施

针对不同的客户流失原因及客户流失类型，可针对性采取不同的客户流失挽回策略。

（1）针对客户忘记店铺的情形，可以通过赠送小礼品、明确店铺定位和宣传标语、强化店铺 VI 视觉设计、大力宣传店铺的方式，加深客户对店铺的印象和记忆。采用客户关怀方法，如定期发送祝福短信、新品推荐、电话关怀等方式，增强店铺与客户的黏性。此外，还可以设置"收藏有礼"活动，引导客户收藏店铺。

（2）针对客户满意度下降的情形，可以建立阶梯会员制度，让忠诚客户享受更大的折扣或更优质的服务；为提升会员的购买频率，提供层级性的优惠措施；划分商品矩阵，让利润商品更多服务于会员权益。

（3）针对竞品因素而导致的客户流失情形，可以定期进行客户调研和行业研究，不断推出新品，满足消费者对消费升级的需要；通过社群营销，把签到有礼等营销活动和新品促销活动相结合；通过组合式营销策略推广新品，抢占优质客户。

（4）针对价格问题而导致的客户流失情形，注意在开展促销活动时，将优惠力度较大的商品优先推荐给价格敏感的流失客户；结合利润商品打折活动，建立稳固的会员权益体系，防止老客户的流失；针对不同细分人群，采用商品搭配优惠策略，尝试挽回可能流失的客户。

综上所述，可以采用定期电话或短信回访、定期留言和邮件等沟通方式，开展定期的优惠活动、专场活动，合理使用祝福短信、专属折扣等客户关怀方法，从而有效降低客户流失率。

练一练

试判断案例中的客户容易转变为哪类流失客户，客服主管是如何成功挽留客户的？

案例

客服：亲，您好，我是××店的客服主管×××。抱歉耽误您两分钟时间，和您沟通一下上次退货的事。

客户：有什么好谈的？你们卖假货还不准退货。

客服：首先替上次接待您的客服×××向您道歉，她是新来的实习生，对处理退换货的流程不是很熟悉，惹您生气了。我们这边已经对她做了处罚和业务培训，相信以后不会再发生类似的问题了。

客服：看了您的购买记录，您是第三次在咱家购买蜂蜜了，谢谢您的认可与支持。近期您购买的蜂蜜反馈说色泽偏白，和之前的差别明显，需要退货。可能是我们客服没讲清楚，您前两次购买的是荔枝蜜，颜色为琥珀色；这次您购买的是活动款云南雪蜜，这款蜂蜜古名为苕子花蜜，主要产于云南，因其结晶时如雪如脂而得名。所以两款蜂蜜的产地、颜色等方面都有差别，您收到货后感觉有差别才是正常的呢。

客户：哦，是这样啊。那我还是不想要雪蜜，我退货换成荔枝蜜不行吗？我觉得荔枝蜜好。

客服：您应该也发现了，您购买雪蜜的价格远低于荔枝蜜。这是我们专门对老会员做的回馈活动，只有老会员购买雪蜜时才能享受到这价格，是十分划算的呢。如果您执意要退，我们还是尊重您的选择，但雪蜜没有商品质量问题，需由您自行支付换货的邮费；如果换成荔枝蜜的话，还需要补28元的差价。雪蜜也不错的，自带花香，可冲温水饮下，比一般的蜂蜜含有更多的葡萄糖、果糖、维生素等，对补血、润肺、止咳、消渴都有帮助的，而且活动结束后，雪蜜就恢复正常价了，要比现在的价格贵好多，活动后购买没有现在购买划算。

客户：那算了吧，我不退了。

客服：好的，亲！为了弥补我们的服务不周，我这边为您申请了一张5元代金券，可在下次购物时直接抵扣。

客户：行，谢谢。

考一考

项目五任务二
自我检测

课后任务

一、问答题

1. 简述客户流失的原因。

2. 简述针对关键客户、普通客户和小客户实施管理策略的差异。

二、案例分析题

案例

客户：裙子我拍了，尽快给我发货哟。

客服：好的，王姐，我待会儿亲自去交代库房帮您打包。买新裙子是又准备去旅游吗？

客户：哈哈，你猜对了。情人节我调休了三天，打算和老公出去玩一趟。上次去的那个×××山是个小众景点，人少景美，空气很好。你有时间也可以去走走。

客服：真羡慕您和您老公，情人节过得好浪漫。我最近就是打算去×××山景点呢。对了，那里有没有什么美食啊？有的话给我推荐一下吧，我想旅游美食两不误。

客户：我上次在贴吧写了一篇游记，网址是×××××，详细记录了我们一行人的花费、住宿、景点和饮食，×××山景点也包括在内，你有时间可以去看看。

客服：好的，谢谢推荐哦。

客户：不客气的。你有什么好玩的地方也可以推荐给我，我们周末就喜欢出去走走，看看风景。

客服：好的，有时间在群里分享外出旅游的照片呀，让我这种加班族过过眼瘾哈。

请思考，案例中客服人员是在聊闲天吗？她在做一项什么工作呢？她为什么这样做？

三、岗位训练

完成一份店铺会员管理方案设计，方案可包括客户分级营销案例调研、店铺会员分级管理 RFM 理论依据、店铺会员管理设计方案（如店铺会员体系设定、应用 RFM 理论对店铺会员进行分级分类、营销策略设计等）。店铺会员购买记录表见表 5-2-2。

表 5-2-2　店铺会员购买记录表

序号	拍单日期	客户代码	支付金额	购买间隔天数	购买频次	统计时间
	A	B	C	D	E	F	G
1	2022年01月03日	c7989	389	363	1	2023年1月1日
2	2022年01月07日	Ozdu18xD93+B	416	359	1	
3	2022年01月19日	目所不能及	513	347	1	
4	2022年02月08日	孙荪孙荪孙荪	129	327	1	
5	2022年02月18日	目所不能及	335	317	1	
6	2022年03月11日	6zZoa0ENYmVF	249	296	1	
7	2022年03月19日	饕餮万吞	646	288	1	
8	2022年03月28日	CkkKQr7svGgY	529	279	1	
9	2022年04月03日	xinweimzz	323	273	1	
10	2022年04月15日	小于姚	394	261	1	
11	2022年04月21日	孔孔孔孔111111	422	255	1	
12	2022年05月06日	83386	625	240	1	
13	2022年05月09日	饕餮万吞	343	237	1	
14	2022年06月20日	透过了你的眼	459	195	1	
15	2022年06月27日	windytamyy	319	188	1	
16	2022年07月03日	koplustil	529	182	1	
17	2022年07月09日	IJmqs3GWKrCU	659	176	1	
18	2022年07月18日	qwVl84GJ79Il	459	167	1	
19	2022年07月22日	海苔炆	759	163	1	
20	2022年08月05日	沐哩姐姐～	323	149	1	
21	2022年08月18日	听说名字改不了	187	136	1	
22	2022年08月21日	透过了你的眼	159	133	1	
23	2022年08月22日	小于姚	360	132	1	
24	2022年09月13日	6zZoa0ENYmVF	229	110	1	
25	2022年09月27日	小于姚	427	96	1	
26	2022年10月14日	Ozdu18xD93+B	512	79	1	
27	2022年10月17日	小于姚	160	76	1	
28	2022年10月24日	83386	226	69	1	
29	2022年11月01日	IJmqs3GWKrCU	216	61	1	
30	2022年11月11日	CkkKQr7svGgY	623	51	1	
31	2022年12月02日	小于姚	718	30	1	
32	2022年12月12日	沐哩姐姐～	127	20	1	
33	2022年02月15日	听风	578	320	1	
34	2022年03月21日	小蜜蜂	356	286	1	
35	2022年06月20日	最爱悟空	137	195	1	
36	2022年07月27日	小于姚	621	158	1	
37	2022年08月03日	孙荪孙荪孙荪	309	151	1	
38	2022年09月09日	透过了你的眼	412	114	1	
39	2022年10月18日	目所不能及	723	75	1	
40	2022年11月22日	透过了你的眼	562	40	1	

职业素养

悟一悟，从华为的客户观出发，谈一谈客户关系管理中的"利他"性？这种"利他"性与业务发展之间有矛盾吗？

华为：客户关系的最高境界是成就客户

（根据王占刚《华为：客户关系的最高境界是成就客户》文章节选整理）

企业的资源是有限的，把资源与能力构建在客户最需要的地方，就必须持续思考现在和将来我们对于客户的价值究竟是什么？王占刚在《华为：客户关系的最高境界是成就客户》一文中写道，华为的客户黏性分三层来构建：

第一个层次是影响客户的感知。客户跟我们的业务合作非常顺畅，无论是战略研讨、业务规划、销售、设备交付，还是售后维护，客户的评价都很好，我们给客户的感觉是舒服的，这只是第一层。

第二个层次是我们能够帮客户成功。我们可以提升客户盈利的能力，客户的感觉就不仅仅是舒服了。比如我们来看一下小米的手机，它用的是高通骁龙845芯片，这个芯片要500多块钱，虽然这个东西很贵，但是却是小米产品的核心卖点之一，可以支撑产品定比较高的售价。如果我们的产品能够成为客户的卖点之一，那客户对我们的依赖性就会大大增强了，因为我们的产品让客户更具有市场竞争力。现在很多企业都开始关注业务创新、技术开发和专利等企业的硬实力，能不能把我们的专利转化成客户对外宣传当中的产品卖点？如果可以，你的价值就跳出了产品价格的价值了，你能让客户的产品有更高的溢价，能帮他实现盈利。

第三个层次是战略层面的，以及企业文化与价值观的契合。所谓志同才能道合，与客户共同构建面向未来的共识，形成长期利益，合作才是可持续的，也是不会被轻易替代的。

客户关系非一朝一夕之功。在竞争日趋残酷的未来，竞争对手不是靠我们一己之力打败的，只有我们与客户形成同盟，才有可能打败我们的竞争对手。客户关系规划是在市场中构建竞争优势的一种企业管理方法，可以提升企业资源的使用效率。

行业之窗

阅读以下资料或自行查阅相关资料，谈一谈你对电商"会员制"的理解。

会员制电商的深耕玩法，如何再次打动用户？

"会员制"模式到底能给消费者带来多少实惠？

数字海洋里，做个人信息安全的守护者

任务三　客户满意度管理

 **学习目标**

知识目标

1. 掌握客户满意度的重要性。
2. 掌握电商客户满意度的影响因素。
3. 掌握客户预期和客户感知价值的定义及影响因素。
4. 掌握提高客户满意度的方法。

技能目标

1. 能够使用客服管理工具如"赤兔名品"等查看服务满意度分析指标。
2. 学会设计并使用调研问卷调查客户满意度。
3. 能够根据客户满意度的影响因素制定客户满意度的提升策略。

素质目标

1. 树立并不断强化"以客户为中心"的客户服务意识，打造客户满意度也是让客户具有获得感。
2. 培养学生的产品质量意识，以过硬的产品质量赢得客户满意度。
3. 培养学生实事求是的职业态度，客观地呈现商品，把握好客户预期。

 **岗位实践**

用"赤兔名品"工具分析店铺服务满意度

步骤 1　在千牛工作台"我的应用"模块中启动"赤兔名品"功能插件，通过"店铺绩效"－"服务满意度"－"服务评价分析"的路径进入"服务评价分析"页面，如图 5-3-1 所示。通过设置查询时间，可以查询到这段时间内每天的客户评价情况。

用"赤兔名品"工具
管理店铺服务
满意度（视频）

图 5-3-1　"赤兔名品"中"服务评价分析"页面

　　步骤 2　在"服务评价分析"页面选择"评价来源对比"选项卡，可以看到来自系统邀评和自主评价两个渠道的数据情况，如图 5-3-2 所示。

图 5-3-2　"赤兔名品"中"评价来源对比"页面

　　步骤 3　在"服务评价分析"页面选择"人工机器对比"选项卡，可以看到客户对人工客服和服务助手的评价情况，如图 5-3-3 所示。

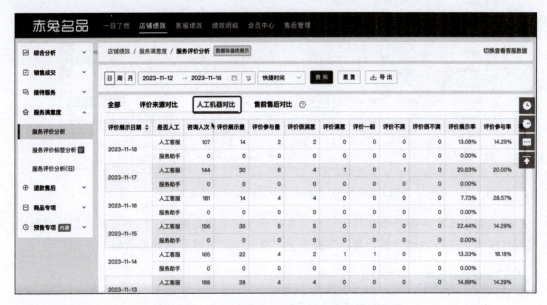

图 5-3-3　"赤兔名品"中"人工机器对比"页面

步骤 4　在"服务评价分析"页面选择"售前售后对比"选项卡，可以看到客户对售前接待和售后接待服务的评价情况，如图 5-3-4 所示。

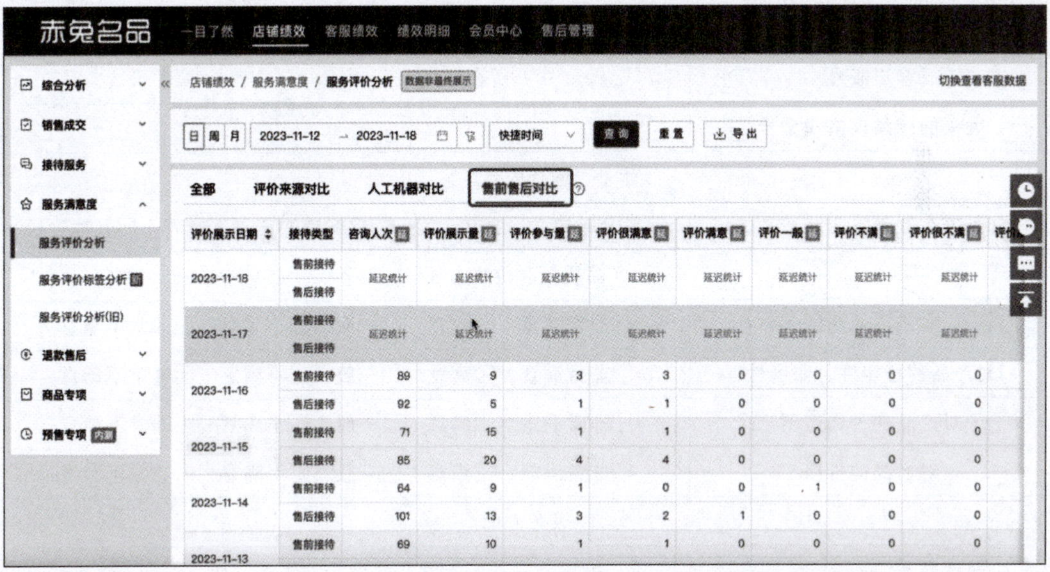

图 5-3-4　"赤兔名品"中"售前售后对比"页面

步骤 5　在"赤兔名品"页面，通过"绩效明细"—"服务满意度"—"服务评价明细"路径进入"服务评价明细"页面，选择时间段，查看不满意的评价，分析问题并解决问题，如图 5-3-5 所示。

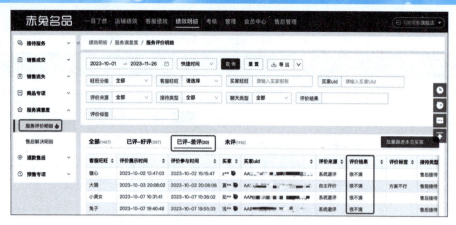

图 5-3-5　"赤兔名品"中"服务评价明细"页面

通过以上五个步骤能够查阅店铺相关客户服务满意度指标，工作中需结合店铺具体情况对这些指标进行对比分析，为制定提升客户满意度的策略提供数据依据。

如何得知客户满意度情况？

阿诚非常想知道店铺目前的客户满意度如何。阿诚知道调研问卷是客户满意度管理的主要工具之一，你和阿诚一起找一家合作企业，针对店铺客户发放"客户满意度调查表"，然后总结"客户满意度调查报告"，将调研情况分享给同学们吧，客户满意度调查表见表 5-3-1。

表 5-3-1　客户满意度调查表

客户账号		所在区域	
购买的产品规格、型号			
调查内容			
您是怎么知道本店铺产品的	□平台广告　□朋友介绍　□抖音或小红书等推荐　□其他途径		
产品质量和价格方面			
对产品的功能	□非常满意　□满意　□一般　□不满意　□非常不满意		
对产品的稳定性、兼容性	□非常满意　□满意　□一般　□不满意　□非常不满意		
对产品的外观造型	□非常满意　□满意　□一般　□不满意　□非常不满意		
对产品的价格	□非常满意　□满意　□一般　□不满意　□非常不满意		
服务方面			
1. 热线服务			
热线服务时间	□非常满意　□满意　□一般　□不满意　□非常不满意		
服务热线接通	□非常满意　□满意　□一般　□不满意　□非常不满意		
客服人员的服务态度	□非常满意　□满意　□一般　□不满意　□非常不满意		
客服人员的责任心	□非常满意　□满意　□一般　□不满意　□非常不满意		

续表

客服人员专业知识水平	□非常满意　□满意　□一般　□不满意　□非常不满意
解决问题回复及时率	□非常满意　□满意　□一般　□不满意　□非常不满意
2. 维修服务	
产品出现问题后的处理流程	□非常满意　□满意　□一般　□不满意　□非常不满意
维修品的修复质量	□非常满意　□满意　□一般　□不满意　□非常不满意
维修品的返回速度（及时性）	□非常满意　□满意　□一般　□不满意　□非常不满意
更换新品的速度（及时性）	□非常满意　□满意　□一般　□不满意　□非常不满意
维修工程师的服务态度	□非常满意　□满意　□一般　□不满意　□非常不满意
3. 产品推广	
是否愿意再次购买××产品	□愿意　　□不愿意
是否愿意将××产品介绍给朋友	□愿意　　□不愿意
对产品、服务的意见或建议	

 **想一想**

请你结合"客户满意度调查表"和客户满意度调查报告，分析在服务过程中客户最看重店铺的哪些方面？客户满意度是如何形成的？

理论知识

客户满意度是指客户的需求被满足后形成愉悦感的程度。客户满意度是客户的主观感受，并没有一个可以直接量化的指标，但可以通过客户流失、商品好评率等数据进行衡量，并找出问题，从而有针对性地进行调整。

一、客户满意度的重要性

客户满意是店铺取得长期发展的必要条件。有数据表明，平均每个满意的客户会把他满意的购物经历告诉至少 12 个人，而每个不满意的客户会把不满意的购物经历告诉至少 20 个人。而且在电商平台上购物，很多客户都会习惯性地参考其他人给出的评价，在一个商品的评论中，好评数量多会打消客户的购买疑虑，提高商品的销量。

客户满意度
管理（视频）

客户满意是战胜竞争对手的必要手段，客户满意度高的店铺，DSR动态评分就高，曝光率也会更高，在市场竞争中就会占有优势。同时，客户对店铺的服务和商品满意才会产生回购，客户多次回购后就有可能发展为忠实的客户。所以，想要维护好客户关系，必须努力让客户满意，客户服务的相关工作在让客户满意的过程中发挥了重要作用。

二、 客户满意度的影响因素

让客户满意一般认为是尽可能为客户提供最好的商品和服务，这是正确的，但与此同时还要考虑"最好的"如何来把握，需要权衡让客户满意所要付出的显性与隐性成本。在客户满意与付出成本之间取得平衡，才是客户满意度管理所要达到的目标。根据消费心理学理论，影响客户满意度的主要因素有客户预期和客户感知价值。

（一）客户预期

客户预期指的是客户在购买商品、服务之前，对商品的价值、服务等方面的主观认识和期待。客户预期对满意度的影响非常大，那么客户预期又受哪些因素的影响呢？

首先，客户的消费经历会对客户预期产生一定的影响。客户会不自觉地把本次消费与之前的消费经历做比较，同款商品对于不同消费者来说，因其消费经历不同，对产品的心理预期也会不同。如同一款短靴，对时尚达人来说就是普通款，但对不常穿靴子的客户来说就可能有较高的时尚预期，这一因素不是企业所能控制的，因此不用过多关注。

其次，商品详情页的描述对客户预期会产生较大的影响。如果对于商品的描述或图片展示过于夸大，就会导致客户对商品产生过高的期望，而拿到商品后就会有很大的心理落差，从而导致差评，所以商品详情页的文案与图片务必从实际出发进行设计与制作。

最后，奢华包装也会适得其反。如果商品本身价值不高，但包装却过于奢华、精美，也会导致客户对商品产生过高的期望，开箱后造成失望。所以，包装选择应和商品的价值相匹配，包装过于粗糙或过于奢华都不利于客户给予正面评价。

综上所述，在商品详情页的描述和包装方面，企业掌握适当的度，有助于给客户设置一个合理的心理预期，以及对打造客户满意度产生积极的作用。

（二）客户感知价值

客户感知价值指的是客户在购买商品的过程中，企业提供的商品的真实价值及客户感受到的服务的价值之和，商品价值和服务价值是相辅相成的。客户在购买商品时，客服详细询问客户的需求，推荐客户满意的商品，主动为客户发送物流信息，让客户感到企业服务很贴心；在客户收到商品后，发现商品外观新颖，质量好且实用，性价比又高，服务价值和商品价值叠加，客户的满意度自然会很高。

在通常情况下，商品价值是既定的，但在服务价值方面存在较大的提升空间，客服人员可以通过提供积极主动、体察入微的服务，努力提高客户的满意度。

 三、 提高客户满意度的方法

既然客户预期和客户感知价值两方面因素是影响客户满意度的关键所在，那么引导好客户预期并有效提升客户感知价值，就能用最小的代价让客户满意，这就是提高电商客户满意度的基本方法。

（一）把握好客户的预期

影响客户预期的因素有很多，其中有可控和不可控之分。客户以往的消费经历、价值观、需求、爱好、习惯等因素都属于不可控因素，企业不能做改变。但是对于可控因素，如店铺定位与宣传、详情页的描述、价格和包装等因素，都可以进行合理调控。例如，不能为了引流而过度宣传、为商品制定合理的价格、设计适宜的包装，控制好这些因素就有利于把握好客户对商品的预期。

（二）提升感知价值

提升感知价值可以从增加客户的总价值，如商品价值、服务价值方面，以及降低客户总成本，如货币成本、时间成本等方面着手。

（1）提升商品价值。店铺选品时要注意，在节约成本的同时重点考虑商品的质量。另外，包裹里赠送小礼物也可以提升商品的总体价值。

（2）提供定制商品或服务。企业可通过提供特色的定制商品或服务来满足客户需求，提升客户的感知价值，从而提高客户的满意度，如企业可以提供免费帮客户在茶杯上刻字等个性化服务。

（3）塑造品牌。品牌可以提升商品价值，当客户认准一个品牌的商品，在购物时通常会直接进入店铺选购并下单。品牌产品质量过硬，售后有保障，能节约客户购物的时间成本、体力耗费，从而提升商品感知价值。

（4）提升服务价值。提升服务价值需要互联网销售所有售前、售后、物流等业务环节的协同配合，良好的服务得到客户的认可，自然能提升客户的感知价值。

（5）降低货币成本。合理制定商品价格也是提高客户感知价值和满意度的重要手段。此外，还可以通过合理打折、满减等手段，让客户具有获得感从而提高满意度。

（6）降低客户的时间成本。在客户购物时，客服了解客户的信息数据，详细询问其需求后，为之精准推荐合适的商品，可以节约客户的时间，降低客户购物的时间成本。

（7）降低客户的体力成本。如企业为客户提供送货上门、安装调试等服务，可降低客户的体力耗费，让客户获得更高的感知价值。

总之，要让客户满意，需要在准确把握客户预期的基础上，让客户感到商品实际价值超越预期价值。

 四、　衡量客户满意度的指标

通常情况下，企业可通过好评率、回购率、退货率、投诉率、购买额、价格敏感度等指标来衡量客户满意度。也就是说，好评率高，回购率高（高价值商品除外），退货率低，投诉率低，购买额高，价格敏感度低的商品，客户的满意度一般会较高。

总之，打造客户满意度是一个系统工程，在店铺业务实践中，若好评率降低、退货率升高，有可能是因为响应速度慢、服务态度不佳、产品描述与实际不符、物流问题，还可能是售后服务不到位，要结合店铺具体情况进行分析。例如，如果是响应速度慢，客户反馈等待回复时间过长，导致问题未能及时解决，就要从客服人员配置、高峰期处理效率或客服系统响应机制等方面进行分析。解决此类问题，需要增加高峰期客服团队人力；优化客服工作流程，采用自动化工具快速响应常见问题；引入智能客服机器人，初步筛选并解答简单问题，减轻人工客服压力；定期培训客服人员，提高处理效率和问题解决能力。再如，售后服务不到位，客户在退换货、维修等售后环节遇到障碍，如流程复杂、处理时间长等问题，就要从售后服务流程设计的合理性、客服人员培训效果或售后系统的完善性方面进行分析。

解决此类问题，需要简化售后服务流程，提高处理效率；加强客服团队对售后服务内容的培训，确保每位客服都能熟练处理售后问题；建立完善的售后跟踪系统，确保客户问题及时得到解决；对于复杂的售后问题，提供一对一的专属客服服务，从而提升客户满意度。

 练一练

某店销售一款主打情侣礼物的床头台灯，商家特为该款台灯的几个样式起名为"一生一世""白头偕老""执子之手"，价格也定位在 52 元、99 元、131.4 元等含有特殊意义的数字价位，还提供免费刻字服务，更推出买一对台灯送情侣水杯的福利。这些举措给客户留下了深刻的印象，不少客户都留言评价"物超所值""非常满意"。请你用所学的理论知识分析一下客户为什么会感觉非常满意。

 **考一考**

项目五任务三
自我检测

 **课后任务**

一、问答题

1. 简述提升客户满意度对店铺经营的现实意义。

2. 简述提高客户满意度的方法。

二、岗位训练

请参照岗位实践操作步骤，依托企业店铺子账号完成"用'赤兔名品'工具分析店铺服务满意度"业务实践，整理每一步骤完成后的截图，或者记录岗位实践相关内容，撰写实践报告。

职业素养

悟一悟，诚实守信道德模范牛庆花如何严把农产品质量关，打造电商客户满意度，又是如何带领乡亲们走共同致富之路的。

严把农产品质量关，带领乡亲们走致富路

诚实守信道德模范牛庆花，从临沂市蒙阴县野店镇北晏子村的一名普通农家妇女，成长为远近闻名的致富能手，因在农村电商创业中的突出表现，在 2020 年被评为全国劳动模范，大家称她为"电商玫瑰"。

一个偶然的机会，为牛庆花打开了新世界的大门。2015 年，牛庆花报名参加了蒙阴县农广校组织的新型职业农民培训。"我一辈子也忘不了那 10 天。"课上，教师描述着农村电商的发展前景，台下的牛庆花第一次知道，一台计算机、一根网线，就可以把农产品卖出大山，卖到全国各地。

"老师都说这条路能行，为什么不去试一试？"天生一股倔劲的牛庆花，让教师帮忙注册了网店，开始在网上售卖蜜桃、苹果、樱桃、板栗等农产品。

靠着培训班学来的生意经，牛庆花悉心经营，网店生意越做越大。蒙阴是中国蜜桃之都，年产量多达几十亿斤。在蜜桃销售旺季，牛庆花和乡亲们一天发货量可以达数千单。从 2016 年开始，牛庆花在自己的网店里预售蒙阴蜜桃，预售额度达到 100 多万元。

网上卖蜜桃、苹果，最大的问题就是这些农产品非标准化工业品，质量不稳定，规格参差不齐，所以牛庆花组织了严格的拣选作业环节，总是把最好看，口感最好的果品挑出来发给客户，被乡亲们戏称"收个果子跟选对象一样"。在牛庆花看来，农产品的品质是网店发展的"命脉"，从店铺里发出去的货必须是经过精挑细选的。只有过硬的产品质量为店铺赢得了好口碑，乡亲们才能跟着赚钱；只有选品"苛刻"，才能倒逼乡亲们不断提高质量。时间一长，才能逐步形成良性循环。

凭借严格的农产品质量控制，店铺收获了极高的客户满意度和口碑。从 2020 年开始，牛庆花又开始了直播带货，坚持把沂蒙的优质特产分享给全国的"老铁"。不断探索如何让"农人"变为"农商"，更快速有效带动沂蒙山区的优质农产品线上销售，带领群众走上一条可持续发展的致富之路。

■ 行业之窗

阅读以下资料或自行查阅相关资料，谈一谈你对"品质消费"及消费新趋势的认识。

优势突出，客户满意——
中国汽车加速驶向"南方市场"

应对需求提升满意度，
电商从广覆盖转向深挖潜

电视用户满意度持续提升
"品质消费"逐渐代替"基础消费"

任务四 客户忠诚度管理

学习目标

知识目标

1. 了解客户忠诚对企业的意义。
2. 熟悉客户忠诚的类型。
3. 掌握影响客户忠诚度的因素。
4. 掌握提高客户忠诚度的方法。
5. 掌握客户关系营销的策略。

技能目标

1. 能够使用千牛工作台新建社群、新建或修改短信模板。
2. 能够建立、维护、管理微信群，并针对目标用户开展营销活动。
3. 能够针对不同类型客户群体制定合理的营销策略，提升客户忠诚度。

素质目标

1. 强化"以客户为中心"的客户服务意识和岗位责任意识，以优质服务赢得客户忠诚。
2. 培养学生传承并弘扬国货品牌的文化与社会责任。
3. 培养并强化学生的团队协作能力与沟通能力。

岗位实践

实施客户关系营销

（一）使用千牛工作台实施客户关系营销活动

步骤1 打开千牛工作台，在左侧"私域"菜单中找到"人群管理"子菜单，单击"短信管理"按钮，如图5-4-1所示。

步骤2 选择"运营计划"中的"智能触达"选项，如图5-4-2所示，单击"短信触达"按钮立即创建，如图5-4-3所示。

步骤3 可在此页面进行短信设置，可以设置计划名称（方便自己

实施客户关系
管理（视频）

查看）、人群、通知方式、是否发放，如图 5-4-4 所示。

图 5-4-1　千牛工作台"短信管理"入口

图 5-4-2　"智能触达"按钮

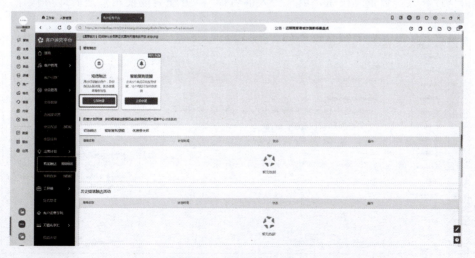

图 5-4-3　"短信触达"按钮

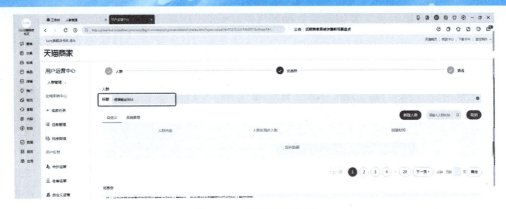

图 5-4-4　短信设置页面

步骤 4　人群设置可以使用之前设置好的人群或系统推荐人群，单击右侧"新建人群"按钮即可创建新的人群，如图 5-4-5 所示。

图 5-4-5　新建社群页面

步骤 5　在新建人群中，我们可以根据自己的实际需求来设置人群的特征，设置完成后单击"计算人群数量"按钮，填写"人群名称"（方便后续使用）之后即可保存，如图 5-4-6 所示。

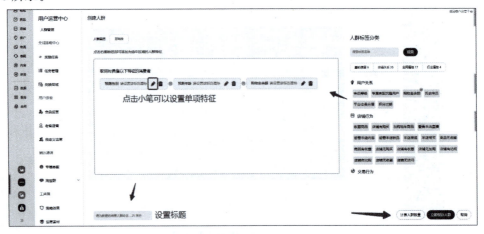

图 5-4-6　人群设置调整页面

步骤 6　若有优惠券需求，可以在此进行设置，可单击"去补充符合条件的优惠券"按钮去新建设置，如图 5-4-7、图 5-4-8 所示。

图 5-4-7　对特定客户发放优惠券页面

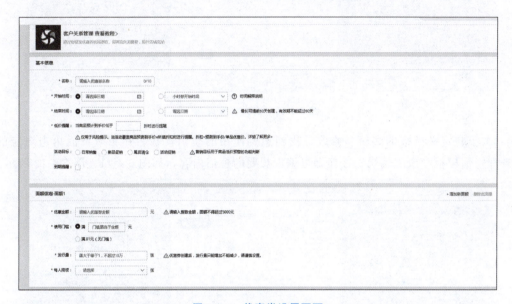

图 5-4-8　优惠券设置页面

步骤 7　下拉，在"渠道"中选择"短信推广"选项，如图 5-4-9 所示。

图 5-4-9　选择"短信推广"选项

步骤 8 在"短信"中设置短信信息，编辑短信内容可以单击"选择短信模板"按钮，可看到"自定义模板"和"官方模板"，其中"自定义模板"可以自己设置，"官方模板"不能自己设置，如图 5-4-10 所示。

图 5-4-10 官方模板页面

关于自定义模板的编辑、修改，找到想要使用的短信模板，在相应页面单击对应的"管理短信模板"或"编辑"按钮即可编辑想要的短信内容，如图 5-4-11、图 5-4-12 所示。

图 5-4-11 自定义短信模板

图 5-4-12 模板编辑页面

　　若想新建短信模板，则可以在相应页面单击"新建短信模板"或"新建模板"按钮，如图 5-4-13、图 5-4-14 所示。

图 5-4-13 新建短信模板页面

图 5-4-14 短信审核页面

　　填写相应内容后，进行短信测试则在"新建短信模板"选项卡中的"测试短信"处填入测试手机号，填写完成后单击"提交审核"按钮，注意：审核一般需要 1～2 个工作日，需要提前设置好短信模板，如图 5-4-15 所示。

图 5-4-15 测试短信页面

　　短信内容确认无误后提交审核，如图 5-4-16、图 5-4-17 所示。

步骤 9　再次测试发送，核查是否有误，可多个手机号测试，如图 5-4-18 所示。

图 5-4-16　提交审核页面

图 5-4-17　审核中页面

图 5-4-18　手机测试页面

步骤 10　最后设置好发送时间，单击右下角"一键推广"按钮即可创建完成，如图 5-4-19 所示。

图 5-4-19　一键推广页面

步骤11 回到"用户运营中心"页面，单击"工具箱"中的"策略效果"按钮，查看历史短信营销，如图 5-4-20 所示。

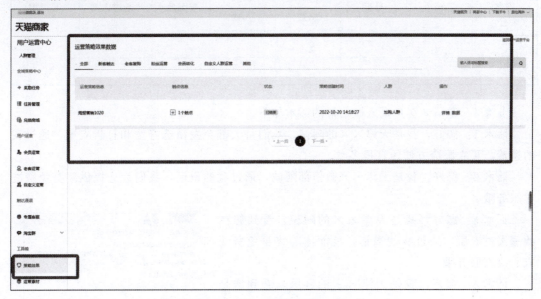

图 5-4-20 查看短信营销页面

（二）使用微信朋友圈实施客户关系营销活动

步骤1 将企业在不同平台开展电商业务获取的客户划分为不同微信群，如××抖音群、××生活装直播群、××直播秒杀福利群等。

步骤2 在微信朋友圈开展品牌推广活动，如图 5-4-21 所示。

图 5-4-21 微信朋友圈品牌推广

步骤3 记录微信群每日人流的增加数量，做好微信群人数动态记录表，见表 5-4-1。

表 5-4-1　微信群人数动态记录表

群名	记录人	日期	微信好友总数	加入人数	查无此人	通过人数	通过率

步骤 4　邀请老客户进入微信群的话术如下。

话术 1：您好，我是天津××的阿诚，我们每天都会发精选好物和打折衣服，通过我的邀请，买衣服会方便便宜很多哟。

话术 2：您好，我是天津××微信部阿诚，通过我的邀请，我们为您提供终身免费洗衣服务哦。

话术 3：您好，我是天津××的阿诚，看到您在我家买过衣服，通过我的邀请，就能体验终身免费洗衣、改衣服务哦。

话术 4：您好，我是天津××的客服，看到您是我家的老顾客，通过我的邀请，就能拉您进入福利秒杀群哦。

话术 5：您好，我是天津××的阿诚，如果能通过我的邀请，关注我们的店铺活动，就能获赠小礼品一份哟。

话术 6：您好，我是天津××的工作人员阿诚，您之前在我家买过东西，如果能通过我们的邀请，就可以体验终身改衣服务哦。

话术 7：您好，我是天津××的阿诚，您是我们家的老客户，通过我的邀请，加入我们的粉丝团，买衣服更方便哦。

话术 8：您好，我是××阿诚，您在店里买过衣服，给您赠送一张终身免费维护卡，您通过我的邀请就可以领取哦。

步骤 5　商家可以通过视频号的应用进行品牌推广，针对老客户开展营销活动，企业微信官方旗舰店如图 5-4-22 所示。

图 5-4-22　企业微信官方旗舰店

 **岗位研学**

客户的忠诚度是如何形成的？

阿诚想要知道客户的忠诚度是如何形成的。请你帮助阿诚，以小组形式列出成员经常购买的日用品、服装、箱包等的品牌，也包括无形商品如手机维修服务等，填写表 5-4-2 购买商品的满意度、忠诚度调查表。

表 5-4-2　商品满意度、忠诚度调查表

商品	类目	品牌	使用品牌的时间	购买累计次数	满意度（不满意、一般满意或非常满意）	是否忠诚	忠诚原因

想一想

根据自己的购物经历，小组讨论客户的忠诚度是如何形成的。客户忠诚度是否受产品及服务质量、产品价格、变换成本（客户改变原消费选择时要付出的成本，既包括货币成本，也包括时间、精力、心理等非货币成本）、配套服务、沟通便利性、宣传、包装等因素影响？

理论知识

客户忠诚是指客户对企业产品或服务一种长久的衷心，并且一再指向性地重复购买该企业的产品或服务。客户忠诚度是消费者对某一产品品牌感情的量度，反映出一个消费者转向另一品牌的可能程度。从心理学角度讲，客户忠诚度高表现为对企业及其产品或服务有高强度的信赖；从行为角度讲，客户具有重复购买的欲望和行为，并会主动向别人推荐；从时间跨度上讲，客户愿意持续关注并支持企业及其产品或服务。

通常，客户对一个品牌的忠诚度可以通过一些指标来衡量，如客户重复购买的次数较多、购买的金额较高、对价格敏感度较低、挑选产品的时间较短、对竞争品牌的态度较冷漠、对产品质量波动的承受力较强，这样的客户对品牌的忠诚度就较高，反之对品牌的忠诚度就较低。

一、　客户忠诚的重要性

客户忠诚度决定了客户重复购买的次数，多次回购的老客户对商品更具发言权，无论是推荐还是撰写好评，都能为企业拉来新的客户，而无论是老客户的重复购买还是新客户的加入都有利于店铺销量和收益的

客户忠诚度
管理（视频）

增长，还节约了店铺与产品的宣传成本。与此同时，老客户对店铺购物流程熟悉，通常会静默下单，所以客户忠诚度的提高会有效降低店铺的交易成本和服务成本，从而步入良性循环的轨道。

 二、 客户忠诚类型

（1）垄断忠诚。这种客户的忠诚源于产品或服务的垄断，在这种情况下，无论满意与否，客户别无选择，只能够长期使用这些企业的产品或服务。

（2）信赖忠诚。客户对产品或服务满意，并逐渐建立一种信赖关系，随着时间的推移，这种信赖就成了一种忠诚，且持续性高。

（3）亲缘忠诚。企业自身的雇员甚至雇员的亲属会义无反顾地使用该企业的产品或服务。

（4）潜在忠诚。客户虽然对某个企业或品牌持有好感或购买意愿，但由于某些特殊原因或客观因素，这种忠诚尚未转化为实际的长期购买行为。

（5）利益忠诚。这种忠诚源自于企业给予客户的额外利益，比如价格刺激、促销措施激励等。

（6）惰性忠诚。有些客户出于方便的考虑或惰性，会长期地保持一种忠诚。拥有惰性忠诚客户的企业应该通过产品或服务的差异化来让客户转变为信赖忠诚。

三、 客户忠诚的提升策略

（一）影响客户忠诚的因素

（1）客户的满意程度。客户满意度来源于客户对产品与服务的感知价值，并且这种感知价值必须是超过预期的，客户对产品的满意度越高忠诚度越高。

（2）品牌形象与个性吻合。客户希望品牌的一些个性特征能够与自身形象与个性相吻合，吻合度越高越忠诚。

（3）变换成本。在客户变换其他店铺选购同类产品时，若因变换而产生了较高的成本，客户会因为较高的变换成本或风险而不愿变换其他店铺或其他产品，这种情况下客户的忠诚度会较高。

变换成本包括程序转换成本（学习成本、组织调整成本等）、财政转换成本（利益损失成本等）和情感转换成本（个人关系损失成本、品牌关系损失成本）。情感转换成本如何理解？举一个例子，电信业的3G网络在替代2G网络的过程中，虽然联通在3G技术上更加成熟、产品更为丰富，但仍然有相当多的消费者因为不愿意更换手机号码而坚持使用2G网络。在这种情况下，更换手机号带来的个人关系损失就是转换成本中的情感转换成本。

（4）信任程度。若企业与客户建立了信任关系，那么处在和谐关系中的客户对获得的产品与服务的缺陷感知度会降低，企业与客户之间的和谐关系会增强客户对企业的信任感，信任感越强忠诚度越高。

（二）客户满意度与客户忠诚度的关系

客户满意是客户忠诚的前提，但客户满意并不等于客户忠诚。有的客户虽然对商品和服务都很满意，但还是会去其他店铺购买同类商品。有研究表明，对产品满意的客户中，仍有65%～85%的客户选择新的替代品。要得到客户忠诚度，除了考虑客户满意度外，还要打造产品的品牌、提高变换成本、增强客户的信任度，这些都是至关重要的。所以打造客户的忠诚度比打造客户满意度更有价值。

（三）提高客户忠诚度的方法

（1）提高客户满意度。只有在客户满意的情况下，才有可能实现客户的忠诚，所以企业在选品时，要选取物美价廉的商品，或者商品的属性与店铺定位相一致，在撰写商品详情页时要实事求是，树立客户至上的理念，客服人员在服务客户时要尽心尽力，从产品与服务方面提高客户的满意度。

（2）塑造品牌形象。品牌代表了品质、信任、承诺、差异化及客户体验，客户对品牌的忠诚度是持久与稳定的。

（3）提高变换成本。客户购买一家企业或店铺的产品越多，对这家企业的依赖性就越大，转移成本就越高，对这家企业或店铺的忠诚度就越高。

（4）提升客户信任感。企业与客户建立信任感，就要杜绝以次充好、敷衍了事等行为，不仅要树立客户至上的经营理念，提供可信度高的商品信息，还要规避客户的购物风险，为客户购物提供有针对性的保证和承诺，注意尊重客户隐私，不外泄客户的个人信息、购物信息等隐私，让客户有安全感，从而得到客户的信任。

（四）客户关系营销策略

（1）智能短信营销。多种维度筛选客户，可以针对特定的客户群体投放营销活动，精准度较高，回报较高。

（2）优惠券营销。可以在维护的客户群中发放优惠券，刺激新老客户增加购买行为。

（3）EDM邮件营销。EDM（E－mail Direct Marketing）即电子邮件营销，凡是给潜在客户或是客户发送电子邮件都可以被看作是电子邮件营销。此种客户营销方式成本低、效率高、对象最精准、针对性强、客户转化率较高。

（4）流量营销。流量营销是通过采用多种方式吸引大量流量而带动产品销售的营销策略，这种营销模式新颖，以灵活的形式提高转化率，营销方式如微信聚粉、短视频营销等。

（5）包裹营销。为客户设计个性化包裹，给客户惊喜从而提升购物体验，促进复购。

（6）支付宝红包营销。利用红包刺激新老客户购买，带动转化率提升。

练一练

请补全"客户满意度与客户忠诚度形成过程图"（图5-4-23），将"＞""＜""一般""满意""不满意""复购""纠偏改进""忠诚度"填入对应的方框内。

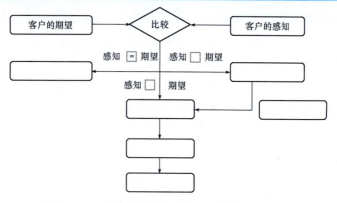

图 5-4-23 客户满意度与客户忠诚度形成过程图

 考一考

项目五任务四
自我检测

 课后任务

一、问答题

1. 简述客户关系的营销策略。

2. 简述提高客户忠诚度的方法。

二、岗位训练

请参照岗位实践操作步骤，依托企业店铺子账号完成"实施客户关系营销"业务实践，整理每一步骤完成后的截图，或记录岗位实践相关内容，撰写实践报告。

职业素养

悟一悟，消费者忠诚于国货品牌的什么呢？你愿意在互联网上销售这些国货品牌商品吗？谈一谈国货品牌崛起给你的启示。

国货品牌忠诚度的背后：文化自信、社会责任与过硬品质

　　随着中国制造转型升级和本土品牌创新力不断增强，国货国潮愈发走俏市场。2022年"双11"，不少国货品牌更是漂洋过海，"圈粉"一大批海外消费者。2022年"双11"呈现出的"国潮风"有两个方面的"新"：一方面，海外消费者也参与到"双11"中，京东全球售数据显示，不少传统产品、传统文化、非遗产品，如布鞋、绣花鞋等国潮好物颇受海外消费者欢迎，订单额同比增长400%；另一方面，国内消费者的购物车里装的更多的是国货品牌，仅仅10月31日晚上，天猫开启售卖1小时，102个成交额过亿元的品牌中国货品牌占比过半，部分国货品牌1小时成交额超过去年全天。

　　大众热爱国货品牌，源于他们对传统产品的热爱，源于国货品牌企业默默地社会担当，还源于过硬的产品质量。购买老美华布鞋的消费者说"传统工艺的老美华布鞋，不乏时尚，家里老人都爱穿！"在河南遭遇暴雨洪涝灾害期间，鸿星尔克、白象等不少爱心企业驰援灾区，积极参与救助活动，引起了广泛的社会关注，老国货品牌们开始被消费者重新认识。网上有一个鸿星尔克的段子，说"鸿星尔克家的东西好是好，但质量是真不行。十年前买的鞋，昨天就穿坏了。"一双鞋能穿十年，网友调侃这就是国货品牌卖不好的原因。有网友发微博：之前为了支持国货买了一包白象方便面，早上和姐妹拿着让食堂阿姨帮忙煮了一下，香得要命。"面超级Q弹，久煮不烂""没想到超出预期了"……类似的评论在网上数不胜数，让白象方便面在一些地方甚至出现了"一面难求"的状况。

　　近年来，国货品牌一直在勇毅前行，很多国货品牌依靠科技创新、新品研发，无论是从功能上还是从质量上来说，都有了脱胎换骨的变化，凭借数年经营积累下来的完善全产业链、自建工厂、生产研发专利、品牌知名度等，赢得了消费者的喜欢、信任与忠诚，成为消费市场增长最坚实的一股力量。

📚 行业之窗

　　阅读以下资料或自行查阅相关资料，举实例说明某一知名品牌是如何打造客户忠诚度的。

文化自信缔造百年品牌，客户忠诚延续昔日辉煌

消费者净推荐值指数、满意度以及安全性比亚迪多项领先

713.65亿徐工再摘《中国500最具价值品牌》行业桂冠

项目五　学习过程性评价标准

考核项目	考核内容	考核形式	评价标准	单项得分	评价占比	合计得分
客户关系管理	知识点： 客户关系管理的概念、意义及工作思路，客户数据分析方法与管理策略，客户流失原因和挽回策略，满意度管理的意义与影响因素，客户预期和客户感知价值的定义及影响因素，提高客户满意度的方法，忠诚度管理的意义与影响因素，提高客户忠诚度的方法，客户关系营销策略。 技能点： 学会社群定位、社群建立、社群邀新、社群运营及客户活动运营，应用 RFM 分析法进行客户数据统计，对客户实施分类、分级管理，能针对不同的客户流失原因及客户流失类型，采取不同的客户挽回策略，制定客户满意度提升策略，制定提升客户忠诚度的营销策略。 素质点： 体现在话术设计中的人本经营理念、客户服务意识与守法意识；体现在岗位实践报告中的解决棘手售后问题的沟通素养，以及诚实守信与实事求是的工作原则	1. 岗位实践岗位训练实践报告	【四个任务平均成绩】 任务一电子商务师三级客户关系管理职业技能训练模块，系统生成成绩 企业/学校教师评价：【任务 2～任务 4】 1. 岗位实践报告记录完整，有过程性截图（80%）。 2. 开展岗位实战业务，有真实业务实战数据或记录，并体现一定实战绩效（20%）		30%	
		2. 岗位研学小组或个人汇报研学任务	组间评价：【四个任务平均成绩】 1. 小组针对特定问题采用研究性拓展学习，并进行总结归纳，体现团队分工与协作精神（50%）。 2. 组间共享学习成果，能回答其他组质疑（50%）		20%	
		3. 理论知识客观题检测 1 次/任务	自我评价：【四个任务平均成绩】 智慧职教 MOOC 学院项目五中四个任务均设置"考一考"，或纸质教材的"考一考"作答，以客观题形式完成自我检测		50%	
		4. 课程资源自主学习，职业素养和行业之窗案例讨论	智慧职教 MOOC 学院"互联网销售"课程平台统计： 项目五课程资源同步在智慧职教 MOOC 学院开放，基于课程平台明确学生自主学习的评价要素及比例，如课程资源学习进度、作业、主题讨论等，平台统计每位学生的自主学习情况，终期汇总百分制成绩			

课程考核详见附件。

附 件

课 程 考 核

　　课程考核建议包括三部分，即五个项目过程性评价、课程自主学习评价和期末终结性评价。五个项目共 20 个学习任务，每个项目任务数量不同、占比不同，项目一至项目五的占比分别为 4％、12％、12％、4％ 和 8％，五个项目学习过程性评价在课程整体评价中占比 40％，项目的具体评价详见每个项目的学习过程性评价标准；课程资源自主学习评价根据课程平台中五个项目的自主学习统计，终期汇总成绩占比 20％；期末试卷等终结性评价占比 40％。

考核指标	考核项目／分值分配			单项得分	评价占比	课程考核合计得分
	项目任务	得分	占比			
过程性评价	项目一（2 个任务）		4％		40％	
	项目二（6 个任务）		12％			
	项目三（6 个任务）		12％			
	项目四（2 个任务）		4％			
	项目五（4 个任务）		8％			
课程资源自主学习评价	课程资源学习平台统计每位学生的自主学习情况，终期汇总百分制成绩				20％	
终结性评价	期末试卷等终期考核评价				40％	

参 考 文 献

[1] 阿里巴巴商学院. 网店客服 [M]. 3 版. 北京：电子工业出版社，2023.

[2] 戴国良. 互联网营销 [M]. 广州：中山大学出版社，2023.

[3] 教育部教育管理信息中心，李彪. 新电商客户服务 [M]. 北京：人民邮电出版社，2020.

[4] 老 A 电商学院，吴元轼. 淘宝网店金牌客服实战 [M]. 北京：人民邮电出版社，2015.

[5] 江南北商学院，高攀. 金牌电商客服实战 [M]. 北京：机械工业出版社，2019.

[6] 李逾男，杨学艳. 品牌管理 [M]. 2 版. 北京：北京理工大学出版社，2021.

[7] 章金萍. 商业文化伦理 [M]. 2 版. 北京：中国人民大学出版社，2017.

[8] 张永红，白洁. 客户关系管理 [M]. 2 版. 北京：北京理工大学出版社，2015.

[9] 范春风，蒋明琳，吴良平，等. 电子商务：分享、跨界与兴趣的融合 [M]. 北京：经济科学出版社，2022.